DEUSES E HERÓIS DA MITOLOGIA GREGA E LATINA

Odile Gandon

DEUSES E HERÓIS DA MITOLOGIA GREGA E LATINA

Tradução: Monica Stahel

wmf martinsfontes

Esta obra foi publicada originalmente em francês com o título
DICTIONNAIRE DE LA MYTHOLOGIE GRECQUE ET LATINE
por Hachette, Paris.
Copyright © 1992, Hachette.
Copyright © 1996, Hachette Livres.
Copyright © 2000, Livraria Martins Fontes Editora Ltda.,
São Paulo, para a presente edição.

1ª edição 2000
2ª edição 2021

Tradução
MONICA STAHEL

Atualização ortográfica
Marisa Rosa Teixeira
Revisões
Luzia Aparecida dos Santos
Maria Luiza Favret
Dinarte Zorzanelli da Silva
Projeto gráfico
Katia Harumi Terasaka
Ilustrações
Marcos Lisboa
Produção gráfica
Geraldo Alves
Capa
Gisleine Scandiuzzi

Dados Internacionais de Catalogação na Publicação (CIP)
(Câmara Brasileira do Livro, SP, Brasil)

Gandon, Odile
  Deuses e heróis da mitologia grega e latina / Odile Gandon ; tradução Monica Stahel. – 2ª ed. – São Paulo : Editora WMF Martins Fontes, 2021.

  Título original: Dictionnaire de la mythologie grecque et latine.
  ISBN 978-65-86016-64-2

  1. Deuses – Mitologia 2. Heróis – Mitologia 3. Mitologia grega – Dicionários 4. Mitologia romana – Dicionários I. Título.

21-62355   CDD-292.003

Índices para catálogo sistemático:
1. Mitologia clássica : Dicionários   292.003
2. Mitologia greco-romana : Dicionários   292.003

Cibele Maria Dias – Bibliotecária – CRB -8/9427

Todos os direitos desta edição reservados à
Editora WMF Martins Fontes Ltda.
Rua Prof. Laerte Ramos de Carvalho, 133 01325.030 São Paulo SP Brasil
Tel. (11) 3293.8150 e-mail: info@wmfmartinsfontes.com.br
http://www.wmfmartinsfontes.com.br

Sumário

Introdução 7

O que é a mitologia? 8

De onde vêm os mitos? 9

A mitologia conta a história dos deuses... 10

... E a história dos homens 12

Entre os deuses e os homens: os heróis 14

Uma geografia mitológica 15

A mitologia é uma religião? 18

Mapas:

    Os dois grandes périplos marítimos da mitologia .. 20

    A Grécia e a Ásia Menor 22

Árvore genealógica dos deuses 24

Árvore genealógica dos Átridas 25

Nomes gregos / Nomes latinos 26

DEUSES E HERÓIS 28

Índice de nomes 267

Vocabulário 283

Introdução

Nas conversas, no jornal ou na televisão, são empregadas várias palavras ou expressões muito comuns em português mas que, na verdade, são lembranças de histórias muito antigas. Quando dizemos, por exemplo, que as ruas de um bairro são um "dédalo", ou que não pudemos entrar no mar porque a água estava cheia de "medusas", ou que nossos planos são "quimeras", estamos evocando lendas milenares. Essas lendas nasceram em torno do mar Mediterrâneo e se transmitiram de geração em geração, primeiro entre os gregos, depois entre os romanos. Elas pertencem ao conjunto de narrações poéticas e religiosas que nós chamamos de mitologia greco-latina. Dédalo, a Medusa e a Quimera são personagens de mitos, personagens "mitológicos". Esses mitos são duradouros e até hoje sobrevivem entre nós.

Quando os jornalistas dizem que o sistema de eleições em um país é o "**pomo** da discórdia" entre os deputados, que um determinado político está "entre Cila e Caribde", ou que o déficit comercial é o "calcanhar de aquiles" dos Estados Unidos, eles estão falando da atualidade mas empregando expressões que remontam à mais remota Antiguidade. No final do século XIX, quando Freud criou a psicanálise, ele deu o nome de um herói mitológico a uma de suas descobertas mais importantes: o complexo de Édipo.

Mesmo não sendo historiador ou especialista em grego ou latim, em algum momento qualquer um de nós acabará fazendo referência à mitologia. Todo o mundo com certeza já ouviu dizer que um certo vinho é um "**néctar**", ou que está difícil achar o "fio de Ariadne" para sair de uma enrascada, ou que um artista de cinema é um "Apolo de beleza".

Escritores e poetas de todas as épocas e de todo o mundo inspiraram-se na mitologia. Na música, na literatura, na pintura, na escultura, no teatro, no cinema, não faltam exemplos de grandes obras baseadas na mitologia. Orfeu, Medeia, Afrodite, Ícaro, o Minotauro, Héracles são apenas alguns dos personagens míticos que as inspiraram.

O que é a mitologia

Mitologia é um conjunto de mitos. O que é um mito? A palavra vem do grego, *mythos*, que significa "história que se conta", "lenda". Para compreender melhor do que falam os mitos, vamos tomar o exemplo dos mais antigos textos gregos conhecidos: a *Ilíada* e a *Odisseia*, de Homero, que datam do século VIII antes de Cristo. A *Ilíada* conta os feitos dos gregos durante a Guerra de Troia. A *Odisseia* conta a volta de Ulisses, rei de Ítaca, que depois da guerra vagueou pelos mares durante dez anos, antes de retornar à sua pátria. Vamos ler uma tradução livre do início do canto III da *Odisseia,* quando Telêmaco, filho de Ulisses, corre o mundo à procura do pai:

"Elevando-se das águas esplêndidas e subindo ao céu de bronze, o sol iluminou os deuses e os mortais dispersos pela terra carregada de trigo; então, eles chegaram a Pilo, cidade de Neleu, de muralhas bem construídas. Na praia, os habitantes sacrificavam touros pretos ao deus que agita o solo, Posêidon, de cabelos azul-escuros. Sentados em nove fileiras de bancos, à razão de cinco homens por fileira, começavam a comer os primeiros assados dos nove touros – um por fileira – e, para o deus, assavam as coxas do animal. O belo navio vindo de Ítaca chegou direto do largo, a tripulação endireitou e amarrou as velas, depois, a remo, aportou o barco e desembarcou. Telêmaco, por sua vez, desceu do navio. Atena lhe mostrava o caminho..."

Nessas poucas linhas do grande poeta, estão reunidos todos os elementos da mitologia: os deuses imortais e os homens mortais, a natureza (o céu, os astros, a terra, o mar), as atividades dos homens (a cultura do trigo, a navegação, a construção das cidades, os ritos religiosos). Esse trecho também dá algumas indicações sobre o que era a religião grega. Posêidon e Atena eram dois dos muitos deuses em que os gregos acreditavam. Esses deuses eram muito próximos dos homens: vê-se a deusa Atena guiando os passos de Telêmaco e, na hora do sacrifício, os homens compartilham uma refeição com Posêidon. Para os gregos, os deuses estavam presentes na vida cotidiana, e as narrações mitológicas misturam as aventuras humanas e divinas...

Para nós, a presença de deuses e de criaturas sobrenaturais ao lado dos seres humanos é inverossímil. Mas os antigos gregos acreditavam nesses mitos, que se transmitiam de uma geração para outra e eram a verdade deles. Esses mitos lhes permitiam compreender o mundo em que viviam, conservavam a lembrança das ações de seus ancestrais e lhes serviam de exemplos de vida.

A mitologia grega era ao mesmo tempo explicação do mundo, história e moral. Depois adotada pelos romanos, ela constituiu de certo modo o pano de fundo de toda uma civilização, a civilização da Antiguidade.

De onde vêm os mitos?

A mitologia grega não foi criada em um só dia, por um poeta genial que inventou tudo de uma só vez. Esse conjunto de mitos se construiu aos poucos, a partir da tradição oral de povos muito diversos. Já no segundo milênio antes de Cristo, invasores vindos do norte instalaram-se em levas sucessivas na Grécia continental e nas ilhas: eles foram os primeiros gregos. Trouxeram suas lendas e suas crenças, que se misturaram àquelas das populações originais. Não devemos esquecer que o Mediterrâneo, desde a mais remota Antiguidade, era lugar de intensa atividade comercial e marítima: os mitos e as lendas circulavam no mesmo ritmo dos navios. Eram contados nos portos pelos navegadores que vinham da Ásia e da África. Assim, Afrodite, deusa do amor, e Dioniso, deus do vinho, são divindades asiáticas importadas pela mitologia grega, onde pouco a pouco tomaram seu lugar. Portanto, esse "pano de fundo" mitológico é feito de pedaços, uma verdadeira colcha de retalhos costurada ao longo dos séculos.

A mitologia conta a história dos deuses...

Os gregos e os romanos representavam seus deuses com forma humana. As inúmeras estátuas que nos vêm da Antiguidade, principalmente aquelas realizadas pelos grandes escultores gregos Fídias e Praxíteles, nos mostram isso. Em todos os relatos mitológicos, os deuses têm a mesma aparência dos seres humanos e também se comportam como eles. Por certo imaginava-se que eles fossem um pouco mais altos, mais fortes e às vezes até mais bonitos. Mas, para os antigos, a única diferença entre eles era que os homens eram mortais e os deuses eram imortais. Essa diferença fundamental conferia aos deuses um poder sobrenatural, pois escapavam à natureza humana, que estava submetida à morte.

Os deuses da mitologia greco-latina não morriam, mas nem por isso eram eternos, como é o Deus cristão, por exemplo. Segundo as religiões judaica, cristã ou muçulmana, Deus existe antes de tudo, por toda a eternidade, e foi ele que criou o mundo. Os gregos, por sua vez, achavam que na origem do mundo os deuses não existiam. A mitologia conta como eles nasceram e como viveram. Os deuses gregos têm uma história. E essa história se assemelha a um sombrio drama familiar: segundo os relatos mitológicos, gerações de deuses se enfrentaram e, sucessivamente, alguns deuses foram tomando o poder pela violência. Diz-se que no início era o Caos, ou seja, não havia nem natureza, nem deuses, nem homens. Todos os elementos do mundo já estavam presentes, mas mesclados numa espécie de amálgama indistinto e sem forma. Conta-se que do Caos, aos poucos, foram emergindo figuras que reinavam sobre diferentes partes do cosmo. Os primeiros "filhos" do Caos foram a Noite (Nix) e as Trevas (Érebo). De Nix nasceram o Céu (Urano) e a Terra (Gaia), que foram os primeiros deuses. De sua união nasceram os Titãs, sendo Crono o mais jovem deles. Com uma violência inédita, Crono destronou seu pai. Em seguida, depois de uma guerra terrível que abalou todo o mundo divino, Crono foi, por sua vez, destronado por seu filho Zeus, que ele queria devorar como tinha devorado seus outros filhos. Então, segundo contam os textos mitológicos, a ordem sucedeu à desordem. Em torno de Zeus, uma nova geração de deuses passou a governar o mundo. Esses novos deuses foram chamados de "olímpicos", a partir do nome de uma montanha da Grécia onde se dizia que eles moravam: o monte Olimpo.

Para conhecer detalhadamente a história sangrenta e belicosa das origens contada pela mitologia, basta se aventurar pelas páginas deste livro, tomando como referências os nomes dos diferentes protagonistas da genealogia dos deuses, apresentada na página 24.

A guerra de sucessão entre os deuses dá informações muito interessantes sobre a história da própria religião grega. De onde provém, por exemplo, essa tradição dos novos deuses? Os deuses olímpicos, na verdade, são os deuses dos invasores indo-europeus, os primeiros deuses gregos de fato, que tomaram o lugar dos deuses primitivos, das populações mais antigas da Grécia.

Poderosas, muitas vezes aterradoras, essas divindades primitivas, chamadas "ctonianas" (da palavra grega *ctono*, chão), representavam os elementos desenfreados e as forças brutas da natureza. Eram representadas sob formas monstruosas: serpentes enormes, gigantes, hecatonquiros (seu nome significa "de cem braços"), ciclopes de um olho só. Frutos de uma natureza selvagem e fecunda, todos nasceram dos amores desordenados da Terra e do Céu. Mas os novos deuses não fizeram os antigos desaparecerem. Os olímpicos, mais "civilizados" e mais próximos dos homens, venceram a luta contra os terríveis filhos de Urano e de Gaia, mas esses deuses primordiais permaneceram na mitologia e tiveram seu lugar nas novas narrações. Um belo mito conta esse choque entre divindades olímpicas e ctonianas: é o mito de Apolo, que era olímpico, pois era filho de Zeus. Para fundar seu santuário em Delfos, ele teve de vencer um monstro abominável, a serpente Píton, que guardava o lugar, massacrando pessoas e animais. Ora, Píton era filha da Terra. Apolo a matou, e o relato dessa morte simboliza a eliminação de um culto ctoniano, substituído por um culto olímpico.

... E a história dos homens

Além de contar o nascimento dos deuses e suas aventuras, a mitologia também conta os feitos dos homens. Não devemos esquecer que, por muito tempo, as narrações que compõem o mosaico mitológico foram transmitidas pela tradição oral, verdadeira biblioteca viva da memória dos homens. As pessoas contavam umas às outras os feitos de seus ancestrais, a fundação de sua cidade, as misérias das guerras de antigamente, as longas expedições conquistadoras e comerciais, as viagens por terra e por mar. De geração em geração, a arte dos que contavam e a imaginação dos que ouviam embelezavam as narrações, misturavam deuses aos assuntos dos homens. A partir de fatos ou de ações reais, produziam-se belas lendas, que eram difundidas de cidade em cidade por poetas cantores, os aedos. Assim a Guerra de Troia e a viagem de Ulisses, acontecimentos que datam provavelmente do século XII antes de Cristo, foram contadas oralmente durante muitos séculos, antes de tomarem forma de poemas escritos, a *Ilíada* e a *Odisseia*, de Homero, no século VIII antes de Cristo. O mesmo aconteceu com os ciclos de aventuras heroicas de Teseu e de Jasão, a história violenta da família real dos Átridas, ou o destino trágico de Édipo e de seus filhos – sem esquecer a lenda latina da fundação de Roma por Rômulo. O que há de verdade histórica nessas lendas terríveis e maravilhosas? Há alguma, certamente, e os historiadores especializados em Antiguidade utilizam a mitologia como importante fonte de informação. Na Antiguidade, a História, no sentido de uma disciplina como entendemos hoje, não existia. É preciso dizer que os antigos acreditavam nessas narrações porque elas vinham de seus ancestrais. Pouco se importavam com a questão da exatidão histórica! Para entrar no domínio da mitologia, é preciso tentar colocar-se na pele de um grego do século V antes de Cristo, ou de um romano do século I.

Há outras lendas ligadas à história dos homens: são as que contam a origem das atividades humanas. Como foi descoberto o fogo? Como se inventou o cultivo do trigo? E o cultivo da oliveira? Como o homem aprendeu a forjar metais, a tocar música, a curar os doentes? A cada uma dessas perguntas, o mito trazia uma resposta e contava como um deus entregara uma parte de seu saber aos mortais. Assim, dizia-se que Atena havia ensinado os homens a cultivar a oliveira, Deméter a cultivar o trigo, que Prometeu roubara o fogo dos deuses e ensinara os homens a forjar o bronze e o ferro, que Hermes inventara a lira e a flauta, e Orfeu a harpa.

Entre os deuses e os homens: os heróis

As narrações mitológicas misturam a história dos deuses e a dos homens. Nas festas, nas lutas, na vida cotidiana, os deuses estavam sempre presentes. Ora eles acompanhavam os homens, ora os ajudavam ou os castigavam, sempre interferindo em seus assuntos. Até se chegou a imaginar que deuses e deusas podiam se casar com mortais e que, desses casamentos, raramente legítimos, nasciam seres meio homens, meio deuses, chamados de *heróis*. Aquiles, Héracles, Eneias, Rômulo eram heróis em linha direta: o pai ou a mãe de cada um deles era um deus ou uma deusa. No caso de outros heróis, às vezes é preciso voltar várias gerações para encontrar um ancestral divino: Ulisses tem como bisavós Zeus e Hermes, a musa Calíope é avó de Orfeu, Édipo é descendente distante de Ares e Afrodite.

Se organizássemos entre esses deuses um concurso de paternidade, o grande vencedor seria Zeus. Através das lendas, é incontável o número de mortais que ele seduziu e com quem teve filhos: Alcmena, Dânae, Europa, Io, Leda, Níobe, Sêmele – para citar apenas algumas.

Qual é a diferença entre um herói e o comum dos mortais? Apesar do sangue divino que corre em suas veias, o herói é mortal e, como os outros homens, é submetido ao destino que rege a vida humana. A lenda trágica de Édipo é um terrível exemplo disso. Mas o herói mitológico é dotado de qualidades sobre-humanas: é mais valente na luta do que os outros homens, é mais inteligente e mais hábil. Ousa enfrentar os monstros e desafiar os **oráculos**. Os deuses da família com frequência lhe conferem uma proteção especial, e muitas vezes, depois de sua morte, ele se torna um deus, um deus imortal. Foi o que aconteceu com Héracles.

Esses homens "divinos" encontrados na tradição mitológica são uma invenção curiosa! Podem ser explicados da seguinte maneira: como já dissemos, inúmeras lendas, talvez mais ligadas à história dos homens do que à dos deuses, eram narrações de fatos reais que ocorreram nos tempos mais remotos. Mas, para aumentar a importância dos ancestrais, reis ou chefes guerreiros cujos feitos eram contados, cada cidade, cada região do mundo helênico transformava-os em descendentes de um deus ou de uma deusa. De fato, é difícil estabelecer árvores genealógicas muito exatas, pois, mesmo na mais distante e minúscula das aldeias da Grécia, sempre se reivindicava uma ascendência divina. Quando levamos em conta todas as tradições mitológicas locais, temos a impressão de que os deuses passaram por toda parte e que, por toda parte, deixaram vestígios, sob a forma de heróis.

Uma geografia mitológica

Os personagens da mitologia greco-latina, sejam eles deuses, seres humanos ou heróis, viviam e agiam em locais bem precisos. Esses locais podiam ser reais ou imaginários. Por exemplo, quando a lenda conta que Teseu partiu de Atenas para ir a Creta, ela situa a ação em locais reais, que podemos encontrar no mapa. No célebre ciclo legendário dos trabalhos de Héracles (Hércules para os romanos), diz-se que o herói matou um monstro temível, a hidra de Lerna, e uma fera apavorante, o leão de Nemeia. Pois bem, em qualquer atlas um pouco detalhado, encontramos ainda hoje Lerna e Nemeia, e quem fizer uma viagem à Grécia poderá ir a esses lugares facilmente. Ao pé do monte Parnaso, onde se dizia que moravam as musas (e onde hoje se pratica esqui), podemos ver o lugar em que, segundo a lenda, Apolo matou a serpente Píton. E Roma, atual capital da Itália, também pertence à mitologia, ao menos pela lenda da sua criação. Havia mitos ligados a cada cidade antiga, a cada lugar de culto. Atualmente, qualquer visita que se faça a um templo ou a um sítio arqueológico pode ser uma oportunidade para evocá-los: Micenas, Delfos, Olímpia, Egina, Elêusis foram cenários de episódios mitológicos.

A mitologia greco-latina está enraizada numa paisagem real: a da bacia do Mediterrâneo. As montanhas, as colinas, as árvores, o mar, as praias e os caminhos de que falam os mitos podem ser vistos ainda hoje quando viajamos pelos países da bacia mediterrânica, seguindo os passos de Ulisses, por exemplo. A mitologia também pode ser um guia de viagem maravilhoso.

Mas, se alguém tiver a ideia de ir à Atlântida, de visitar o jardim das Hespérides ou de descer aos Infernos, certamente a história será outra! Precisará de muita imaginação, tal como os poetas da Antiguidade, que sobrepunham à geografia real uma outra geografia totalmente imaginária.

Essa geografia imaginária inventava locais nas profundezas da terra e do mar. Os antigos imaginavam um reino subterrâneo fabuloso, os Infernos, domínio dos mortos sobre o qual reinava um dos irmãos de Zeus, Hades. Neste livro, vocês encontrarão lendas que contam a descida dos heróis aos Infernos, as desventuras das divindades subterrâneas, as perambulações dos mortos que lamentavam o mundo dos vivos. Sob o mar, os antigos imaginavam continentes submersos, como a Atlântida. Imaginavam o palácio de Posêidon, deus do mar, ou morada maléfica das sereias, que, com seus cantos mágicos, enfeitiçavam os navegadores e os afogavam.

A imaginação geográfica também se referia a regiões longínquas. Os gregos, comerciantes e navegadores, eram grandes viajantes e conheciam bem a periferia do Mediterrâneo. As viagens lendárias narradas pelos ciclos heroicos de Teseu, de Jasão e de Héracles, ou pela *Odisseia* de Homero, descrevem lugares que, embora metamorfoseados pelo mito, são reais. No entanto, quando se evocava o que acontecia nos limites do mundo conhecido, a imaginação prevalecia: ao sul, havia a terra dos lotófagos e, mais adiante, a dos **pigmeus**. A oeste, para além das Colunas de Héracles (assim se chamava o estreito de Gibraltar), localizava-se o jardim das Hespérides. Ao norte, estendia-se a misteriosa terra dos hiperbóreos e, a leste, os reinos legendários da Ásia. Ao longo da história da Antiguidade, as relações comerciais, as migrações e as conquistas ampliam as fronteiras do mundo conhecido. Relatos de viagens, ou de expedições militares, descrições mais geográficas, aos poucos completaram as lendas no conhecimento dessas regiões distantes.

A mitologia é uma religião?

Nas narrações mitológicas, embora os deuses nem sempre sejam os personagens principais, é raro que não haja a participação de alguma divindade. Será que podemos dizer, então, que esses relatos eram textos religiosos para os gregos e para os romanos, assim como a Bíblia é um texto religioso para os cristãos e os judeus? Não, de modo algum.

É preciso distinguir nitidamente dois tipos de religiões: as religiões *politeístas* (palavra de origem grega que significa "de muitos deuses") e as religiões *monoteístas* (palavra de origem grega que significa "de um só deus"). A religião grega e a religião romana eram religiões politeístas, que estabeleciam entre os deuses e os homens relações completamente diferentes das que existem nas religiões monoteístas, como o judaísmo, o cristianismo e o islã. Segundo as religiões monoteístas, Deus é o criador do mundo e dos homens, o universo inteiro é obra sua e depende dele. Quando se dirige aos homens, sua palavra é revelada em textos sagrados, como a Bíblia ou o Corão. As religiões politeístas, como a dos gregos e a dos romanos, não imaginam um deus criador de todas as coisas. É verdade que Zeus (Júpiter para os romanos) é um deus muito importante, mas não foi ele que criou o mundo. Ele estava submetido à ordem do universo, como os outros deuses e deusas e como os seres humanos. É claro que os deuses tinham mais poder do que os homens, mas nenhum deles tinha poder sobre tudo, como é o caso do deus único das religiões monoteístas.

Os mitos não transmitem a palavra dos deuses. Eles contam a história de um mundo em que vivem deuses e homens. Se é possível falar em religião a propósito da mitologia, é porque as narrações que a compõem mostram as relações entre os homens e os deuses e levam a compreender como cada um deve se comportar. De fato, a religião grega propõe que cada um permaneça em seu lugar: os deuses em seu lugar de imortais, e os homens em seu lugar de mortais. O maior erro que um mortal podia cometer era considerar-se um deus. Assim, a mitologia conta a história de Ícaro, que desejou, voando, subir à mesma altura que o deus Sol. Lendo sua aventura, vocês verão como os deuses fizeram o jovem insolente voltar a seu lugar. Mas, na ordem do mundo, também não era bom que os deuses interferissem demais nos assuntos dos homens. Em seu poema *Ilíada*, Homero conta que, durante a Guerra de Troia, os deuses no Olimpo brigavam quase tanto quanto os gregos e os troianos no campo de batalha. Mas isso não agradava de modo algum a Apolo, que achava essas disputas entre deuses muito inconvenientes. Posêidon o desafiou para um duelo, e, segundo Homero, Apolo respondeu o seguinte:

"Se eu aceitasse lutar com você pelos homens, por essa pobre raça que cresce e murcha como as folhas das árvores, você teria todo o direito de me chamar de louco e de achar que perdi o senso da medida!"

Para os antigos, havia a terra, o céu, os homens e os deuses. Cada um devia conhecer seu lugar e ficar nele para cumprir seu destino. É isso que a mitologia grega conta, de maneira poética. Através dos relatos mitológicos se expressa essa sabedoria antiga segundo a qual, para além das desordens e das violências do mundo, existe uma harmonia profunda, constituída de beleza e equilíbrio. Essa sabedoria também é encontrada na religião antiga, que soube inspirar aos homens a construção de obras-primas de harmonia e de equilíbrio que são os templos gregos.

OS DOIS GRANDES PÉRIPLOS MARÍTIMOS DA MITOLOGIA

Pode ser espantoso ver a nau *Argo* às vezes seguir uma rota terrestre. Mas a geografia dos antigos não era tão exata quanto a nossa. Pensava-se, por exemplo, que o Danúbio ligasse o Ponto Euxino (mar Negro) ao mar Adriático e que o rio Erídano (Pó) se encontrasse com o Ródano. Assim, podia-se imaginar que a nau *Argo* tivesse percorrido o sul da Europa.

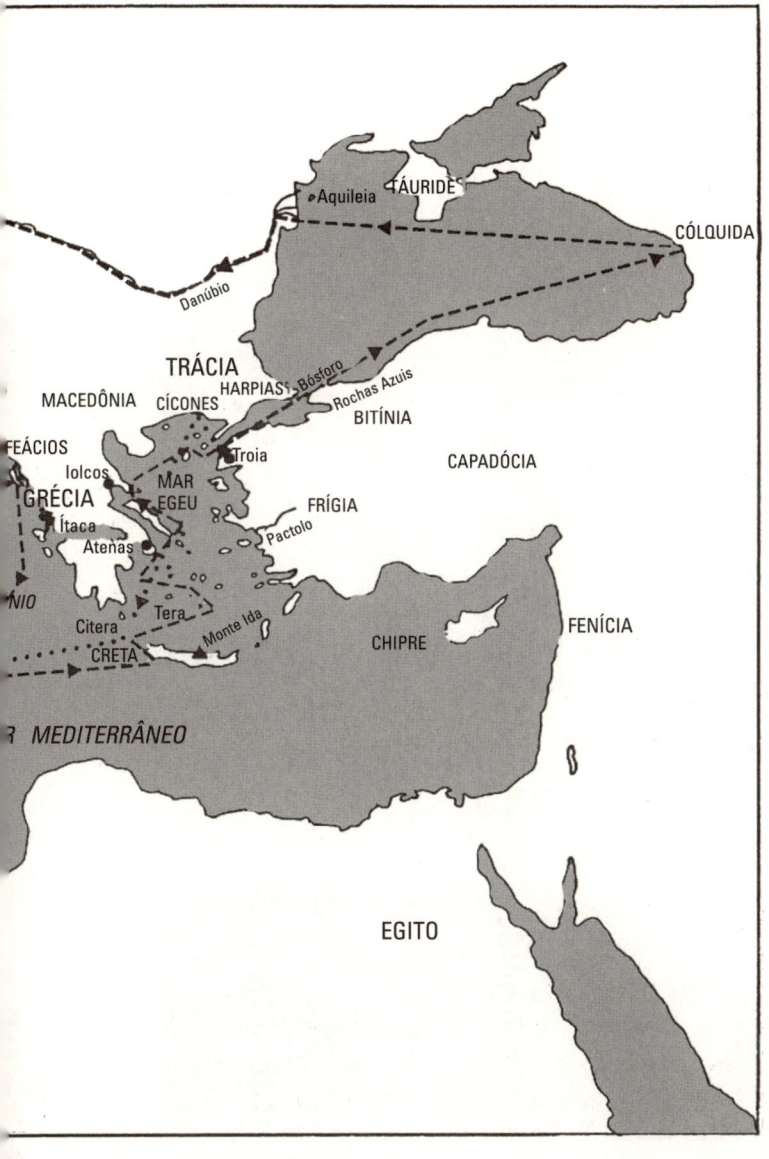

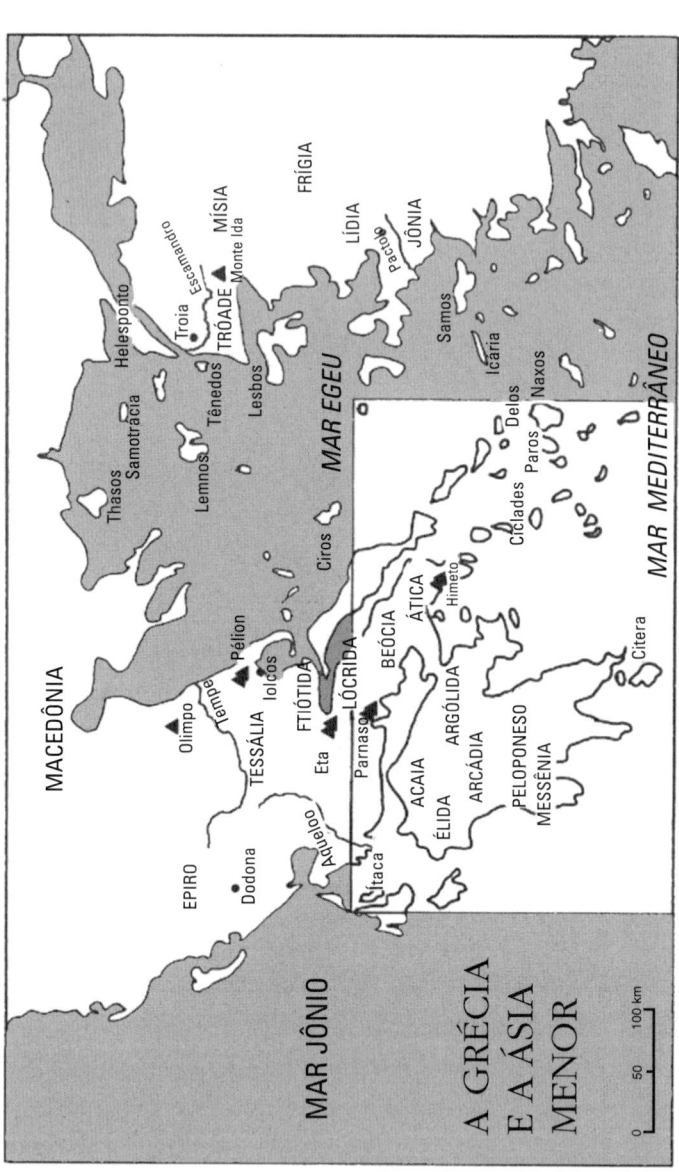

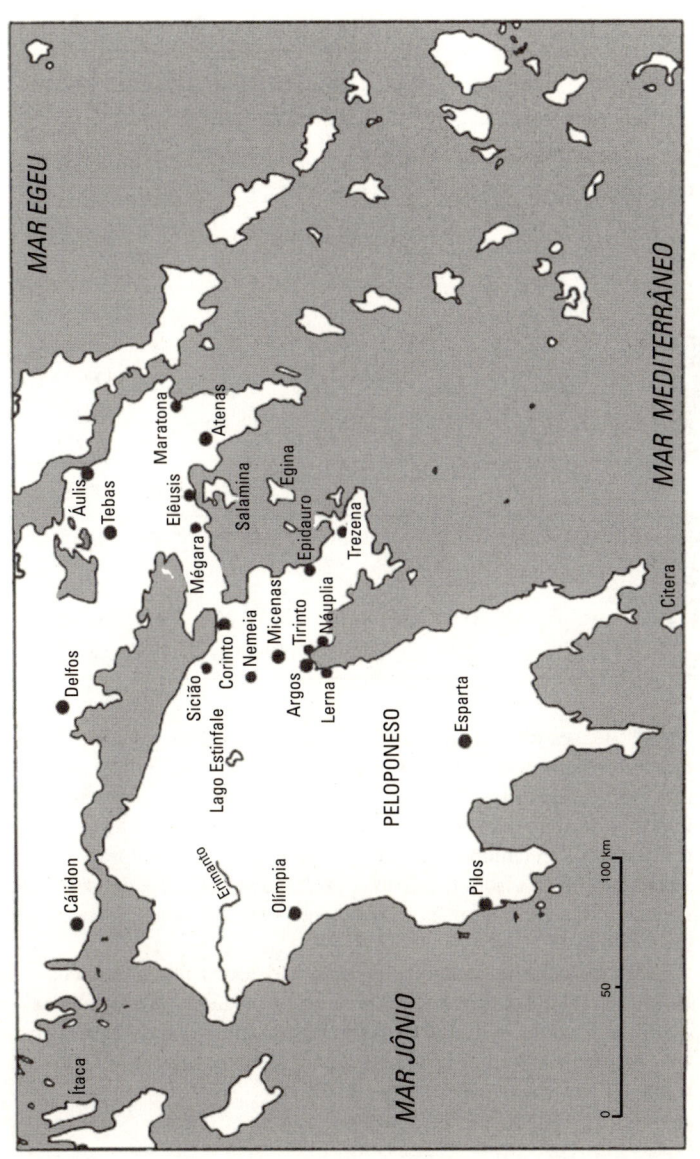

ÁRVORE GENEALÓGICA DOS DEUSES

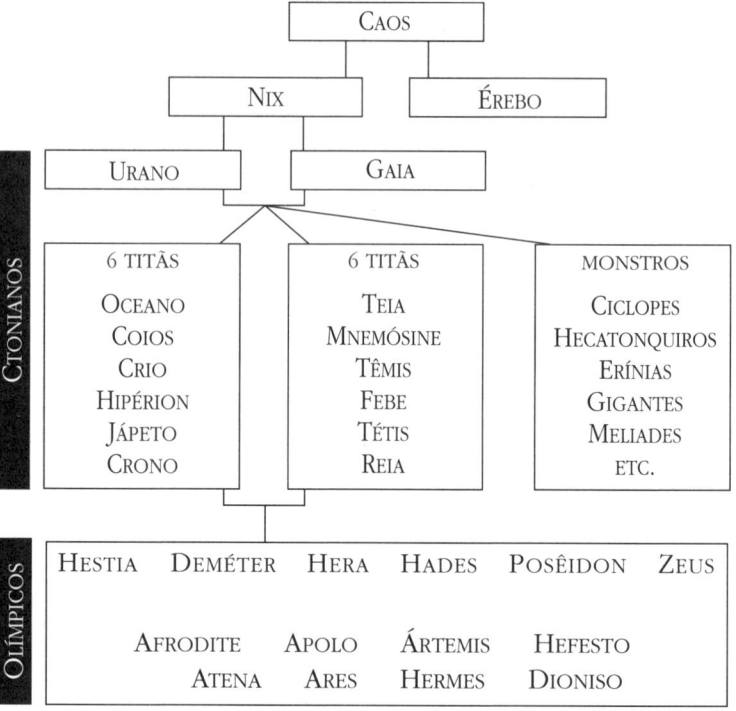

Os deuses olímpicos, tradicionalmente, são doze. Ora, se fizermos as contas, encontraremos catorze, em duas gerações. Para entender esse mistério, basta saber que Posêidon e Hades, embora fizessem parte da família, não moravam no Olimpo. O primeiro reinava sob o mar e o segundo sob a terra. Eles são realmente da família, e participam, assim como seus irmãos, irmãs, sobrinhos e sobrinhas, do conselho dos "Grandes deuses". Portanto, mesmo não vivendo no Olimpo, merecem, tanto quanto os outros, o nome de "olímpicos".

Os olímpicos da segunda geração são todos filhos de Zeus. Mas só Hefesto e Hera são filhos de Hera, a esposa legítima do deus. Para conhecer mais exatamente a origem materna dos outros deuses é preciso consultar a lenda de cada um deles. Seria impossível colocar no quadro acima o nome de todas as outras esposas de Zeus.

ÁRVORE GENEALÓGICA DOS ÁTRIDAS

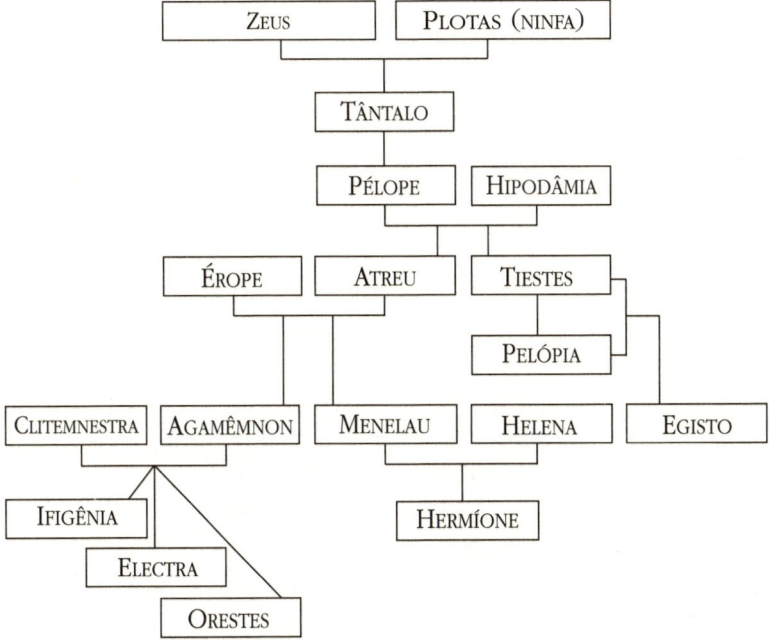

A família dos Átridas (filhos de Atreu, ver p. 73) tem um papel importante nos relatos mitológicos. Embora seja de origem divina, essa família foi amaldiçoada desde o crime abominável do ancestral Tântalo (ver p. 226). Ela será o palco de todas as desordens ligadas às paixões humanas incontroladas: canibalismo, assassinato, adultério, incesto. Só com Orestes (ver p. 187), na quinta geração, a maldição é suspensa e há uma reconciliação entre os deuses e os homens.

Nomes gregos / Nomes latinos

A mitologia grega foi, em grande parte, adotada pelos romanos. Isso não quer dizer que as populações da região que hoje é a Itália não tivessem deuses nem heróis, muito pelo contrário. Mas as lendas inventadas pelos gregos eram tão numerosas, tão variadas, tão cheias de imaginação poética, que os romanos as transpuseram para seus próprios deuses, que conservaram seus nomes originais mas se tornaram muito "gregos" quanto ao seu comportamento. Um deus como Apolo, de índole tão grega, não tinha equivalente em Roma e foi simplesmente adotado com seu nome grego. O quadro que se segue dá a correspondência entre os nomes gregos e latinos dos principais personagens da mitologia.

DEMÉTER	–	CERES
LETO	–	LATONA
DIONISO	–	BACO
ZEUS	–	JÚPITER
AFRODITE	–	VÊNUS
HERMES	–	MERCÚRIO
HADES	–	PLUTÃO
ARES	–	MARTE
ÁRTEMIS	–	DIANA
PERSÉFONE	–	PROSÉRPINA
POSÊIDON	–	NETUNO
APOLO	–	APOLO
HERA	–	JUNO
HEFESTO	–	VULCANO
ATENA	–	MINERVA
HÉSTIA	–	VESTA
ERÍNIAS	–	FÚRIAS
MOIRAS	–	PARCAS
SÁTIROS	–	FAUNOS
ASCLÉPIO	–	ESCULÁPIO
PÃ	–	FAUNO
CRONO	–	SATURNO
REIA	–	CIBELE
EROS	–	CUPIDO

Muitas vezes um mesmo personagem mitológico está
envolvido em vários episódios, que acabam se cruzando
e formando uma rede intrincada. Um asterisco (*) indica
os personagens e fatos tratados em artigos específicos,
que o leitor poderá consultar para esclarecer as ligações
entre as diferentes histórias. Os artigos são
apresentados por ordem alfabética dos nomes.
As palavras explicadas no Vocabulário da
página 283 aparecem em negrito no texto.

Afrodite

Afrodite era a deusa do amor. Ela era muito bonita, linda como o mar transparente onde brincam os raios de sol. Os gregos antigos diziam que tinha nascido da espuma das ondas que arrebentavam na praia. Daí vem seu nome: Afrodite (em grego, espuma é *aphros*). Alguns dizem que, por ocasião da castração de Urano, o Céu – esposo de Gaia*, a Terra –, algumas gotas de sêmen caíram no mar. Então o mar, fecundado pelo Céu, deu à luz a bela Afrodite. O poeta Homero, por sua vez, diz que ela era filha de Zeus* e da antiga deusa Dione. Seja qual for sua origem, nenhuma mulher, nenhuma deusa era tão bela quanto Afrodite. Sua pele era branca como a espuma, seus olhos eram mais profundos do que o mar, seus cabelos loiros brilhavam como a luz do Mediterrâneo e ela espalhava à sua volta um maravilhoso perfume de flores. Assim que Afrodite saiu do mar, o vento Zéfiro a instalou numa linda concha de madrepérola e soprou a estranha embarcação até Citera e, depois, até as praias da ilha de Chipre. A lenda aqui é muito próxima da realidade, pois sabe-se que o culto dessa deusa veio do Oriente, introduzido pelos navegadores fenícios que faziam comércio em Chipre e em Citera. Daí vêm os apelidos de Afrodite: Cípris (de Chipre) ou Citérea (de Citera). A lenda diz que, quando ela desceu à terra, flores iam nascendo à sua passagem. Então Zéfiro a confiou às Horas, divindades bondosas das estações, que se encarregaram de sua "educação". As Horas ensinaram Afrodite a ser mais encantadora e elegante do que já era e lhe deram de presente um magnífico cinto de ouro, que a tornaria irresistível.

Finalmente Afrodite estava pronta, e chegou o momento de apresentá-la ao círculo dos deuses. Sua chegada ao Olimpo foi fulminante. Seduzidos e encantados, os deuses a proclamaram "deusa da beleza e do amor".

No entanto foi o mais feio, o mais disforme deles que obteve sua mão: Hefesto*, o Coxo. Esse casamento, o mais malsucedido da mitologia, deu ensejo a muitas lendas, em que Hefesto ganhou o título de "deus dos cornos"!

Primeiro Afrodite seduziu Ares*, o vigoroso deus guerreiro. Certa manhã, Hélio, o Sol, que também estava de olho em Afrodite, surpreendeu os dois amantes ainda adormecidos e foi correndo avisar Hefesto. O marido traído pensou imediatamente em se vingar. No fundo da terra, mandou seus ciclopes fazerem uma rede mágica, uma armadilha que só ele saberia manejar. À noite, Hefesto entrou sorrateiramente no quarto da esposa e jogou a rede sobre a cama em que ela dormia com Ares. Depois convocou todos os deuses para assistirem ao espetáculo. A desgraça de uns foi a alegria dos outros. Reunidos em torno dos amantes pegos de surpresa, deuses e deusas se dobravam de rir, faziam gracejos grosseiros e zombavam de Afrodite e de Ares... mas também de Hefesto, que não se saiu de maneira muito gloriosa de toda a história! Por fim, o sério Posêidon pediu ao marido ciumento que acabasse com a brincadeira. Envergonhados, Afrodite e Ares fugiram, ela para Chipre, ele para a Trácia. Dizem que de seus amores nasceram, entre outros, Deimos (o Terror), Fobos (o Medo) e Eros (o Amor), aquele que lança as flechas do amor nos corações.

Afrodite não se satisfez com essas aventuras amorosas. Também seduziu Dioniso* e Posêidon. Rejeitou Hermes*, mas este, com a ajuda de Zeus, roubou sua sandália. Para recuperá-la, a deusa teve de aceitá-lo. Dessa união nasceu um bebê, Hermafrodite, que se tornou uma criatura estranha, meio homem e meio mulher.

No entanto, não foi só no Olimpo que os caprichos de Afrodite provocaram confusão e escândalo. Ela se apaixonou perdidamente por um mortal, o sírio Adônis. O rapaz foi morto por um javali que Ares, louco de ciúme, atiçou contra ele. Afrodite, então, fez nascer anêmonas do sangue de Adônis. Depois caiu de amores por um outro mortal, o belo troiano Anquises. Deu-lhe um filho, Eneias, que depois da Guerra de Troia foi se instalar na Itália, onde seus descendentes fundaram Roma. Uma grande família romana, a **gens** Julia – à qual pertencia Júlio César –, dizia-se descendente de Vênus, nome latino de Afrodite. A própria cidade de Roma estava sob a proteção da deusa, símbolo da força vital.

Segundo Afrodite, o amor não é apenas encanto e prazer. Também fazem parte do amor a crueldade, o ciúme e a vingança. Além de seduzir homens e deuses, ela inspirou muitas paixões funestas e utilizou o sentimento amoroso até a loucura para se vingar daqueles que não a homenageavam devidamente. Mirra descuidou do seu culto, e a deusa provocou em seu coração uma paixão incestuosa pelo próprio pai. Afrodite fez com que Fedra* se apaixonasse por Hipólito, seu enteado, o que levou os dois à morte. Tíndaro, rei de Esparta, não conferiu a Afrodite a parte que lhe cabia por ocasião de um sacrifício. A deusa fez sua esposa, Leda*, cometer adultério com Zeus e condenou seus descendentes a amores tumultuados. Por trás dos episódios amorosos mais cruéis e violentos da mitologia, havia sempre um capricho ou uma vingança de Afrodite. Mas ela sabia proporcionar prazeres e benefícios aos que a veneravam e temiam.

Se os deuses cediam aos encantos de Afrodite, o mesmo não acontecia com as deusas. Irritadas com seu comporta-

mento, talvez com ciúmes, as mulheres do Olimpo não gostavam dela. Às vezes Hera* lhe pedia emprestado o famoso cinto de ouro, que tornava irresistível quem o usava, para afastar o marido, Zeus*, de seus múltiplos amores. No entanto, Hera não aceitava que Afrodite fosse consagrada como rainha da beleza. Certo dia, a disputa veio à tona. Durante o banquete de casamento de Tétis* e Peleu*, Éris, a Discórdia, jogou no meio da mesa um **pomo** de ouro com a inscrição: "À mais bonita." Os olhares se voltaram para Afrodite, mas Hera e Atena* imediatamente reivindicaram o **pomo** e o título. Zeus, muito prudente, resolveu que a decisão não caberia a um deus, mas a um mortal. O escolhido foi Páris, filho de Príamo*, rei de Troia. Hermes levou as três deusas ao monte Ida, na Tróade, onde o jovem príncipe cuidava de seu rebanho. Páris jamais vira mulheres tão lindas. Perturbado, ele hesitou. Hera então prometeu lhe dar o império da Ásia. Atena prometeu torná-lo invencível em todas as lutas. Afrodite, no entanto, conhecia os homens: despiu a túnica e, nua, prometeu-lhe a mulher mais bonita do mundo. Foi ela que recebeu o **pomo**. Páris, como recompensa, pôde seduzir a bela Helena*, esposa de Menelau*, rei de Esparta – presente envenenado que desencadeou um terrível conflito, a Guerra de Troia. Nas batalhas, Hera e Atena, despeitadas, tomaram o partido dos gregos. Afrodite, protegendo Páris e seu próprio filho Eneias, ficou do lado dos troianos.

Apesar de caprichosa, cruel e até perigosa, Afrodite permanece na memória dos homens como símbolo de beleza, de encanto e das delícias da vida. É representada em sua esplêndida nudez por grandes escultores gregos, como Praxíteles. Na pintura ocidental, podemos vê-la em obras de Botticelli, Tiziano, Velásquez, Rubens etc., às vezes acompanhada pelas Graças, ou Cárites, cercada de suas flores preferidas, a rosa e o **mirto**, ou ainda em seu carro atrelado a suas aves favoritas, as pombas.

Agamêmnon

Agamêmnon, filho de Atreu*, rei de Argos, teve um destino terrível.

Depois da morte de Atreu, seus filhos, Agamêmnon e Menelau*, apelidados de Átridas, refugiaram-se na corte do rei de Esparta, Tíndaro, pai de Helena*, com quem Menelau se casou. Mas Agamêmnon queria retomar o trono de Argos. Assim, com a morte do rei Tieste*, seu tio, ele voltou a Argos. Matou seu primo, Tântalo*, que deveria suceder ao pai, massacrou seu filho recém-nascido e tomou o poder. Não se contentando com esses crimes, dignos de sua ilustre família, Agamêmnon obrigou Clitemnestra*, jovem viúva de seu primo, a se casar com ele. Ah, se ele soubesse!

Clitemnestra era irmã de Helena e dos Dioscuros* Castor e Pólux. Estes ameaçaram fazer Agamêmnon pagar por seus crimes, e mais uma vez ele preferiu refugiar-se em Esparta, junto do rei Tíndaro e do irmão, Menelau. Na corte de Esparta houve uma reconciliação geral, uma vez que Castor e Pólux desejavam restabelecer a paz na família. Tudo parecia resolvido. Agamêmnon voltou para Argos, onde se fez rei de Argos e de Micenas. No fundo, porém, Clitemnestra guardava rancor contra o marido. Eles tiveram três filhos, Electra*, Orestes* e Ifigênia*, mas seu casamento foi maldito.

À frente dos dois reinos, Agamêmnon era um rei poderoso. Quando a Guerra de Troia* eclodiu, em consequência do rapto de Helena por Páris*, filho de Príamo*, rei de Troia, os gregos escolheram Agamêmnon como chefe de seu exército. Então começou a se realizar a maldição que pesava sobre os Átridas. Quando os navios que atravessariam o mar Egeu até Troia estavam prestes a partir, os ventos recusaram-se a soprar. Era a manifestação da cólera de Ártemis*. Para fazer voltar os ventos, ela exigia de Agamêmnon o sacrifício de sua filha mais nova, Ifigênia. Foi mais uma morte que Clitemnestra não pôde perdoar. Durante o cerco de Troia, Agamêmnon raptou uma **cativa** de Aquiles* que este recebera como sua parte na pilhagem. Os dois homens tiveram uma briga violenta, e Aquiles, furioso, recusou-se a combater enquanto Agamêmnon não lhe devolvesse o que era seu. A cólera de Aquiles custou caro ao exército grego, que quase perdeu a guerra. A reconciliação só ocorreu depois da morte de Pátroclo*, melhor amigo de Aquiles. Os gregos então dominaram a cidade de Troia, depois de dez anos de cerco.

Da pilhagem da cidade, coube a Agamêmnon um enorme **butim**, que incluía objetos preciosos, tecidos, armas e **cativos**. Entre os **cativos** estava Cassandra*, jovem profetisa, filha de Príamo, pela qual Agamêmnon se apaixonara.

Mas o que acontecera em Argos durante os dez anos que havia durado a guerra? Clitemnestra confiara o poder temporário a Egisto, filho de Tieste – o mesmo que matara Atreu! Era como uma máquina infernal que funcionasse para o cumprimento da maldição que pesava sobre a família desde o crime do avô Tântalo. Cassandra avisou a Agamêmnon que os maiores perigos os aguardavam em Argos. Orgulhoso e disposto a desafiar os deuses, o rei não lhe deu ouvidos. Voltou a Argos, sentindo-se fortalecido por sua vitória contra os troianos. Egisto o recebeu devidamente, prestou-lhe todas as homenagens e mandou preparar um grande banquete. Antes de passar à mesa, Agamêmnon quis descansar e tomar um banho. Clitemnestra foi prepará-lo, sem deixar transparecer seu ódio e seu ciúme de Cassandra. Que descanso funesto! Agamêmnon foi morto por Clitemnestra e Egisto. Segundo Homero, o assassínio foi cometido durante a refeição; segundo outras tradições, foi quando o rei estava no banho. Cassandra, que previra tudo, teve a mesma sorte. Egisto então subiu ao trono de Argos e de Micenas e manteve Clitemnestra a seu lado. Os filhos de Agamêmnon, Electra e Orestes, foram expulsos do palácio. Mas o terrível destino da família ainda não estava totalmente cumprido. Orestes e Electra, por sua vez, iriam vingar o pai.

Agamêmnon tem uma participação importante na *Ilíada* de Homero, que conta a Guerra de Troia e a cólera de Aquiles. Sua volta a Argos e sua morte são o tema da primeira peça da trilogia de Ésquilo, a *Oréstia*.

ÁJAX

Há dois heróis da Guerra de Troia* com esse nome. Ambos foram pretendentes de Helena* e, ligados por um juramento, participaram da guerra. Os dois eram primos de Aquiles*, mas só se assemelhavam sob um aspecto: sua valentia na batalha.

1. O primeiro era príncipe da Lócrida, filho de Oileu. Na *Ilíada* é chamado de "Ájax, o rápido". De fato, ele era baixinho, rápido, corria muito e sua arma favorita era o arco. Muito corajoso, participou de todos os grandes combates em torno de Troia. Mas era muito temperamental e não respeitava os deuses. Na noite em que Troia foi tomada, ele se lançou à perseguição de Cassandra*. Esta se refugiou no

templo de Atena*, atrás da estátua, e subiu nela para escapar à violência de seu perseguidor. O rapaz arrancou-a à força e derrubou a estátua, ato ímpio que a deusa não lhe perdoou. Quando ele se foi de Troia, Atena provocou uma terrível tempestade na qual desapareceram muitos navios, entre os quais o que levava Ájax. No entanto, este sobreviveu ao naufrágio, vangloriando-se de ter escapado à cólera da deusa. Atena pegou o raio de seu pai, Zeus*, com ele despedaçou o rochedo em que Ájax se refugiara e o afogou. Mas não foi só isso: dizem que durante muitos anos fomes e epidemias se abateram sobre a Lócrida. Para acabar com essas calamidades, seus habitantes tiveram de mandar, todos os anos, moças para serem sacrificadas no altar da deusa em Troia. Os troianos mataram as duas primeiras levas, depois acolheram as outras para torná-las as sacerdotisas de Atena.

2. O segundo Ájax é considerado o grego mais valente, depois de Aquiles. Era filho de Telamon, rei de Salamina. Héracles*, que era amigo de seu pai, havia previsto que o menino seria nobre e forte. Telamon lhe deu o nome de Ájax, que lembra águia em grego (*aietos*). Muito bonito, alto e forte, o "grande Ájax", como é chamado por Homero, possuía uma armadura pesada e servia de anteparo aos guerreiros que lutavam a seu lado, principalmente ao outro Ájax, que se protegia atrás dele para lançar suas flechas. Ao contrário de seu homônimo, ele era calmo, falava pouco e temia os deuses. Sempre pronto para ajudar os amigos, cuidou de Ulisses* quando este foi ferido e tentou reconciliar Aquiles e Agamêmnon* quando eles brigaram por causa de uma **cativa**. Duelou com o herói troiano Heitor*, mas, como nenhum deles saía vencedor, ao cair a noite a luta cessou. Os dois adversários trocaram presentes para provar sua estima

mútua. Quando os troianos atacaram os barcos gregos, Ájax foi o pilar da defesa. No entanto, ferido, não conseguiu rechaçar os atacantes. Foi ele que, com a ajuda de Ulisses, levou o corpo de Aquiles de volta ao campo grego.

Esse personagem firme e tranquilizador enlouqueceu. Depois da morte de Aquiles, sua mãe, Tétis*, designou as armas do filho ao mais corajoso dos gregos. Todos achavam que era Ájax, mas, para fazer justiça, pediu-se aos prisioneiros troianos que votassem. Estes indicaram Ulisses como o mais corajoso dos gregos. Ájax se dobrou, mas, na noite seguinte, profundamente magoado com a escolha, foi tomado por uma loucura vingativa e massacrou todos os rebanhos que serviam de alimento ao exército grego. De manhã, recuperado o juízo, deu-se conta do que tinha feito e, não suportando o fato de ter agido tão mal, enfiou no próprio coração a espada que Heitor lhe oferecera por ocasião de sua luta tão singular. A loucura e a morte de Ájax são o tema de uma tragédia de Sófocles, e os atenienses não esqueceram seu herói: todos os anos, dedicavam-lhe um culto em sua ilha natal, Salamina, perto de Atenas.

Alceste

Pélias, rei de Iolcos, da Tessália, tinha quatro filhas. A mais bonita, meiga e afetuosa era Alceste. Seu pai a adorava e sofria muito só de pensar em se separar dela. Quando a moça chegou à idade de se casar, ele impôs tais condições aos eventuais pretendentes que era de supor que Alceste fosse ficar solteira. De fato, Pélias exigia que o futuro marido de sua filha lhe trouxesse um carro atrelado a um leão e um urso. Como colocar dois animais selvagens e fortes sob o mesmo jugo? Era um feito impossível de ser realizado por um simples mortal.

Admeto, rei de Feras, uma cidade próxima, tinha visto a moça e se apaixonara por ela. Ora, acontece que o deus Apolo*, condenado por causa de um conflito com Zeus* a ser escravo de um mortal, estava cumprindo sua pena junto de Admeto. Este, mesmo ignorando que seu servo era uma divindade, tratava-o com respeito e benevolência. Apolo então resolveu ajudar Admeto e lhe ofereceu um carro atrelado a um leão e um urso, que ele mesmo havia domado. Levando o carro e a atrelagem, o rei de Feras foi pedir a mão de Alceste, que lhe foi concedida. Os dois jovens se amavam muito e o casamento prometia ser muito feliz. Mas no dia das núpcias Admeto, embora muito piedoso, esqueceu-se de oferecer um sacrifício a Ártemis*. Como todas as divindades, essa deusa também era muito suscetível e não suportava esse tipo de esquecimento. À noite, quando os esposos foram para o leito nupcial, viram que no quarto havia serpentes, sinal de morte próxima!

Aflitos com esse presságio, Admeto e Alceste pediram a Apolo que interferisse junto da irmã e acalmasse sua ira. Mais uma vez o deus socorreu o rei e obteve para ele um prazo maior de vida. Mais ainda, conseguiu que o destino desse a possibilidade a Admeto de não morrer no dia marcado, contanto que alguém aceitasse morrer em seu lugar.

Admeto e Alceste, que tiveram três filhos, formavam um casal muito unido, exemplo vivo de fidelidade e bondade. Quando a temível Medeia*, desejando pôr fim aos dias do velho Pélias, imaginou o estratagema de fazer com que suas próprias filhas o matassem, só Alceste se recusou a participar do crime horrível.

Porém, apesar da proteção dos deuses, o destino devia se cumprir. Chegou o dia em que Admeto deveria morrer. Ele procurou à sua volta, indagou, suplicou, mas foi em vão. Como era de esperar, Admeto não encontrou ninguém que aceitasse tomar seu lugar no reino dos mortos. Só uma voz se fez ouvir, a de Alceste. Amava tanto o marido que estava disposta a morrer para que ele continuasse vivo. Admeto recusou, mas a morte estava ali, à espera. Reclamava uma presa e, sentindo Alceste decidida a se sacrificar pelo marido, levou-a consigo para a casa de Hades*, o sombrio deus dos mortos. O rei ficou desesperado, a cidade inteira se entregou à tristeza e às lágrimas. Foi então que Héracles*, que conhecera Admeto por ocasião da expedição dos Argonautas*, chegou a Feras para visitar o amigo. Ao ficar sabendo da causa de tanta dor, ele se indignou: era muita injustiça! O herói pegou suas armas e se precipitou para os Infernos. Quis lutar contra a própria morte para lhe arrancar Alceste. A nobre Perséfone*, esposa do rei dos mortos, comoveu-se diante da devoção de Alceste e da coragem de Héracles! Ela, que dividia seu tempo entre o mundo dos vivos e o dos mortos, tinha o poder de permitir que os defuntos voltassem a ver a luz do dia. Perséfone fizera isso por Eurídice, mas a tentativa havia fracassado. Agora iria fazê-lo por Alceste. Autorizando a jovem mulher a voltar para o marido, Perséfone a confiou a Héracles e o herói a levou de volta a Feras, para junto de Admeto.

Alceste e Admeto viveram em paz e envelheceram um ao lado do outro. O amor e a bondade do casal real de Feras serviram de exemplo durante toda a Antiguidade. No século V antes de Cristo, o grande poeta grego Eurípides celebrou o sacrifício de Alceste numa tragédia que tem seu nome.

Amazonas

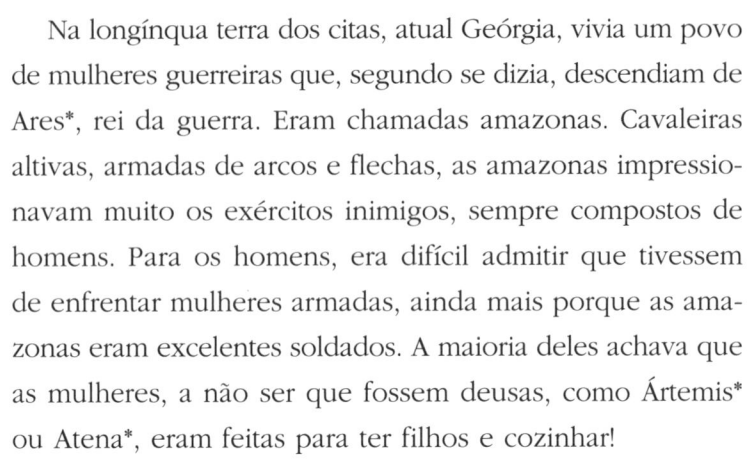

Na longínqua terra dos citas, atual Geórgia, vivia um povo de mulheres guerreiras que, segundo se dizia, descendiam de Ares*, rei da guerra. Eram chamadas amazonas. Cavaleiras altivas, armadas de arcos e flechas, as amazonas impressionavam muito os exércitos inimigos, sempre compostos de homens. Para os homens, era difícil admitir que tivessem de enfrentar mulheres armadas, ainda mais porque as amazonas eram excelentes soldados. A maioria deles achava que as mulheres, a não ser que fossem deusas, como Ártemis* ou Atena*, eram feitas para ter filhos e cozinhar!

Sob a autoridade de uma rainha, as amazonas formavam uma sociedade estranha, da qual os homens estavam excluídos. Só eram admitidos para uniões breves, que lhes permitissem gerar filhos. Mas os recém-nascidos do sexo masculino ou eram mortos, ou se destinavam a ser escravos. Treinadas desde muito novas para caçar e lutar, as amazonas cortavam o seio direito para facilitar a prática do tiro ao arco, o que explica seu nome, que em grego quer dizer "que não tem seio". Levavam uma vida muito dura e alimentavam-se apenas do produto de sua caça.

Duas rainhas das amazonas são célebres na mitologia. A primeira, Hipólita, recebera do deus Ares um cinto magnífico que era o signo de seu poder. Um dos Doze Trabalhos de Héracles* foi justamente apoderar-se desse cinto. Hipólita tinha uma irmã, Antíope, que foi raptada por Teseu*, na época rei de Atenas. A jovem amazona, que amava Teseu, deu-lhe um filho, Hipólito. A rainha das amazonas, para afastar a irmã de seus amores conjugais, invadiu a Ática com seu exército de mulheres, mas foi vencida, e Antíope morreu lutando ao lado de Teseu.

A segunda rainha das amazonas cujo nome se tornou legendário foi Pentesileia. Por ocasião da Guerra de Troia*, ela se aliou ao rei Príamo* e, com todo o seu exército, acudiu em socorro dos troianos contra os gregos. Mas Aquiles* se lançou na batalha e, combatendo violentamente, matou Pentesileia, sem saber quem ela era. Ao tirar seu capacete e sua armadura, ele descobriu que seu adversário era uma mulher e, além do mais, muito bonita. Apaixonou-se pela amazona e caiu em desespero por ela estar morta. Um de seus companheiros zombou dele, achando ridículo o bravo guerreiro verter lágrimas sobre um cadáver de mulher. Não suportando seus gracejos, Aquiles o trespassou com sua espada.

Hoje, a palavra "amazona" é usada para designar uma mulher que monta a cavalo.

Andrômaca

Filha do rei de uma cidade da Ásia Menor próxima de Troia, Andrômaca se casou com Heitor*, valoroso filho de Príamo*, rei de Troia. O casal teve um filho, Astíanax*. O pai e os sete irmãos de Andrômaca, aliados de Príamo na Guerra de Troia*, foram massacrados por Aquiles*. Heitor, que comandava o exército troiano, também foi morto por Aquiles pouco antes da queda de Troia.

Quando tomaram a cidade, os gregos partilharam entre si os prisioneiros, e Andrômaca coube ao filho de Aquiles, Neoptólemo*, também chamado de Pirro. Este se apaixonou por ela e levou-a com Astíanax para seu reino, Epiro. Neoptólemo, porém, era comprometido com Hermíone*, filha de Menelau* e de Helena*, com a qual se casou ao voltar. Embora não amasse o marido, Hermíone tinha ciúme de

Andrômaca, que tivera vários filhos de Neoptólemo, ao passo que ela própria não os podia ter.

Neoptólemo foi morto em Delfos, onde fora consultar o **oráculo**. Ao morrer, confiou Andrômaca ao irmão de Heitor, Heleno, que ele também levara para Epiro e a quem legou seu reino. Finalmente, Andrômaca teve um pouco de felicidade, reavendo assim uma família troiana. Com a morte de Heleno, ela voltou à Ásia Menor com um de seus filhos, Pérgamo, e fundou uma nova cidade que recebeu o nome dele, em homenagem a Troia – Pérgamo era a **cidadela** de Troia.

Todas as tradições e todos os autores estão de acordo quanto aos primeiros episódios da vida de Andrômaca: seu casamento, o nascimento de Astíanax e a morte de Heitor, tal como são contados na *Ilíada* de Homero. Mas há versões diferentes sobre o que ocorreu depois da tomada de Troia. No século V antes de Cristo, Eurípides, em sua tragédia *Andrômaca*, insiste no ciúme de Hermíone. O autor francês Racine, no século XVII, escreveu uma tragédia em que Andrômaca é retratada como viúva fiel e mãe devotada unicamente a Astíanax, o que não corresponde de modo algum à tradição antiga.

ANTÍGONA

Quando o rei Édipo* foi banido de Tebas velho e cego, sua filha Antígona o acompanhou ao exílio. Jovem séria e triste, ela guiou os passos do pai infeliz até Colona, nos arredores de Atenas, onde ele morreria.

Antes de Édipo morrer, Ismênia, sua filha mais nova, foi encontrar-se com o pai e a irmã em Colona e lhes contou sobre a situação catastrófica em que se encontrava a cidade de Tebas. Etéocles e Polinices, irmãos de Antígona, disputavam o poder. Primeiro tinham decidido compartilhá-lo: cada um reinaria durante um ano. Etéocles, por ser o mais velho, subira primeiro ao trono, mas no fim do ano recusara dar seu lugar ao irmão. Expulso de Tebas, Polinices refugiara-se junto do rei de Argos, Adrasto, casando-se com sua filha. Com o sogro, seu amigo Tideu e quatro outros chefes gregos, ele estava preparando a expedição dos Sete contra Tebas para tentar tomar a cidade do irmão.

Etéocles, por sua vez, com o apoio do tio, Creonte, tentou fazer Édipo voltar a Tebas, pois sua presença, segundo o **oráculo**, garantiria a vitória contra Polinices e seus aliados. Mas Édipo se recusou. Estava velho, chegara ao fim de seu terrível destino e, na hora da morte, seu único desejo era se reconciliar com os deuses. Quando depois Polinices também pediu o apoio do pai, este recusou do mesmo modo. Os filhos que cumprissem seu próprio destino! E o velho rei morreu sem saber dos acontecimentos sombrios que se seguiriam.

Antígona, com o coração partido pela morte do pai, voltou com Ismênia para Tebas, onde reencontrou seu primo, Hêmon, filho de Creonte, de quem ficou noiva. Mas o exército dos sete chefes, sob o comando de Adrasto e Polinices, sitiou as sete portas da cidade. Antígona chorou, e nunca mais deixou de chorar, o destino funesto de sua família. Polinices e seus aliados atacaram a cidade. Porém os soldados tebanos reagiram com violência e o exército dos sete chefes foi aniquilado. Etéocles enfrentou o irmão e um matou o outro.

Quem iria governar Tebas? Creonte tornou-se o regente e organizou os funerais dos soldados mortos em combate.

Etéocles foi enterrado com todas as honras devidas a um rei, mas Creonte recusou que Polinices fosse inumado. Dizia que Polinices era um traidor, um rebelde que tinha se aliado aos inimigos de Tebas e que seu cadáver deveria permanecer sem sepultura. Então Antígona se insurgiu. Para ela era um dever sagrado, um dever para com os deuses, prestar a seu irmão morto as homenagens fúnebres. Não quis saber da razão de Estado invocada por Creonte. Contra a lei dos homens, mas de acordo com as leis dos deuses, ela tinha o dever de enterrar o irmão. E, apesar da interdição formal de Creonte, ela saiu à noite, à revelia de todos, e foi jogar algumas pás de terra sobre os restos mortais de Polinices. Crime de Estado! No dia seguinte, Antígona foi presa, condenada à morte e jogada numa cela. Hêmon interveio, suplicou ao pai, mas foi inútil. Creonte estava irredutível. A desobediência de Antígona tinha de ser punida. No entanto, quando abriram a cela para levar a moça a seu último suplício, ela estava morta, tinha se enforcado. Desesperado, Hêmon se matou sobre seu cadáver. A mulher de Creonte, não suportando a perda do filho, também se suicidou. Será que a maldição que caíra sobre Édipo e seus descendentes terminaria com essa sequência de mortes?

Nesse encadeamento de desgraças, dez anos depois ocorreu um último episódio. O filho de Polinices, Tersandro, aliou-se aos filhos dos outros chefes da expedição dos Sete contra Tebas. Dessa vez o cerco à cidade terminou com uma vitória dos atacantes. Tersandro tomou o poder em Tebas e o ciclo infernal se fechou.

As desgraças de Antígona e de sua família, a resistência obstinada da moça às leis da cidade são temas que desde a Antiguidade inspiraram a imaginação dos homens. Duas grandes obras clássicas que a descrevem são *Os sete contra Tebas*, de Ésquilo, e *Antígona*, de Sófocles.

Apolo

Apolo era um deus de corpo atlético, expressão calma e séria, representado com o arco numa mão e a lira na outra. Filho de Zeus* e de Leto*, irmão gêmeo de Ártemis, ele era o deus da luz solar e da inteligência, o deus da música e da poesia.

A história de Apolo começa numa pequena ilha rochosa do mar Egeu. Foi lá que Leto se refugiou, perseguida pelo ciúme de Hera*, para dar à luz os gêmeos que concebera com o senhor dos céus. Apolo e Ártemis vieram ao mundo depois de um parto longo e difícil. Têmis, deusa da justiça, desceu do Olimpo com os outros deuses, menos Hera, para assistir ao nascimento. Trouxe **néctar** e **ambrosia**, alimentos divinos por excelência, e os deu ao recém-nascido. O efeito foi prodigioso: o pequeno Apolo saiu do berço e dentro de poucos dias se tornou um menino soberbo, de força extraordinária e beleza fulgurante. Zeus enviou ao filho um carro puxado por cisnes e ofereceu às duas crianças arcos e flechas feitos por Hefesto, especialmente para elas. O irmão e a irmã subiram no carro e foram embora da ilha. A ilha se tornara fértil e verdejante, e, a partir de então, passou a se chamar Delos, "a que aparece na luz".

Primeiro os cisnes levaram os dois jovens deuses para o norte, até a região misteriosa e longínqua dos hiperbóreos. Depois de permanecer algum tempo naquelas terras nórdicas, Apolo voltou para a Grécia, sempre acompanhado pela irmã, e se instalou ao pé do monte Parnaso. O lugar era magnífico: havia **falésias** brilhantes, encostas cobertas de florestas em que se ouvia o murmúrio das fontes e de onde se avistava o mar, acima de uma planície plantada de oliveiras. Era primavera. Os habitantes acolheram o jovem deus com flores e canções. Apolo ficou encantado e lá estabeleceu seu culto. Mas, numa gruta escura, estava de vigília um monstro terrível, a serpente Píton. Filha da deusa Gaia*, a Terra, Píton era guardiã de cultos muito antigos, prestados às velhas divindades ctonianas, anteriores à geração de Zeus e dos olímpicos. Inspirada por sua mãe, pronunciava **oráculos**, mas por outro lado devastava a região.

Para se instalar no lugar que tinha escolhido, o deus precisava matar a serpente. Soltando milhares de chamas, Píton se lançou sobre Apolo. O deus desviou-se dela, ergueu o arco e atirou-lhe uma flecha mortal. Depois dessa morte, mesmo sendo deus, Apolo tinha de se purificar. Acompanhado da irmã, exilou-se ao lado do monte Olimpo, no doce vale do Tempe, por onde corria um rio purificador. Voltou então ao pé do Parnaso, onde se estabeleceria seu santuário. Ainda precisava se reconciliar com Gaia, antiga deusa da Terra. Instituiu então os jogos píticos, cerimônias esportivas e religiosas em honra de sua vítima, a serpente Píton. Fez reviver o velho **oráculo** e confiou-o a uma sacerdotisa, que recebeu o nome de Pítia.

Mas, para servir ao deus em seu novo santuário, eram necessários sacerdotes. Certa vez, quando meditava diante do mar, Apolo avistou um navio cretense que passava ao largo. Tomou a forma de um golfinho e nadou até a embarcação, indicando-lhe o caminho da praia mais próxima. Voltando à forma de deus, iniciou os viajantes nos segredos divinos e os tornou sacerdotes. Estes deram o nome de Delfos àquele lugar, pois o nome grego do golfinho ou delfim é *delphis*. O santuário de Delfos e o **oráculo** da Pítia tiveram um papel muito importante na mitologia e na história da Antiguidade. Até a época romana, as pessoas iam consultar o **oráculo** de Delfos para compreender as desgraças dos homens e das cidades, para conhecer o futuro, para evitar os erros e as ciladas da vida. O poder de profecia de Apolo fez dele o deus dos poetas e dos adivinhos, a quem ele inspirava, segundo se dizia.

Apolo era um deus poderoso, e seu pai, Zeus, tinha por aquele filho uma ternura especial. Quando ele entrava no Olimpo, o próprio senhor dos deuses lhe oferecia **néctar** e **ambrosia**. Também era um músico notável. Cercado pelas musas*, cujo coro ele dirigia, Apolo encantava as reuniões dos deuses acompanhando seus cantos com a lira, instrumento maravilhoso inventado pelo deus Hermes*.

Dizem que a música suaviza os modos. Mas Apolo não era só um deus cheio de encanto e doçura. Suas cóleras e suas vinganças são memoráveis. Certo dia, Héracles* foi consultar o **oráculo** e a Pítia se recusou a lhe responder. O herói então pegou o tripé em que ela estava sentada e ameaçou saquear o templo, matar os sacerdotes e pôr o **oráculo** a seu serviço. Apolo se jogou em cima dele, e Zeus precisou interferir para separar os dois combatentes. Outra vez, o sátiro* Mársias, que tocava flauta dupla, lançou um desafio ao deus músico. Fizeram um concurso e Apolo, com sua lira, foi considerado vencedor. No júri, só Midas*, rei da Frígia, ousara dizer que preferia Mársias. Para puni-lo, o deus fez crescerem nele orelhas de asno! Muito mais cruel, porém, foi o castigo que Apolo impôs a Mársias: pendurado numa árvore, ele foi esfolado vivo.

Em duas ocasiões, Apolo enfrentou seu próprio pai. A primeira vez, ele participou com seu tio, Posêidon*, de um complô montado por Hera. Farta das infidelidades de Zeus, seu marido, Hera quis acorrentá-lo para impedir que ele continuasse a percorrer o céu e a terra. O complô fracassou. Zeus, furioso, condenou seu filho e seu irmão a servirem a um mortal durante algum tempo. Foi assim que Posêidon e Apolo tiveram de prestar serviços ao rei de Troia, Laomedonte. Um teve de construir os muros da sua cidade, o outro teve de cuidar de seus rebanhos. Mas, ao terminar o período de trabalho, Laomedonte se recusou a pagar aos dois o salário combinado. Ameaçou até lhes cortar as orelhas, como se fazia com os escravos rebeldes. Recuperando então seus poderes divinos, Apolo e Posêidon lançaram cataclismos sobre Troia: um monstro devastou a região e a peste dizimou seus habitantes.

A segunda vez que Apolo se desentendeu com seu pai pode-se dizer que foi mais por culpa de Zeus. Acontece que um dos filhos de Apolo, Asclépio*, deus da medicina, tinha tanto sucesso em curar os mortais que eles foram deixando de morrer. Com isso, o equilíbrio do mundo se viu ameaçado. Para restabelecer a ordem, Zeus fulminou Asclépio com um raio. Louco de dor, Apolo matou os ciclopes, que tinham fabricado o raio. Mas isso significava contrariar as ordens do senhor dos deuses, e, para punir seu filho, Zeus mandou-o mais uma vez ser criado de um homem. Apolo, então, foi prestar serviços a Admeto, rei da Tessália, com quem se entendeu muito bem, ajudando-o até a conquistar a mulher que ele amava, Alceste*.

Ao contrário de sua irmã, a casta Ártemis, Apolo apaixonou-se muitas vezes. No entanto, apesar da sua beleza e dos encantos de seu espírito, teve muitos dissabores nesse domínio. As mulheres que amou, impressionadas com seu aspecto divino ou preocupadas diante da ideia de que ele pudesse lhes ser infiel, preferiam unir-se a simples mortais. Assim, de Creúsa, filha do rei de Atenas, ele teve um filho, Íon. Mas Creúsa casou-se com Xuto, que acabou por adotar Íon. Também Corônis, embora grávida do deus, escolheu viver com um mortal. Um corvo, a quem Apolo encarregara de vigiar Corônis, contou a traição ao deus. Furioso, Apolo se vingou primeiro em cima do corvo, que originalmente era branco e se tornou preto. Depois ele matou Corônis e seu marido. Mas, antes que o cadáver da jovem fosse queimado na pira funerária, arrancou-lhe a criança, que ainda estava viva: era Asclépio. Mais tarde foi Marpessa, princesa da Etólia, que preferiu um pretendente mortal a Apolo, temendo ser abandonada pelo deus. Cassandra*, filha de Príamo*, rei de Troia, foi iniciada por Apolo na arte da adivinhação, prometendo que em troca se entregaria a ele. Mas, assim que se viu de posse do dom profético, ela recusou cumprir a promessa. Para se vingar, o deus lhe lançou uma maldição: ninguém daria fé a suas profecias. Assim, a bela Cassandra predisse todas as desgraças da Guerra de Troia, mas nunca ninguém lhe deu crédito.

Os amores infelizes do deus solar muitas vezes resultaram em estranhas metamorfoses. Uma jovem de Delfos, Castália, que ele cortejava com insistência, jogou-se num rio que corria dentro do santuário e se transformou em fonte. A fonte, que até hoje se pode ver em Delfos, tem o nome de Castália e tinha fama de dar inspiração aos poetas.

Certa vez, Apolo perseguia uma ninfa, Dafne, e estava prestes a alcançá-la. Dafne suplicou à sua mãe, a Terra, que a escondesse. A Terra se abriu e a engoliu. Naquele lugar nasceu o primeiro loureiro (*daphnè*, em grego), e Apolo fez dele sua árvore sagrada. A Pítia, ao pronunciar seus **oráculos**, mascava folhas de louro.

Dois jovens que Apolo amava ternamente, Jacinto e Ciparisso, tiveram destino trágico. Certo dia, Jacinto estava praticando lançamento de disco em companhia do deus quando o disco de Apolo, desastradamente, atingiu o jovem na têmpora, matando-o na hora. Não podendo devolver a vida ao amigo, Apolo imortalizou-o fazendo nascer uma flor à qual deu seu nome: é o jacinto, que renasce a cada primavera. Quanto a Ciparisso, ele domesticara um cervo que era seu companheiro de passeios e jogos. Certo dia, ele se exercitava no dardo quando, por inadvertência, matou o animal com sua arma. Desesperado, pediu a Apolo que o matasse. O deus o transformou em cipreste (*cyparissos*, em grego), árvore que desde a Antiguidade simboliza o pesar dos que perderam algum ente querido.

Apelidado de Brilhante (*Foibos* em grego e *Febo* entre os romanos), Apolo era um deus de luz. Era a luz do sol, que se afastava no inverno e voltava triunfante na primavera. Mas não se deve confundi-lo com o próprio Sol, que era o deus Hélio. Apolo era também a luz da inteligência e da razão. Graças a seu **oráculo**, era o deus que ajudava a enxergar o certo, a distinguir o verdadeiro do falso, a esclarecer o obscuro. Deus solar benéfico que trazia a vida, também podia ser aquele que trazia a morte. Numa região como a Grécia, fustigada pelo sol no verão, os raios de luz enviados por Apolo podiam ser mortais.

As flechas de Apolo, assim como as de Ártemis, eram temíveis quando atingiam os seres humanos. Mas elas não matavam ao acaso, nunca foram instrumentos de uma carnificina ou de violência desenfreada. Atingiam os mortais demasiado orgulhosos que acreditavam poder se igualar aos deuses, como Níobe*, ou aqueles cujo tempo de vida chegava ao fim, como Pátroclo* e Aquiles*. Elas também atingiam os monstros pertencentes ao mundo das antigas divindades ctonianas, que deveriam se submeter à nova ordem divina instituída por Zeus, a ordem olímpica.

Deus músico com sua lira, deus arqueiro com suas flechas, Apolo era de certo modo o deus **diapasão**, que dava a nota certa na confusão ruidosa do mundo. Lembrava a partitura que cada um devia tocar, lembrava que os mortais deviam morrer e que não deviam querer ocupar o lugar dos deuses e, também, que os deuses não deviam interferir muito nos assuntos dos homens.

Representando a beleza e a inteligência, o equilíbrio e a harmonia, Apolo era o mais grego dos deuses gregos. Era cultuado em todo o mundo helênico. Seus dois santuários mais importantes eram em Delos e em Delfos. Mas em Roma Apolo também foi um deus importante. O imperador Augusto o fez seu protetor e mandou construir um templo para ele no monte Palatino. Na Antiguidade, nenhum deus foi tão representado quanto Apolo. Os escultores lhe atribuíam a forma de um jovem de cabelos cacheados, de beleza perfeita, segurando o arco ou a lira.

Aquiles

Aquiles é o mais célebre herói da mitologia grega. Ele descendia dos deuses. Seu pai, Peleu*, rei da cidade de Ftia, na Tessália, era neto de Zeus*. Sua mãe, Tétis*, era uma deusa, uma nereida*, isto é, filha de Nereu*, deus marinho muito antigo. Tétis não se conformava em ter filhos mortais. Assim, cada vez que um nascia, ela tentava torná-lo imortal lançando-o no fogo. Fez isso seis vezes, e seis vezes o resultado foi o mesmo: a criança morria na mesma hora. Na sétima vez, Peleu interferiu, pois estava cansado de ver seus filhos morrerem no meio das chamas! Arrancou o bebê das mãos de sua mulher. Era o pequeno Aquiles. Ele sobreviveu, e só queimou o calcanhar. O pai confiou o menino ao centauro* Quíron, que restaurou seu calcanhar com o osso de um gigante* morto pouco tempo antes. Esse gigante tinha fama de ser muito bom na corrida, e esse dom foi transmitido a Aquiles. Outra versão da lenda conta que Tétis, em vez de "imortalizar" Aquiles pelo fogo, resolveu mergulhá-lo no Estige, o rio dos Infernos*. Certamente era um método menos perigoso. Mas, ao mergulhar o menino na água, Tétis o segurou pelo calcanhar. Assim, todo o corpo de Aquiles tornou-se invulnerável, menos o calcanhar. Daí a expressão "calcanhar de aquiles" para designar o ponto fraco de alguém.

O jovem Aquiles foi educado pelo centauro Quíron na montanha de Pélion. O mestre transmitiu ao rapaz seus conhecimentos de medicina, a arte da caça e da luta, ensinou-o a cantar e a tocar lira, a domar cavalos e a se comportar com coragem e prudência. Para torná-lo forte e inteligente, alimentava-o exclusivamente de entranhas de leões e javalis, de tutano de urso e de mel. Portanto, Aquiles recebeu uma educação que correspondia ao ideal de equilíbrio entre o corpo e o espírito. Ao voltar a Ftia, tornou-se amigo de Pátroclo*, um primo distante que seu pai havia acolhido. Os dois jovens tornaram-se inseparáveis.

Quando os chefes gregos decidiram partir para a Guerra de Troia*, quiseram convidar Aquiles a acompanhá-los, embora ele não fosse um pretendente de Helena*, ligada por juramento a Menelau*. Mas Tétis se interpôs, pois um **oráculo** profetizara a morte de seu filho sob os muros de Troia. Antes que Aquiles ficasse sabendo da expedição, ela o escondeu, mandando-o disfarçado de mulher para a corte do rei de Ciros. Lá ele viveu entre as filhas do rei, com o nome de Pirra (isto é, a Ruiva, por causa da cor de seus cabelos). Mas Aquiles não era mulher e fez um filho em uma das filhas do rei. Foi assim que nasceu Neoptólemo*, apelidado Pirro (o Ruivo). Ulisses*, ao ficar sabendo onde o herói se escondia, imaginou uma artimanha. Fazendo-se passar por mercador, apresentou-se no palácio de Ciros e conseguiu que o fizessem entrar no gineceu, alojamento das mulheres, levando um carregamento de joias, entre as quais introduziu uma espada. Quando expôs suas mercadorias às mulheres, uma delas se precipitou e pegou a espada. Era Aquiles, que não resistira ao apelo das armas. Sua mãe, desolada, tentou dissuadi-lo de partir. Dizia-lhe que, em vez de se arriscar a morrer buscando a glória na batalha, ele poderia ter uma vida longa e tranquila se ficasse a seu lado. Foi em vão. Aquiles não lhe deu ouvidos e se preparou para partir. O pai lhe confiou um exército de temíveis guerreiros, os mirmidões, e cinquenta navios. Acompanhado por seu fiel amigo Pátroclo, Aquiles se juntou aos gregos em Áulis.

Ao chegar a Áulis, Aquiles ficou sabendo que Agamêmnon estava prestes a sacrificar sua filha Ifigênia* e mandara buscá-la sob pretexto de casá-la com Aquiles. O jovem se enfureceu e se dispôs a salvar a moça, encontrando-a então pela primeira vez. Mas o exército inteiro exigia a morte de Ifigênia, pois era preciso acalmar Ártemis para que a deusa mandasse ventos favoráveis à navegação até Troia. A própria Ifigênia aceitou, e Aquiles, com o coração apertado, assistiu ao sacrifício. Suas relações com Agamêmnon, chefe do exército grego, ficaram estremecidas, e não melhoraram ao longo da guerra.

Durante os nove primeiros anos do cerco de Troia, Aquiles realizou vários feitos. Matou troianos valentes, que tinham fama de invencíveis, e, como a cidade não se rendesse, organizou expedições punitivas contra os reis aliados de Troia. Foi assim que massacrou o pai e os sete irmãos de Andrômaca*. No terceiro ano de cerco, no regresso de uma dessas expedições a desavença com Agamêmnon explodiu. Aquiles trouxera uma **cativa**, Briseida, pela qual se apaixonara. Mas o rei, usando de seu privilégio de chefe do exército, exigiu que ele lhe entregasse a moça. A briga se acirrou. Aquiles resolveu que não lutaria mais pelos gregos e recolheu-se em sua tenda. Pior ainda, pediu a Tétis, sua mãe, que utilizasse seu poder de deusa para fazer a sorte se voltar contra os gregos.

De fato, os troianos, sob o comando de Heitor*, filho de Príamo*, rei de Troia, chegaram perto de vencer definitivamente os invasores, ameaçando até incendiar seus navios. Mas Pátroclo, que se retirara do combate com o amigo, suplicou-lhe que o deixasse juntar-se aos compatriotas em perigo. Aquiles autorizou-o a voltar ao combate, emprestou-lhe suas armas e lhe confiou o comando dos terríveis mirmidões. Pátroclo interveio na batalha, inverteu a situação, mas foi morto por Heitor. Desesperado, Aquiles desejou morrer. Depois, dominado pela cólera, lançou seu grito de guerra, aterrorizando os troianos. Aceitou reconciliar-se com Agamêmnon e voltou à batalha.

Vestindo uma armadura nova confeccionada pelo próprio Hefesto, por encomenda de sua mãe, Aquiles levou o terror e a morte às fileiras troianas. Logo se viu frente a frente com Heitor, o herói de Troia que matara Pátroclo. Apesar de sua valentia, Heitor foi tomado pelo medo e fugiu. Deu três voltas em torno dos muros de Troia, perseguido por Aquiles, que estava louco de ódio e de dor. Finalmente, Heitor se virou e, sabendo que ia morrer, pediu ao adversário que entregasse seu corpo a seus pais. Aquiles recusou, matou Heitor e, amarrando o cadáver a seu carro, arrastou-o ao redor da cidade, sob os olhos horrorizados da família e de toda a população. Foi preciso que os deuses interferissem para que Aquiles aceitasse entregar o corpo de Heitor ao pai, o rei Príamo.

Depois de uma trégua de doze dias, para os funerais de Heitor, os combates recomeçaram. Dizem que Pentesileia, rainha das mulheres guerreiras que eram chamadas amazonas*, acudiu em socorro dos troianos. Na confusão, ela foi mortalmente ferida por Aquiles. Acreditando ter atingido um soldado comum, Aquiles se debruçou sobre ela e tirou seu capacete. Ao ver sua beleza, ficou enlevado e se apaixonou. Tersites, um grego que assistia à cena, zombou daquele seu amor por uma morta. Enraivecido, Aquiles o matou com um golpe de espada, e teve de ser purificado desse assassínio por Ulisses.

Pouco antes da queda de Troia, Aquiles levou uma flechada no calcanhar, seu único ponto vulnerável. Páris*, irmão de Heitor, foi quem atirou a flecha, mas há quem diga que foi o próprio Apolo quem a dirigiu para seu alvo. Em cumprimento à previsão do **oráculo** à sua mãe e à ameaça de Heitor antes de entregar a alma, Aquiles morreu sob os muros de Troia, sem assistir à vitória dos gregos. Ulisses e Ájax, seus companheiros de luta, conseguiram levar seu corpo ao acampamento grego, onde lhe deram funerais suntuosos, com a presença de Tétis e das ninfas*. Os gregos erigiram-lhe um túmulo na praia, mas dizem que sua mãe levou seu corpo para uma ilha na foz do rio Danúbio, onde ele continuou a viver secretamente.

Aquiles era o herói adorado dos gregos, que admiravam sua beleza, sua coragem, seu amor pela glória, a que se acrescentavam sua fidelidade aos amigos e sua grande sensibilidade, apesar de seu caráter violento. Os antigos não acreditavam que ele havia deixado o mundo dos vivos. Homero, que narra sua morte na *Ilíada*, mostra-o nos Infernos na *Odisseia*. Os navegadores gregos, por sua vez, afirmavam que, ao passar perto da ilha branca, na foz do Danúbio, eles ouviam de dia o tilintar das armas e de noite os cantos de um banquete. Diziam que Aquiles continuava a exercer a arte do combate e a encantar seus amigos com seus cantos e sua lira.

Aquiles foi o modelo de Alexandre Magno, que não foi um herói da mitologia, mas um personagem histórico verídico.

ARES

Brutal e sanguinário, Ares era o violento deus da guerra que percorria os campos de batalha vestido com sua armadura de bronze. Acompanhado de Éris, divindade da discórdia, ele incitava os combatentes à carnificina, lançando no coração deles o ódio pelo inimigo e o desejo de matar.

Embora fosse filho dos senhores do Olimpo, Zeus* e sua esposa, Hera*, Ares não era muito estimado pelos deuses olímpicos. Ele desconhecia completamente o comedimento, a sabedoria e o equilíbrio que caracterizavam esses deuses. Preferia o furor das batalhas, o tumulto dos combates e a violência que se desencadeava sem razão na alma dos soldados. Por isso seu pai não confiava nele. Sua irmã, Atena*, deusa guerreira mas inimiga da violência, opunha-se à sua paixão pelos massacres, preferindo a estratégia racional, a tática sensata e a negociação. Atena e Ares são as duas faces da guerra. Uma apelava para a inteligência, moderando as forças em confronto, exaltando a verdadeira coragem, em busca da solução menos mortífera possível. O outro exasperava as paixões, desencadeava a violência e se regozijava com o sangue derramado. Ares não refletia, simplesmente avançava e às vezes se metia em situações muito embaraçosas que poderiam ser evitadas se ele pensasse um pouco no que estava fazendo. Assim, certa vez dois gigantes que ele provocara o prenderam dentro de um tonel durante treze meses. Seu meio-irmão, Hermes*, sutil mensageiro dos deuses, precisou interferir para que o soltassem! Várias vezes Ares foi ferido por mortais quando se meteu em seus combates irrefletidamente.

Durante a Guerra de Troia*, Zeus havia proibido os deuses de lutar diretamente. Desprezando a proibição, Ares entrou na briga e levou um golpe de espada de um herói que tinha ajuda de Atena. Num confronto com Héracles*, no caminho de Delfos, ele foi gravemente atingido na coxa.

Esse deus da guerra, fanfarrão e sempre disposto a entrar numa briga, seduziu Afrodite*, a encantadora deusa do amor, que com ele – e outros – enganou frivolamente seu marido, Hefesto*. Ares era um amante terrivelmente ciumento. Não tinha ciúme do marido infeliz, mas de seus inúmeros rivais no coração de Afrodite. Foi ele que provocou a morte de Adônis, que a deusa amava ternamente.

Certo dia, Hélio, o Sol, surpreendeu os arroubos de Afrodite e Ares. Por ciúme, ou por simples preocupação em manter os bons costumes, apressou-se em avisar o marido enganado. Hefesto, usando seus talentos de ferreiro, confeccionou uma rede de metal leve e aprisionou os amantes durante o sono. Depois convocou todo o Olimpo para contemplar a adúltera pega em flagrante. As deusas, pudicas, ficaram afastadas, mas os deuses, sempre dispostos a aproveitar uma oportunidade de diversão, precipitaram-se e se puseram a rir, com aquele riso característico dos imortais.

Mas, na verdade, estavam zombando mais do marido chifrudo do que dos amantes surpreendidos. Posêidon* acabou com a brincadeira, e os amantes, finalmente libertados, fugiram cada um para seu lado, mas antes Ares teve de pagar caro.

Ares teve muitos filhos de Afrodite. Um deles foi Eros – Cupido para os romanos –, malicioso arqueiro do amor cujas flechas provocavam paixões fulminantes. As amazonas*, terríveis mulheres guerreiras, também descendiam de Ares e Afrodite. Mas o deus da guerra teve muitas outras aventuras, com ninfas e também com mortais. Os filhos nascidos dessas ligações muitas vezes tiveram destinos difíceis. Ser filho ou filha do tumultuoso Ares não era tranquilo, de jeito nenhum!

Um deles, Flégias, quis pôr fogo no santuário de Delfos e morreu flechado por Apolo*. Outro de seus filhos era o abominável Diomedes, que alimentava suas éguas com carne humana. Ele foi dado como pasto a seus próprios animais por Héracles – um de seus Doze Trabalhos consistiu em capturar as éguas antropófagas desse filho de Ares.

Certo dia, numa colina de Atenas, sua filha, Alcipe, foi agredida por um dos monstruosos filhos de Posêidon. Para proteger a filha, Ares matou o monstro. Posêidon solicitou que Ares fosse submetido ao tribunal dos deuses. O processo se desenrolou no lugar do crime, que recebeu o nome de colina de Ares, ou Areópago. Ares foi absolvido pelos deuses. Assim inaugurada, a colina do Areópago continuou sendo cenário de todos os processos religiosos que se desenrolaram em Atenas durante a Antiguidade.

Os romanos atribuíram a Marte, seu deus da guerra, a maioria das aventuras do deus grego. Mas Marte tem uma importância diferente de Ares. Entre os romanos, povo guerreiro e conquistador, o culto prestado ao deus Marte era muito importante na religião de Estado. Segundo a lenda, o próprio fundador de Roma, Rômulo*, era filho de Ares, e a cidade foi consagrada ao deus Marte. Deu-se o nome de Campo de Marte ao imenso terreno onde os soldados romanos eram treinados e, antes e depois de cada batalha, os exércitos ofereciam um sacrifício ao deus da guerra.

Bem depois da Antiguidade, a lenda do deus Ares ou Marte inspirou pintores e escultores. Entre outros, o italiano Botticelli, no século XVII, pintou o episódio de seus amores com Afrodite.

Argonautas

Quando Jasão* preparou sua expedição marítima para sair em busca do Tosão de Ouro na Cólquida, nas montanhas do Cáucaso, ele mandou construir um navio extraordinário. Era o *Argo*, do nome de seu construtor, Argos. Inúmeros heróis se entusiasmaram pela aventura e partiram com Jasão. Foram chamados Argonautas, em grego "navegadores (*nautès*) do Argo". Jasão não podia desejar melhores companheiros: os Argonautas eram todos muito corajosos, muito hábeis e muito bem-dotados. Havia Etálidas, filho do deus Hermes*; os Dioscuros* Castor e Pólux; Héracles* e seu meio-irmão, Íficles; Peleu*, pai de Aquiles*; Laertes, pai de Ulisses*; o poeta músico Orfeu*; o construtor Argos. A esses heróis famosos juntaram-se muitos outros, cujos nomes diferem conforme as tradições, pois cada cidade quis acrescentar seu herói local à lista. Eram necessários cinquenta remadores para fazer o *Argo* se deslocar!

A nau *Argo* se colocava sob o signo dos deuses. Inspirado por Atena*, Argos utilizou para construir a proa um carvalho sagrado da floresta de Dodona, cujas árvores, segundo se dizia, pronunciavam **oráculos**. Tendo o dom da palavra, a proa indicava aos navegantes os perigos que deveriam evitar.

O relato da expedição dos Argonautas é a primeira narração de expedição marítima da mitologia e é anterior à viagem de Ulisses, narrada pelo poeta grego Homero na *Odisseia*. Antes de partir, os audaciosos navegantes consultaram o **oráculo** de Delfos, que lhes deu uma resposta favorável. Ofereceram então um sacrifício a Apolo e puseram-se ao largo.

O **périplo** dos Argonautas levou-os à ilha de Lemnos, depois a Samotrácia. Em seguida passaram pelo Helesponto, estreito entre a Europa e a Ásia que liga o mar Mediterrâneo ao pequeno mar de Mármara, então chamado Propôntida. Na ilha de Cízico, tiveram de travar uma sangrenta batalha contra os habitantes, que acharam que eles fossem piratas. Depois aportaram em Mísia e em Bitínia, regiões da atual Turquia. Lá, entre outros percalços, Pólux teve de enfrentar numa luta de boxe o rei gigante da Bribícia, Âmico.

A tempestade os arrastou então até a Trácia, na margem europeia do Helesponto. A pedido do rei Fineu, eles o desvencilharam das harpias, terríveis monstros metade mulher e metade pássaro, que o perseguiam. Fineu, que possuía o dom da adivinhação, recompensou os Argonautas advertindo-os do perigo das Rochas Azuis. Eram rochedos móveis que, segundo se dizia, se fechavam sobre os navios que passavam pelo Bósforo, segundo estreito a ser atravessado para se chegar ao mar Negro, chamado pelos gregos de Ponto Euxino. Os Argonautas então imaginaram um ardil: soltaram um pombo entre os dois rochedos assassinos, calcularam a velocidade de seu movimento e conseguiram passar, por um triz. A lenda diz que as Rochas Azuis se imobilizaram imediatamente, e para sempre. Finalmente, a nau *Argo* chegou então ao Ponto Euxino. Os Argonautas puderam desembarcar na Cólquida, onde Jasão, graças a Medeia, conseguiu apossar-se do Tosão de Ouro.

A viagem de volta arrastou Jasão e seus companheiros através do Mediterrâneo, ao sabor das tempestades e da vontade dos deuses. Tal como Ulisses, mais tarde, na *Odisseia*, eles passaram por Circe, entre Cila e Caribde, entre os feácios, junto do rei Alcínoo, depois pela Líbia e por Creta, onde Medeia matou o gigante Talos*. No prosseguimento das aventuras de Jasão, os Argonautas não tiveram um papel tão importante quanto durante a expedição. Na verdade, cada um deles teve de viver suas próprias aventuras. Mas mantiveram-se até o fim amigos fiéis do herói.

Atualmente, explica-se que a expedição dos Argonautas é a narração legendária das primeiras "corridas para o ouro". De fato, desde a alta Antiguidade conheciam-se as minas de ouro do Cáucaso. Muitos gregos, tomados pela febre do ouro, atravessaram o Bósforo e o mar Negro e chegaram à Geórgia, na fronteira da Turquia e da Rússia atuais.

ARIADNE

Ariadne era filha de Minos*, rei de Creta, e de sua esposa, Pasífae. Ela se apaixonou pelo herói ateniense Teseu*, que fora a Creta para matar o Minotauro*, um monstro que Minos mantinha preso no famoso labirinto. O labirinto fora construído de tal modo que, uma vez dentro dele, ninguém conseguia sair. Ariadne ofereceu-se para ajudar Teseu em sua tarefa, sob a condição de que ele a desposasse. Teseu aceitou. Ariadne lhe deu um novelo de linha que lhe permitiria sair do labirinto depois de vencer o monstro. Teseu conseguiu matar o monstro e fugiu com a moça.

O navio que os levava de volta para Atenas fez escala em Naxos, e Ariadne quis descer à terra para descansar. Quando acordou, o navio tinha desaparecido! Teseu partira, deixando-a sozinha na ilha! Ariadne, inicialmente abatida pela tristeza, logo foi consolada pelo deus Dioniso*, que surgiu na ilha com seu cortejo de alegres companheiros. Ele a recolheu, levou-a para o Olimpo e se casou com ela. Como presente de núpcias, deu-lhe um esplêndido diadema de ouro que, pregado ao céu, tornou-se uma constelação: a Coroa Boreal.

Teseu, por sua vez, casou-se com Fedra*, irmã de Ariadne, que teve um destino trágico.

Há várias óperas sobre a lenda de Ariadne. Uma das mais conhecidas é *Ariadne em Naxos*, de Richard Strauss. A obra termina com um dueto de amor entre Ariadne e seu salvador, Dioniso, que traz seu nome latino: Baco. É derivada desse episódio a expressão "fio de Ariadne", empregada para designar uma pista que permite sair de uma situação complicada.

ÁRTEMIS

Ártemis era uma jovem ligeira que gostava de percorrer campos, montanhas e florestas à luz da lua. Só ou acompanhada pelas ninfas*, sempre levando sua aljava e suas flechas, ela caçava. E ai de quem fosse sua presa, pois ela mirava melhor do que o mais hábil dos arqueiros. Ártemis era irmã gêmea do deus Apolo*. Como o irmão, era uma divindade da luz. Sob o nome de Febe (que em grego significa "brilhante") ela simbolizava a luz da lua. Nos cabelos da intrépida caçadora cintilava um diadema ornado de uma lua crescente.

Ártemis nasceu na ilha de Delos, onde sua mãe, Leto*, foi dar à luz os gêmeos que esperava de Zeus*, senhor dos deuses. Assim que nasceu, Ártemis recebeu de presente do pai um arco de ouro e flechas feitas por Hefesto*, deus da **forja**. Tornou-se assim deusa da caça.

Ártemis era uma estranha divindade, pois semeava a morte com suas flechas certeiras mas, também, protegia a vida, presidia aos nascimentos, curava os doentes e feridos, cuidava dos rebanhos e dos campos. Tal como a natureza, que era seu domínio por excelência, ela era ao mesmo tempo terna e maternal, indiferente e cruel. Se matava, era para que a vida continuasse, para que os grandes predadores poupassem os rebanhos, para que os velhos dessem lugar aos jovens. Não cometia violência ou massacres gratuitos. Era uma divindade do equilíbrio e da harmonia, como seu irmão, Apolo, que ela acompanhava em suas primeiras expedições.

A deusa Ártemis era como a natureza, selvagem e livre. Fazia questão de se manter casta e pura. Os que tentaram seduzi-la deram-se mal. Certo dia, o jovem caçador Acteão surpreendeu a deusa e suas ninfas banhando-se nuas numa fonte para descansar de suas correrias desvairadas. Fascinado pelo espetáculo, ele se aproximou para observar melhor aquelas lindas jovens. A deusa o viu. Ultrajada, vingou-se transformando o rapaz em cervo. Os cães de Acteão, não reconhecendo seu dono, perseguiram o cervo e o degolaram. Assim morreu o caçador curioso, dilacerado e devorado por seus próprios cães.

Um outro caçador, o gigante Órion, foi vítima de seu amor por Ártemis. Filho de Posêidon, Órion era muito bonito, e a deusa casta não era indiferente a seus encantos. Às vezes até aceitava sua companhia em suas longas caminhadas. Certo dia, eles estavam caçando na ilha de Quios quando Órion quis tomá-la nos braços. Ártemis fez brotar do chão um escorpião preto que picou o infeliz no calcanhar. Órion morreu e Ártemis agradeceu ao escorpião que protegera sua virtude transformando-o em constelação. É o Escorpião, signo do Zodíaco. Mas, enternecida por sua vítima, também transportou o gigante para o céu, onde por sua vez ele se transformou na constelação de Órion. Há quem diga que não foi Ártemis quem causou a morte de Órion, mas seu irmão Apolo. Muito apaixonada pelo gigante, Ártemis estaria pensando em se casar com ele. Apolo, zeloso da virtude da irmã, usou de um estratagema para livrar-se do sedutor. Propôs a Ártemis um concurso de tiro ao arco e designou como alvo um objeto que flutuava ao longe sobre as ondas do mar. Ártemis retesou o arco, mirou e acertou o alvo, na verdade a cabeça de Órion, que se banhava no mar. Assim, ele morreu trespassado pela flecha de sua amada!

As vinganças de Ártemis também atingiam os mortais que se descuidavam de seus deveres para com ela. A causa original das desgraças que se abateram sobre a família dos Átridas* foram as negligências de Atreu*, e depois de Agamêmnon*, para com a deusa. Foi a Ártemis que Agamêmnon teve de sacrificar sua filha Ifigênia* quando ele quis partir para a Guerra de Troia*. Também foi Ártemis que encheu de serpentes o leito nupcial de Admeto e de Alceste* e que mandou um terrível javali devastar o país de Eneu, rei de Cálidon.

Ártemis empenhava-se igualmente em defender sua família. Níobe*, rainha de Tebas, vangloriou-se de ter tido mais filhos do que Leto. Pior para ela! Para vingar a injúria feita à mãe, Apolo e Ártemis mataram todos os filhos de Níobe a flechadas.

Os antigos adoravam Ártemis, mas tinham medo dela. Conta-se até que em alguns santuários da deusa, em épocas muito antigas, eram praticados sacrifícios humanos. Mas caçadores e viajantes entregavam-se à sua guarda, e os fócios, colonizadores vindos da Ásia Menor que fundaram a cidade de Marselha, fizeram dela a divindade protetora da nova cidade.

Ártemis para os gregos, Diana para os romanos, a deusa caçadora, com túnica curta, aljava às costas e lua crescente na testa, tem inspirado pintores e escultores desde a Antiguidade. Na Renascença, época em que houve uma redescoberta da Antiguidade, a bela Diana de Poitiers, amante do rei Henrique II da França, gostava de ser retratada com os atributos da divindade da caça.

Asclépio

Futuro deus da medicina, o pequeno Asclépio nasceu em condições muito difíceis. Sua mãe, a ninfa* Corônis, quando estava grávida do deus Apolo resolveu se casar com um mortal. Apolo não tolerou a afronta e atirou duas flechas mortais contra a ninfa e seu marido. Mas, antes que o corpo de Corônis fosse consumido pela pira funerária, ele pegou a criança, que se tornou seu filho preferido.

O menino foi educado pelo centauro* Quíron. Impossível imaginar melhor escola para um futuro médico! O centauro iniciou-o em todos os seus segredos, e logo o aluno superou o mestre. Não havia ninguém melhor do que

Asclépio para descobrir plantas que curavam. Certo dia, por exemplo, ele viu uma serpente que avançava na sua direção. Pegou um bastão e acertou o animal. Outra serpente aproximou-se da primeira, trazendo na boca uma erva com a qual reanimou a primeira. Sempre curioso, Asclépio observou a tal planta e, compreendendo que ela tinha o poder de cura, colheu-a em grande quantidade. Desde esse dia, a serpente tornou-se seu animal preferido. O **caduceu**, emblema do deus Hermes*, constituído por duas serpentes enroladas num bastão, foi adotado como símbolo da medicina.

Ao deixar Quíron para exercer a medicina, Asclépio obteve resultados extraordinários e ficou célebre no mundo inteiro. Casou-se com a filha do rei da ilha de Cós, e os filhos que nasceram dessa união tornaram-se seus preciosos auxiliares no tratamento de doentes. Seus dois filhos, por exemplo, foram médicos do exército grego durante a Guerra de Troia*. E suas duas filhas, Hígia e Panaceia, lhe prestaram grande ajuda na descoberta e preparação de plantas medicinais. Hígia significa "saúde", e esse nome deu origem à palavra "higiene". Panaceia é um substantivo que significa "algo que cura todos os males".

Certa vez Asclépio ultrapassou os limites de suas atribuições. A partir de um frasco que continha sangue da górgona* Medusa, monstro abominável morto por Perseu*, o deus inventou um remédio capaz de ressuscitar os mortos! Trouxe de volta à vida vários mortais, entre os quais Hipólito, filho de Teseu*. No entanto, houve reclamações da parte dos Infernos. Hades*, deus dos mortos, queixava-se de que estava diminuindo muito o número de almas defuntas que chegavam a seu reino. Até que ponto Asclépio iria chegar? Zeus*, senhor dos homens e dos deuses, começou a se preocupar, pois o equilíbrio do mundo estava ameaçado pelas práticas do filho de Apolo. Assim, ele resolveu fulminar com seu raio o médico demasiado competente. Asclépio desapareceu do mundo terrestre e foi viver sua imortalidade no céu, sob a forma de uma constelação, o Serpentário, isto é, "aquele que segura a serpente".

O culto de Asclépio era muito difundido no mundo grego, mas desenvolveu-se principalmente na cidade de Epidauro. Num cenário maravilhoso, onde sempre há frescor, mesmo no auge dos verões mais tórridos, foram construídos um grande santuário e, ao lado dele, um hospital. Os doentes vinham de todas as partes e eram tratados por sacerdotes-médicos, tomados por descendentes do deus. O mais célebre foi Hipócrates, ainda hoje considerado o patrono dos médicos. Os métodos de tratamento tinham muito de magia. Achava-se que dormir no templo e sonhar com o deus era um sinal de cura. Acontece que o clima excelente, fontes de águas com virtudes terapêuticas e remédios à base de plantas muitas vezes curavam de fato algumas doenças.

A fama de Asclépio era tão grande que vinha gente até da Itália para se tratar. Certo dia, quando uma grande peste assolava aquele país, uma embaixada chegou a Epidauro para suplicar ao deus que acabasse com o flagelo. Um sonho advertiu os emissários de que o próprio Asclépio iria a seu país sob a forma de uma enorme serpente. De fato, em seu regresso, foram precedidos por uma grande serpente. Assim que ela chegou à península italiana, a peste cessou. Decerto trata-se de uma lenda, mas a verdade é que Asclépio foi adotado pelos romanos, que o veneram sob a forma latina de seu nome, Esculápio.

Astíanax

Filho único de Heitor* e de Andrômaca*, seu verdadeiro nome era Escamandro. Mas é muito mais conhecido por Astíanax, que significa "príncipe da cidade". De fato, ele reinou sobre a cidade de Troia, como sucessor de seu avô Príamo e de seu pai. Astíanax ainda era bebê na época da Guerra de Troia*. Homero conta que, quando Heitor veio se despedir da mulher e do filho ao partir para a guerra, o pequeno Astíanax teve medo do capacete do pai.

Depois da tomada de Troia pelos gregos, alguns dizem que Astíanax foi jogado do alto das muralhas por Ulisses*, que não queria deixar vivo um herdeiro de Heitor, temendo que mais tarde ele pudesse vingar o pai. Outros dizem que ele foi levado por Neoptólemo* como **cativo**, junto com sua mãe.

Racine, em sua tragédia *Andrômaca*, conta que a jovem mulher aceitou casar-se com Pirro, apelido de Neoptólemo, para salvar a vida do filho.

Atena

Atena era a filha mais velha e preferida de Zeus*, senhor do Olimpo. Tinha o rosto harmonioso e, nos olhos, o brilho da inteligência. A estranha história do nascimento de Atena mostra como Zeus pôs fim à guerra de gerações entre os deuses.

Antes de se casar com Hera*, Zeus desposara sua prima, Métis, deusa da sabedoria e da astúcia. Muito inventiva, muito inteligente, Métis foi quem criou a droga que obrigou Crono* a devolver seus próprios filhos, irmãos e irmãs de Zeus, que ele tinha engolido ao nascerem. Mas os deuses da primeira geração, Gaia* e Urano, advertiram Zeus de que, se Métis tivesse um filho dele, esse filho o destronaria, tal como Crono destronara seu pai, Urano, e o próprio Zeus destronara seu pai, Crono. A guerra das gerações prosseguiria! Ora, Métis estava esperando um filho, e Zeus não tinha nenhuma vontade de ser derrubado por um de seus descendentes. Assim, resolveu estabelecer uma nova ordem no mundo, a ordem dos olímpicos.

O que fazer então? Engolir a criança ao nascer, seguindo o método de Crono? Seria correr o risco de uma vingança posterior. Inspirado por Métis, Zeus concebeu uma artimanha astuciosa: engoliria a mãe, apropriando-se de sua inteligência e sabedoria, e ele mesmo daria à luz a criança. Algum tempo depois, o rei dos deuses começou a sentir terríveis dores de cabeça. O sofrimento era tanto que ele chamou Hefesto*, deus da **forja**, para que lhe abrisse o crânio. Hefesto deu-lhe um golpe de machado, e da fenda aberta surgiu, com um grito de guerra, uma jovem deusa de olhos claros e penetrantes. Era Atena, filha de Zeus e de Métis.

Ela vinha com armadura, capacete e lança na mão, o que a destinou a ser a deusa da guerra. Logo confirmou seus dotes de guerreira na Gigantomaquia, luta terrível entre os novos deuses e os gigantes* filhos da Terra. Matou, entre outros, o gigante Palas, e com sua pele grossa fez uma couraça para si mesma: daí seu apelido Palas Atena. Na maioria das vezes, porém, ela combatia com a célebre **égide**, a couraça de pele de cabra de Zeus que ele emprestava de bom grado à filha bem-amada.

Na visão de Atena a guerra não era a violência desenfreada, a brutalidade gratuita de seu meio-irmão, Ares*. Para Atena, a guerra era ocasião para exercer a inteligência. Ela era a deusa da estratégia e da tática, imaginava as artimanhas que levariam à vitória, refletia sobre o procedimento dos ataques, inventava armas novas, como o carro de guerra.

Durante a Guerra de Troia*, que opôs gregos a troianos, ela resolveu ajudar os gregos e, sempre mantendo a cabeça fria, acompanhou-os até no campo de batalha. Atena não perdoava o troiano Páris* por ter escolhido Afrodite* e não a ela como rainha da beleza. Inspirou os heróis gregos Aquiles*, Diomedes, Ulisses*, freando seus excessos e indicando-lhes caminhos para sair de situações desesperadoras. Depois da guerra, acompanhou Ulisses em sua Odisseia, o longo **périplo** que, dez anos depois, levou-o de volta à sua terra natal. Foi ela que o ensinou a desmanchar as ciladas do destino adverso. Sob múltiplas formas, a cada obstáculo Atena estendia a mão a Ulisses, para ajudá-lo.

Por mais guerreira que fosse, Atena era antes de tudo uma deusa bondosa e próxima dos mortais. Combatia com a lança, mas protegia aqueles de quem gostava com a **égide** ou com seu escudo ornado com a cabeça monstruosa da górgona* Medusa. Acompanhou em suas aventuras heróis como Perseu*, Héracles* e Belerofonte*. Em tempo de paz, Atena era a deusa que ajudava os seres humanos a viver. Ensinava-os a domar cavalos, a tecer e fazer potes de cerâmica, pondo sua inteligência a serviço da técnica e do artesanato. Mas fazia questão de que cada um ficasse em seu lugar. Os mortais, por mais bem-dotados que fossem, não deveriam comparar-se aos deuses. Foi isso que aprendeu a duras penas a jovem lídia Aracne, que ousou desafiar Atena na arte de tecer e bordar. Zangada com tamanha audácia, a deusa a transformou imediatamente em aranha (em grego, *aráchne*).

Engenhosa, inventiva, Atena sabia o que era útil aos homens. Foi assim que se tornou protetora de Atenas. Quando os habitantes da Ática fundaram Atenas, dois deuses rivais se apresentaram para assumir a tutela da cidade: Atena e Posêidon*. Para mostrar seu poder e fazer valer seus direitos, Posêidon bateu no chão com seu tridente e fez jorrar uma fonte de água salgada. Atena, por sua vez, com um golpe de lança fez nascer da terra uma oliveira. Reunidos em júri, os deuses reconheceram a importância do presente de Atena. De fato, qual a utilidade de uma fonte de água salgada, que não dava nem para matar a sede dos viajantes? A oliveira fornecia aos homens a sombra de seus galhos e o óleo de seus frutos. Atena foi a escolhida, dando seu nome à cidade de Atenas. O mundo grego, cuja civilização se baseia na cultura da oliveira, nunca deixou de lhe manifestar sua gratidão pelo dom precioso.

Como Ártemis*, Atena também resolveu permanecer virgem e nunca aceitou se casar. Certo dia, o tebano Tirésias* a surpreendeu no banho. Muito casta, ela o castigou tornando-o cego. Mas, comovida pelo desespero do rapaz e compreendendo que ele não tivera intenção de ofendê-la, Atena lhe concedeu o dom da adivinhação. Se Tirésias já não era capaz de enxergar o presente, em compensação podia evocar o passado e prever o futuro. Ele foi um dos mais famosos adivinhos da mitologia.

No entanto, houve um deus que se arriscou a assediar Atena. Foi Hefesto, o mais feio e sem-graça dos deuses, o mesmo que a ajudara a nascer! Abandonado pela esposa, Afrodite*, Hefesto resolveu investir sobre Atena num dia em que ela desceu à sua **forja** para lhe encomendar armas. O deus chegou até a persegui-la, coxo como era, e Atena escapou dele por um triz. Em seu ímpeto, Hefesto levou um tombo e depôs seu sêmen no chão. Da terra assim fecundada nasceu Erecteu, adotado e educado por Atena.

Erecteu tornou-se um dos primeiros reis legendários de Atenas. Diz-se que foi ele que introduziu na cidade o culto a Atena e organizou as primeiras Panateneias, cerimônias em honra da deusa. Até o fim da Antiguidade essas festas eram realizadas de quatro em quatro anos na Acrópole, a colina que domina a cidade. Com manifestações esportivas, concursos de dança, canto e poesia, as Panateneias incluíam uma imensa procissão através da cidade. Poetas e magistrados desfilavam, levando na mão um ramo de oliveira, seguidos por rapazes a cavalo e moças levando maços de flores. Subiam à Acrópole e ofereciam à deusa um véu tecido e bordado pelos mais habilidosos artesãos da cidade, com o qual vestiam sua estátua colocada no templo mais importante, o Partenon. Esse templo famoso, cujo nome vem do grego *parthénos*, que significa "a virgem", era ornado por um **friso** em baixo-relevo representando a procissão das Panateneias. Partes desse **friso** podem ser vistas em vários museus do mundo.

Adorada pelos gregos, que a veneravam em vários santuários, Atena foi adotada pelos romanos, que a assimilaram a Minerva, deusa **etrusca** da inteligência. Na *Ilíada* e na *Odisseia*, e depois nas tragédias gregas, Atena sempre aparece socorrendo os humanos, com seu olhar límpido e penetrante. Homero chama-o de "olhar de coruja" e diz que ele permite enxergar nas trevas da noite e nas trevas da ignorância. Os escultores e pintores a representam de capacete, vestida com a **égide** e levando o escudo e a lança na mão. Às vezes aparece acompanhada pela coruja, seu animal favorito e seu emblema.

ATREU

As lendas de Atreu e de seus descendentes, os Átridas, nos fazem conhecer um terrível drama familiar, talvez o mais violento da mitologia.

De início, há o crime do monstruoso Tântalo*, que cortou seu filho, Pélope, em pedaços e o serviu à mesa num banquete oferecido aos deuses. Graças a estes últimos, Pélope ressuscitou e tornou-se rei da Élida. De seu casamento com Hipodâmia, ele teve dois filhos gêmeos, Atreu e Tiestes. Mas fora do casamento teve mais um filho, que foi eliminado pelos gêmeos, a pedido de Hipodâmia, corroída pelo ciúme. Então o pai baniu a família do reino. A mãe e os filhos foram buscar refúgio em Argos, junto do rei Estênelo.

Certo dia, Atreu, que prometera dar à deusa Ártemis* o mais belo animal de seu rebanho, descobriu entre seus carneiros um cordeiro com tosão de ouro. Na verdade, a deusa fizera nascer aquele cordeiro para verificar se Atreu cumpriria a promessa. Mas Atreu mandou degolar o animal e guardou o tosão de ouro numa arca. Foi sua desgraça. Pouco tempo antes, Atreu tinha se casado com Érope, neta de Minos*, rei de Creta. Ela lhe deu dois filhos, Agamêmnon* e Menelau*. Mas Érope foi seduzida por seu cunhado, Tiestes, e lhe deu secretamente a arca contendo o tosão de ouro.

Estênelo morreu. Sucedeu-lhe seu filho, Euristeu, que depois também morreu. O **oráculo** de Delfos, então, aconselhou os habitantes de Argos a escolherem como rei um dos dois filhos de Pélope, mas sem dizer qual deles. Quem seria rei, Atreu ou Tiestes? Tiestes propôs que fosse escolhido aquele que pudesse mostrar um tosão de ouro, sinal de que era favorito dos deuses. Atreu aceitou, certo de que ganharia. Mas foi Tiestes que triunfou!

Zeus*, considerando a vitória muito injusta, mandou Hermes* sugerir a Atreu uma contraprova: se o Sol invertesse sua trajetória e se pusesse a leste, Atreu seria rei. Caso contrário, Tiestes continuaria no trono. Convencido de que esse prodígio não poderia acontecer, Tiestes concordou. Imediatamente o Sol fez meia-volta no céu. Atreu era o rei! Sua primeira medida foi banir o irmão, antes mesmo de saber como ele conseguira o tosão de ouro. Quando descobriu a verdade, sua vingança foi terrível. Convidou o irmão para um banquete, sob pretexto de se reconciliar com ele. Mandou servir à mesa os três filhos de Tiestes, que ele mandara matar e cortar como carne de caça. Conta-se que o próprio Sol recuou, horrorizado. Ao fim da refeição, Atreu revelou ao irmão o que ele tinha comido, depois o expulsou definitivamente. Quanto a Érope, a mulher infiel, Atreu a lançou no mar.

Tiestes, com o coração cheio de ódio, refugiou-se em Sícion, onde estava sua filha, Pelópia. Um **oráculo** previra que Tiestes seria vingado por um filho que ele teria com sua própria filha. Certa noite, ele conseguiu se introduzir junto de Pelópia, sem ser reconhecido, e fazer um filho nela. A única prova de seu crime era uma espada que a moça arrancara de seu agressor noturno e que ele não conseguira recuperar.

Mais tarde, por uma estranha fatalidade, Pelópia, grávida de um filho que chamaria de Egisto, casou-se com seu tio, Atreu, que adotou o menino sem pai e o criou com seus filhos, Agamêmnon e Menelau. O pequeno Egisto cresceu. Atreu, sempre corroído pelo ódio ao irmão, mandou o rapaz procurar Tiestes, sem saber que este era seu pai. Quando Egisto trouxe Tiestes de Sícion, Atreu recebeu-os na entrada do palácio e mandou o filho adotivo matar o homem que vinha com ele. Egisto então empunhou a espada que a mãe lhe dera, justamente a espada que ela arrancara de seu pai desconhecido. Tiestes reconheceu a arma e, num lampejo, compreendeu tudo. Mandou chamar Pelópia e revelou a todos o segredo do nascimento de Egisto. Atordoada, Pelópia tomou da espada e a enfiou em seu próprio coração. Depois Egisto voltou a pegar a arma e matou Atreu. Tiestes estava vingado, mas a que preço! Ele subiu ao trono e baniu do reino seus sobrinhos, Agamêmnon e Menelau. Ambos conseguiram asilo em Esparta, junto do rei Tíndaro, com cuja filha, Helena*, Menelau se casou.

Mas a terrível história dos Átridas só estava começando. Essa família monstruosa esteve submetida à maldição dos deuses por mais duas gerações. A lenda dos Átridas inspirou os poetas gregos da Antiguidade e principalmente, no século V antes de Cristo, os trágicos Ésquilo, Sófocles e Eurípides. Os crimes de Tântalo e seus descendentes – infanticídios e outros homicídios, canibalismo, adultérios, incestos – simbolizavam para eles a desordem a que, bem ou mal, os deuses olímpicos dariam fim.

B
C
D
E

Belerofonte

Belerofonte era um rapaz tão bonito que era difícil imaginar que tivesse nascido de simples mortais. No entanto, sua mãe era esposa de Glauco, rei de Corinto, e ele tinha sido educado na corte de Corinto como filho do rei. Mas provavelmente seu verdadeiro pai era Posêidon*, que em outros tempos seduzira sua mãe.

As mulheres se interessavam muito por aquele príncipe encantador, ao passo que elas não o atraíam nem um pouco. Sua única paixão eram os cavalos. Certo dia, Belerofonte se viu diante de um cavalo magnífico, ainda por cima com asas, que galopava livre e selvagem pela montanha. Apesar de ser um cavaleiro extraordinariamente hábil, Belerofonte não conseguiu domar o animal. Acontece que se tratava de Pégaso, o cavalo mágico nascido do sangue da górgona* Medusa! O rapaz suplicou a Atena* que o ajudasse a montar o esplêndido animal, e, enquanto ele dormia, Atena lhe deu de presente um freio e uma rédea, que lhe permitiram realizar seu desejo. Estimado pelos deuses, Belerofonte tornou-se o cavaleiro favorito do cavalo mágico, que seria seu companheiro de aventuras.

Mas às vezes o destino é adverso. Certo dia, durante uma caçada, uma flecha lançada por Belerofonte atingiu mortalmente seu irmão. O príncipe, assassino involuntário, teve de se exilar. Deixou Corinto e foi para Tirinto, onde foi acolhido pelo rei. Acontece que a mulher do rei, não resistindo aos encantos do rapaz, declarou-lhe seu amor. Belerofonte, porém, não correspondeu a seus avanços. A vaidade ferida de uma mulher é capaz de mudar o rumo de uma vida! Para se vingar, a rainha foi contar ao marido que Belerofonte tentara seduzi-la. O rei ficou furioso, achando que o rapaz tinha contrariado todas as regras da hospitalidade e merecia morrer. Mas ele era seu hóspede e o rei não podia condená-lo diretamente. Resolveu então confiar a Belerofonte uma carta para ser entregue a seu sogro, o rei da Lícia. Confiante e feliz com a perspectiva da viagem, Belerofonte partiu de Tirinto montado em seu fiel Pégaso, sem saber que a carta era um decreto de morte: pedia que seu destinatário executasse o portador, acusado de ter cometido uma falta grave.

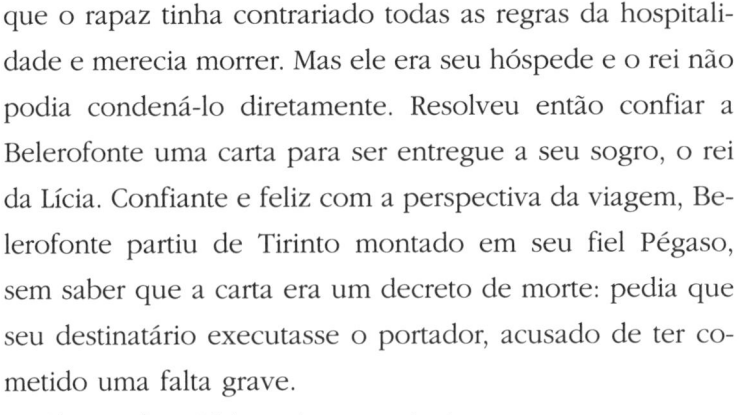

Chegando a Lícia, o jovem príncipe entregou a carta ao rei, mas este hesitou em matá-lo. Preferiu enviá-lo para cumprir uma missão da qual era quase certo que não voltaria. Belerofonte foi encarregado de livrar o país de um monstro terrível, a Quimera. Criatura de pesadelo, a Quimera tinha cabeça de leão que cuspia chamas, corpo de cabra e cauda de dragão. Devorava homens e animais e arrasava plantações. Como atingi-la? Atacá-la pela frente significava ser consumido pelas chamas, abordá-la por trás significava ser aniquilado por sua cauda gigantesca e afiada. Belerofonte teve uma ideia: montado em Pégaso, realizou um ataque aéreo. Trespassado pela lança do herói, o monstro se contorceu e tentou lançar seu fogo em direção ao céu. Mas o rapaz, que tinha previsto tudo, lançou na goela da Quimera um pedaço de chumbo, que derreteu com o calor das chamas e sufocou o monstro. Voltando ao palácio, o rapaz foi celebrado como libertador.

Mas o rei, ainda desconfiado, mandou Belerofonte combater sucessivamente os sôlimos, povo feroz da Ásia Menor, e as amazonas*, temíveis mulheres guerreiras. Belerofonte voltou vitorioso das duas expedições, e o rei da Lícia convenceu-se de que ele era de origem divina. Revelou-lhe o conteúdo da carta e lhe garantiu sua amizade e confiança.

Para provar sua admiração, deu-lhe sua filha em casamento e a metade de seu reino.

Pégaso encarregou-se de vingar o amigo das mentiras da rainha de Tirinto. Quando ficou sabendo que Belerofonte estava são e salvo e que pretendia voltar a Tirinto antes de se tornar rei da Lícia, a rainha quis fugir. Pégaso foi até ela, fingiu aceitar levá-la montada em seu lombo e a fez cair em cima do mar. A rainha morreu afogada.

Protegido pelos deuses, Belerofonte tinha tudo para ser feliz. Sua esposa lhe deu filhos e ele reinava sobre a Lícia. No entanto, tomado por um orgulho delirante, ele se recusou a ser apenas rei. Queria se reunir aos deuses. Montado em Pégaso, resolveu subir ao Olimpo. Orgulho fatal! Os deuses gostavam dos heróis, contanto que eles aceitassem sua condição de mortais. Quando pretendiam ser deuses, eram punidos. Zeus*, senhor do Olimpo, fulminou-o com seu raio. Tal como Faetonte*, Belerofonte morreu por ter esquecido que os homens não são imortais.

A lenda de Belerofonte está presente na literatura antiga. Homero a conta na *Ilíada*, e ela inspirou tragédias de Eurípides e Sófocles, as quais no entanto se perderam. Os autores mais recentes fazem pouca alusão ao herói. Mas há uma palavra da nossa língua que nos faz lembrar as aventuras de Belerofonte: é a palavra "quimera", que significa uma ilusão, um sonho que tomamos por realidade.

Cadmo

Cadmo era filho de Agenor, rei de Tiro, e irmão de Europa*. Quando Europa foi raptada por um touro, que na verdade era Zeus*, Agenor enviou seus filhos à procura da irmã, proibindo-os de voltar a pôr os pés em Tiro enquanto não a encontrassem. Os irmãos de Europa logo se cansaram de procurá-la e se instalaram em vários países.

Cadmo prosseguiu seu **périplo**, percorrendo todo o mundo grego, e em especial as ilhas. Esteve em Rodes, Creta e Santorino, mas foi em vão: nada de Europa! Em desespero de causa, Cadmo foi interrogar o **oráculo** de Delfos para saber se tinha alguma possibilidade de encontrar a irmã. A resposta foi negativa. O **oráculo** lhe revelou que seu destino era fundar uma cidade. Para escolher sua localização, ele deveria perseguir uma vaca até que ela caísse de cansaço. Ao atravessar a Fócida, Cadmo avistou uma vaca que tinha uma mancha branca no flanco e se desgarrara do rebanho. Saiu em sua perseguição e, depois de muito correr, o animal foi ao chão. Ali era a Beócia, onde Cadmo fundaria a cidade de Tebas. Querendo oferecer a vaca em sacrifício a Atena*, o herói mandou seus companheiros buscar água numa fonte ali perto. Como estavam demorando para voltar, Cadmo foi ao encontro deles e deu com uma verdadeira carnificina. Aquela fonte era guardada por um dragão, filho de Ares*, deus da guerra, e o monstro havia massacrado seus companheiros. Louco de cólera, Cadmo precipitou-se sobre o dragão e o matou.

Mas o que fazer sem companheiros? Era impossível fundar uma cidade sozinho. Atena, então, aconselhou o herói a semear na terra os dentes do dragão. Terminada a semeadura, Cadmo viu saírem da terra homens armados que se aproximaram dele com ar ameaçador. Cadmo teve uma ideia genial: jogou algumas pedras no meio daquele exército surgido da terra. Os soldados, sem saber de onde vinham os projéteis, começaram a se acusar mutuamente e mataram uns aos outros. Cinco deles, no entanto, mais espertos do que os outros, escaparam do massacre e se tornaram fiéis companheiros de Cadmo. Eram os ancestrais dos cidadãos da nova cidade.

Mas Cadmo não podia ficar impune, pois matara um filho de Ares e precisava expiar esse crime. Durante oito anos, foi obrigado a servir como escravo ao deus da guerra. Terminado esse prazo, e com ajuda de Atena, ele criou a cidade de Tebas. Zeus, para marcar a reconciliação com os deuses, deu-lhe em casamento Harmonia, a filha encantadora que Afrodite* tivera com Ares. As núpcias foram celebradas com grande pompa em Cadmeia, **cidadela** de Tebas. Todos os deuses desceram do Olimpo para assistir ao casamento. Trouxeram presentes suntuosos, entre os quais um vestido de noiva tecido pelas Cárites, companheiras de Afrodite, e um magnífico colar de ouro feito por Hefesto*, deus da **forja**.

A vida em Tebas começava auspiciosamente. Cadmo e Harmonia viveram felizes e tiveram muitos filhos. No entanto, foram atingidos por uma grande dor: a morte de sua filha Sêmele, mãe de Dioniso*, futuro deus da vinha. O casal deixou o reino para um de seus netos, Penteu, e foi acabar seus dias na Ilíria. Dizem que ambos se transformaram em serpentes e, sob essa aparência, foram para o reino dos mortos.

Depois do reinado de Cadmo, a cidade de Tebas passou por uma série de acontecimentos trágicos. Agave, mãe do rei Penteu, massacrou seu filho durante um acesso de loucura provocado por Dioniso, episódio narrado por Eurípides em sua tragédia *As Bacantes*. Na geração seguinte, começou a se armar o terrível drama de Tebas cujos infelizes protagonistas foram o rei Édipo* e seus descendentes.

Calisto

Pobre Calisto! Às voltas com Zeus* e Ártemis*, teve um destino doloroso. Calisto era uma ninfa* muito bonita (*callistos*, em grego, significa "o que há de mais belo").

Seguidora de Ártemis, impetuosa deusa da caça, Calisto tinha feito voto de castidade. Zeus, senhor dos deuses e pai de Ártemis, apaixonou-se por ela e, como fazia muitas vezes para consumar suas conquistas, concebeu uma artimanha para seduzi-la. Certo dia, quando a jovem ninfa estava deitada debaixo de uma árvore, aproximou-se dela disfarçado de Ártemis. Calisto não desconfiou de nada e engravidou. Precisava esconder seu estado de Ártemis, custasse o que custasse. A deusa não suportaria que uma de suas seguidoras infringisse a lei de castidade que ela lhes impusera. Um dia, no entanto, ao ver Calisto se banhando no rio, Ártemis descobriu a verdade. Não lhe importava que o culpado fosse Zeus ou qualquer outro. A deusa teve um acesso de cólera e ameaçou a ninfa com suas flechas terríveis. Zeus, preocupado com Calisto e com a criança que ela levava, transformou a infeliz em ursa e a escondeu na montanha. Mas a caçadora divina, numa de suas longas caminhadas, avistou a ursa e lhe atirou uma flecha. Calisto morreu, e Hermes*, a mandado de Zeus, foi recolher a criança. Era um menino, Arcas, que se tornaria rei da região que levava seu nome, a Arcádia. Comovido com a sorte da ninfa, Zeus a transformou em constelação: Calisto se tornou a Ursa Maior.

Caos

Os deuses eram imortais, mas não tinham existido sempre. Eles tiveram uma história. Antes deles, antes dos homens, antes mesmo da criação do mundo, não havia nada. Ou melhor, havia uma espécie de Vazio ilimitado, contendo elementos sem forma, numa desordem indescritível e inimaginável. Esse vazio primordial e infinito era o Caos. Nem divindade nem matéria, ele existia na origem do universo e dele nasceram pouco a pouco o Céu e a Terra, os imortais e os mortais.

Para os gregos, falar de Caos era uma maneira de contar a criação do mundo. Caos dividiu-se primeiro em duas forças obscuras: Nix, a Noite, que se tornou o céu estrelado, e Érebo, que representa as trevas subterrâneas. Nix e Érebo deram origem ao Dia. Depois a Terra tomou forma: era Gaia*, mãe dos deuses, que sozinha gerou Urano, o Céu, depois Ponto, o Mar. Unindo-se a Urano, Gaia deu origem aos deuses da primeira geração, os deuses ctonianos, que significa "vindos do chão". Eram os Titãs*, os gigantes e monstros de todos os tipos.

Para acompanhar a história dos deuses, que abrange várias gerações, deve-se ler a lenda de Gaia, depois a dos Titãs e do último deles, Crono*, e finalmente a lenda de Zeus*, o primeiro dos novos deuses, os olímpicos.

CASSANDRA

A bela princesa Cassandra era filha de Príamo*, rei de Troia, e de sua mulher, Hécuba*. Não lhe faltavam pretendentes, e muitos príncipes entraram nas fileiras dos troianos na Guerra de Troia* na esperança de obter sua mão em casamento.

Mas sua família a considerava meio louca. De fato, ela tinha o dom da adivinhação e entrava em transe para prever o futuro. Embora suas previsões fossem corretas, ninguém lhes dava crédito. Há quem diga que esse dom lhe foi dado por Apolo, que era apaixonado por ela. No entanto, como Cassandra rejeitou seus avanços, o deus se vingou fazendo com que ninguém acreditasse nela.

Outra lenda diz que ela adquiriu esses poderes ainda criança. Certo dia, quando brincava com seu irmão gêmeo, Heleno, no templo de Apolo, as portas do santuário se fecharam e os dois passaram a noite ali. Serpentes sagradas dedicadas ao deus se aproximaram das crianças e tocaram seus olhos e sua boca com a língua, transmitindo-lhes assim o dom de ver e predizer o futuro.

Seja como for, Cassandra viveu um verdadeiro inferno. Via todas as desgraças que iam se abater sobre sua família e sobre ela mesma, e ninguém dava ouvidos a suas advertências. Foi ela que avisou os pais do perigo que seu irmão, Páris, representava quando este chegou à corte de Troia. Foi ela, também, que tentou impedir a viagem de Páris a Esparta, durante a qual ele raptou Helena*, provocando a cólera dos gregos e uma terrível guerra, que iria durar dez anos. Cassandra também compreendeu o perigo que o famoso cavalo de madeira representava para a cidade.

Com a derrota de Troia, Cassandra estava entre os **cativos** que couberam a Agamêmnon* na partilha do **butim**. O rei de Argos e de Micenas, impressionado por sua beleza, apaixonou-se por ela e a tornou sua favorita. Ela lhe deu dois filhos. Ao voltar para a Grécia, Agamêmnon a levou junto com ele. Mas Cassandra já sabia o que aguardava o rei na sua volta. Tentou preveni-lo, lembrando-lhe os crimes de seus ancestrais. Foi tudo em vão. O rei morreu assassinado por sua esposa, Clitemnestra*, e seu rival, Egisto, e Cassandra teve o mesmo fim. Há quem diga que foi o ciúme que levou

Clitemnestra a esse assassínio. Mas, em vista do clima de ódio e de vingança que reinava entre os Átridas, o ciúme certamente foi apenas um pretexto entre muitos outros.

O destino trágico da bela princesa troiana inspirou Homero na *Ilíada*, e foi encenado por Ésquilo e Eurípides. O poeta latino Virgílio fala de Cassandra na *Eneida*, pois ela teria previsto a vinda para a Itália do herói troiano Eneias*, ancestral de Rômulo*, o fundador de Roma.

CENTAUROS

Os centauros eram criaturas estranhas, metade cavalo e metade homem. Eram antipáticos e de uma brutalidade incomum. Viviam nas montanhas, e especialmente no monte Pélion, na Tessália. Alimentavam-se de frutas e de carne crua e tinham costumes pouco civilizados. Violentavam as mulheres e brigavam com todos os homens que encontravam. Muitos heróis tiveram encrenca com os centauros. Héracles*, aliás, morreu por culpa do centauro Nesso.

Qual a origem desses seres tão inconvenientes? Íxion, que era rei dos lápitas, povo da Tessália, apaixonou-se por Hera*, esposa de Zeus*. O senhor dos deuses, sempre pronto a seduzir as mulheres que encontrava, não suportava que alguém pusesse os olhos em sua mulher, principalmente se fosse um mortal. Assim, para pôr Íxion à prova e ver se ele ousaria cometer um sacrilégio, mandou-lhe uma espécie de fantasma, uma nuvem com a aparência de Hera. O resultado foi imediato. Íxion tomou a nuvem por Hera e se uniu a ela. Dessa união estranha nasceram os centauros, criaturas quiméricas, resultantes das ilusões amorosas de Íxion. Mas esses monstros nada tinham de nuvem. Feitos de carne e sangue, representavam no mundo mitológico a força bruta dos povos ainda selvagens, muito próximos de uma natureza poderosa e desenfreada.

Ao se casar, Pirítoo, filho de Íxion com sua mulher, convidou seus meios-irmãos para a festa. Ora, os centauros não conheciam o vinho, produto por excelência da civilização. Encantados por descobrirem a nova bebida, eles beberam até não poder mais. Incapazes de se controlar, os homens-cavalos, desvairados, violentaram todas as mulheres e até agarraram a noiva! A briga entre os lápitas e os centauros se transformou numa terrível batalha. Graças a seu amigo Teseu*, Pirítoo conseguiu reprimir seus meios-irmãos. Vencedores, os lápitas expulsaram os centauros, que saíram da Tessália e foram se refugiar no sul do Peloponeso.

Alguns centauros não faziam parte do bando selvagem dos filhos de Íxion. Embora tivessem a mesma aparência, seu caráter era exatamente o oposto. Eram bons, e famosos por sua sabedoria. Um deles era Folo, filho de Sileno*, que recebeu Héracles com hospitalidade e teve muitos problemas com os outros centauros.

Outro era Quíron, filho de Crono*, o terrível deus do tempo. Para enganar sua mulher, Reia*, com Filira, mãe de Quíron*, o deus se disfarçou em cavalo. Portanto, não é de admirar que o filho deles tenha aparência de centauro! Mas Quíron não tinha nada de selvagem e grosseiro, muito pelo contrário. Amigo de Apolo* e de Héracles, conhecedor de música e poesia, grande esportista, cientista e médico reputado, o centauro Quíron, que morava no monte Pélion, foi preceptor de muitos heróis famosos. Foram seus discípulos Jasão*, Aquiles* e até o deus da medicina, Asclépio*. Infelizmente, por ocasião do massacre dos centauros por Héracles, Quíron, que acompanhava o herói, foi ferido por uma flecha perdida. Apesar de seu talento de médico, ele não conseguia se curar e sofria horrivelmente. Ora, Quíron era imortal, e a ideia de sofrer eternamente era insuportável para ele. Recolheu-se à sua gruta e propôs trocar de natureza com algum mortal que o desejasse. Prometeu* aceitou a troca. Tornou-se imortal, e Quíron pôde morrer em paz e com dignidade.

Imagina-se que o mito dos centauros tenha surgido do espanto dos primeiros gregos ao verem os pastores da Tessália a cavalo, guardando seus rebanhos. Verdadeiros caubóis da Antiguidade, eles deram origem à lenda dos homens-cavalos. A estranha aparência dos centauros inspirou artistas de todas as épocas. Já nos **frisos** do Partenon figuravam cenas da luta dos centauros com os lápitas. Miguel Ângelo, na Renascença, também representou os centauros. Eles também aparecem com muita frequência na obra de Picasso.

CIBELE

Cibele era alta, tinha o porte nobre e levava na cabeça uma coroa em forma de muralhas e torres. Ela se deslocava num carro puxado por dois leões. Cibele era uma deusa-mãe muito antiga, venerada na Ásia Menor. Originalmente era uma divindade asiática, mas foi adotada pelos gregos e pelos romanos, que a consideravam mãe de seu deus soberano, Zeus* ou Júpiter. Assim, muitas vezes foi confundida com Reia*, que, segundo a mitologia grega propriamente dita, era a mãe de Zeus.

Nas montanhas da Frígia, onde vivia, Cibele encontrou um jovem e belo pastor, Átis, e se afeiçoou ternamente a ele. Tornou-o guardião de seu templo mas exigiu que ele mantivesse a virgindade. Átis, no entanto, apaixonou-se por uma ninfa* e se casou com ela. Cibele não suportou a traição de Átis e resolveu se vingar!

É preciso dizer que a vida de cada ninfa sempre está ligada a um elemento da natureza: árvore, fonte, rocha. A deusa mandou derrubar a árvore da qual dependia a vida da companheira de Átis. A ninfa morreu e o rapaz enlouqueceu de tristeza. Mutilou-se tão gravemente que chegou quase a morrer. Enternecida por sua dor, Cibele o transformou em pinheiro. Todos os anos, na Ásia Menor, na Grécia e em Roma, a morte de Átis e sua metamorfose eram celebradas por ocasião das grandes festas de renovação da natureza na primavera.

O poeta latino Ovídio, em sua coletânea *Metamorfoses*, conta a lenda de Átis e Cibele.

CLITEMNESTRA

Clitemnestra era uma princesa, filha de Tíndaro, rei de Esparta, e de Leda*. Era irmã de Helena*, de Castor e de Pólux. Sua história está ligada ao destino trágico dos Átridas. Ela se casou à força e obrigada com o filho de Atreu*, Agamêmnon*, que acabara de matar seu primeiro marido, filho mais velho de Tiestes. Com Agamêmnon Clitemnestra teve três filhos: Electra*, Ifigênia* e Orestes*. Menelau*, irmão de Agamêmnon, se casou com Helena. Se Helena causou a Guerra de Troia*, Clitemnestra, por sua vez, participou dos sangrentos ajustes de contas dessa família maldita.

Agamêmnon, que reinava sobre Argos e Micenas, comandou os exércitos gregos durante a Guerra de Troia. Quando voltou, ela o assassinou, com a cumplicidade de Egisto, segundo filho de Tiestes. Clitemnestra nunca perdoou o marido pela morte de sua filha Ifigênia, que ele havia sacrificado a Ártemis* por ocasião da partida dos navios para Troia. Segundo alguns autores, ela também não suportou que o marido voltasse de Troia acompanhado de Cassandra*, de quem ele fizera sua favorita. Alguns anos depois, Clitemnestra foi morta por seu filho Orestes.

Movida por paixões violentas e contraditórias, dividida entre o amor e o ódio, a dor e o prazer, Clitemnestra, a rainha maldita, é uma grande figura trágica. Aparece enfrentando Agamêmnon e seus filhos nas tragédias de Ésquilo, Sófocles e Eurípides que contam o drama dos Átridas.

DANAIDES

Dânaos, rei da Líbia, e Egito, rei do Egito, eram irmãos gêmeos. Dânaos tinha cinquenta filhas e Egito tinha cinquenta filhos. Já se planejava um casamento gigantesco entre primos e primas quando um **oráculo** avisou Dânaos para não confiar nos sobrinhos. O rei, então, decidiu deixar a África e foi para a Grécia com as cinquenta filhas, as danaides. Chegando à Argólida, ele foi escolhido como rei pela população. Mandou construir a **cidadela** de Argos, e dizem até que deu seu nome a toda a raça dos gregos, que os romanos chamavam de *danai*.

Desgraçadamente, Argos foi privada de água por Posêidon*, por ciúme de Hera*, escolhida pelos habitantes como deusa protetora do país. Dânaos encarregou as filhas de encontrar uma fonte. Elas saíram à procura, mas foi em vão. Acontece que uma delas, atacada por um sátiro*, lembrou-se de chamar em seu socorro o deus do mar, que era seu bisavô. Posêidon afugentou o sátiro, bateu numa rocha com seu tridente, dela fazendo jorrar uma fonte. Posêidon uniu-se à danaide, que teve um filho, Náuplio, futuro fundador da cidade de Náuplia, perto de Argos.

Mas os cinquenta sobrinhos de Dânaos não tinham desistido de seus projetos matrimoniais. Certo dia eles desembarcaram em Argos e propuseram uma aliança entre os dois países, que seria selada pelos cinquenta casamentos. Dânaos fingiu aceitar. Os casamentos foram realizados, mas no mesmo dia ele deu uma espada a cada uma das filhas para que elas matassem os maridos durante a noite. As danaides obedeceram, com exceção de uma, Hipermnestra, que por amor suplicara ao marido, Linceu, que não compartilhasse o leito com ela.

Esse massacre era um crime grave ao qual se acrescentava o delito de abuso de confiança. Zeus*, que fazia questão de que as danaides garantissem uma descendência ao pai delas, ordenou a Atena* e a Hermes* que as purificassem. Para lhes arranjar outros maridos, Dânaos organizou jogos esportivos cujos prêmios seriam suas filhas. Assim, casando-se com jovens da Argólida, as danaides deram netos a seu pai.

Mas Linceu estava atento e não esquecera o massacre dos irmãos. Voltou para Argos, matou o sogro, matou as cunhadas e depois subiu ao trono com Hipermnestra, a esposa que o havia poupado.

As danaides pagaram por seu crime no reino dos mortos. Foram condenadas a despejar água eternamente num tonel que ia se esvaziando. Daí vem a expressão "tonel das danaides", para designar uma tarefa difícil, que parece interminável. No final do século XIX, o escultor Rodin representou uma danaide abatida sob o peso desse castigo eterno.

Deméter

Filha dos Titãs* Crono e Reia, irmã de Zeus*, Deméter era deusa da terra. Mas ela não encarnava a Terra original, primitiva, como sua avó Gaia*. Loira e viçosa, com a testa ornada de espigas de trigo, Deméter era a deusa da terra cultivada, dos campos de cereais e das colheitas. Foi ela quem ensinou aos homens os segredos da agricultura. Em grego, seu nome significa "terra-mãe". Divindade da terra que nutre e acolhe, ela também aparece na lenda como mãe amorosa e aflita.

Zeus, sob a forma de touro, obrigou Deméter a unir-se a ele, contra a vontade dela. Dessa união nasceu uma pequena deusa encantadora, Perséfone*, também chamada Corê (nome que em grego significa "virgem"). Perséfone, educada entre as ninfas*, era adorada por Deméter, que se orgulhava muito da filha. Certo dia, Perséfone brincava numa campina com suas companheiras e se abaixou para colher uma flor. A terra se abriu e dela surgiu um belo homem de olhos e cabelos escuros, montado num carro puxado por cavalos negros como a noite. O homem agarrou a moça, que deu um grito e desapareceu na fenda. Era Hades*, deus dos Infernos, tio da jovem deusa. Apaixonado por Perséfone, raptou-a, com ajuda de Zeus, para se casar com ela.

Deméter ouviu o grito da filha. Aflita, precipitou-se, procurou por toda parte, mas não viu nada nem ninguém. Seus dois irmãos não lhe disseram uma palavra sobre o rapto.

Durante nove dias e nove noites, sem um instante de descanso, Deméter percorreu o mundo, com uma tocha em cada mão, à procura da filha. O deus Hélio, o Sol, cujo olhar penetrante vira tudo, revelou-lhe então quem era o autor do rapto. Deméter ficou furiosa. Recusou-se a voltar para o Olimpo, decidiu que não seria mais deusa e que não deixaria a terra enquanto Perséfone não lhe fosse devolvida.

Assumindo o aspecto de uma velha senhora, Deméter empregou-se como ama em Elêusis, no palácio do rei Celeu, que lhe confiou seu filho, Triptólemo. No palácio, todos gostavam daquela velha mulher. Davam-lhe abrigo, alimento e falavam-lhe com respeito. Para agradecer a hospitalidade, mas sem que ninguém soubesse, Deméter resolveu tornar Triptólemo imortal. Todas as noites dava-lhe **néctar** para beber e o deitava nas chamas. Mas certa noite a mãe do menino entrou no quarto e se apavorou. O que a ama estava fazendo? Para afastar toda suspeita, Deméter teve de revelar sua origem divina. Apareceu em todo o seu esplendor e ordenou ao rei e à rainha, perplexos, que mandassem construir um templo para ela.

Instalada em seu templo, Deméter continuava desesperada com a ausência da filha e persistia em deixar de lado seu trabalho de deusa da cultura e das colheitas. O resultado foi que a terra se tornou estéril e desértica. Já não havia frutas, já não havia cereais, os homens morriam de fome e o equilíbrio do mundo estava seriamente ameaçado. No Olimpo, começaram a se preocupar. Zeus acabou compreendendo que a brincadeira tinha durado demais. Ordenou ao irmão que deixasse Perséfone ir embora do reino subterrâneo. Hermes* desceu para buscá-la nos Infernos e ela se preparou para subir com ele, mas isso se revelou impossível. Perséfone havia comido um caroço de romã nos jardins infernais, e esse gesto simbolizava o casamento. Portanto, ela estava ligada a Hades. Foi preciso, então, encontrar uma conciliação. Hades e Deméter partilhariam Perséfone, que passaria seis meses com o marido e seis meses com a mãe. Deméter resolveu concordar e aceitou voltar ao Olimpo. Mas, antes de deixar o mundo dos mortais, quis mostrar-lhes seu reconhecimento. Ao jovem Triptólemo, que Deméter não conseguira tornar imortal, ela ensinou os segredos da cultura do trigo, confiando-lhe a missão de ensiná-los aos homens.

Deméter, no entanto, só se dispôs a exercer suas funções de divindade da natureza fecunda ao ritmo das vindas de sua filha. Todos os anos, quando Perséfone saía dos Infernos, a natureza renascia. As flores e os frutos cresciam, o trigo saía da terra e amadurecia. Era a primavera, e depois o verão. Depois da colheita, ao chegar o outono, Perséfone deixava sua mãe e voltava para seu companheiro subterrâneo. À imagem do coração da mãe desolada, iniciava-se uma estação triste, em que a terra adormecia, a vegetação morria, até o inverno profundo. Mas, quando toda a vida parecia ter acabado, já se preparava a eclosão de uma nova primavera, com a volta de Perséfone.

No mundo grego, eram muitos os lugares em que se afirmava que Deméter fora acolhida em suas andanças em busca da filha. Nesses locais, foram construídos santuários consagrados às duas deusas. Elas eram honradas com o nome de "grandes deusas", simbolizando a fecundidade, o ritmo das estações e a ressurreição da natureza. Havia festas, sobretudo no outono, quando as deusas iam embora. Suplicava-se que elas não se esquecessem de voltar na primavera. O santuário mais importante era o templo de Elêusis, onde se realizava um culto muito especial: os mistérios de Elêusis. Reservado apenas aos iniciados, esse culto consistia em apresentar objetos simbólicos, como estatuetas e espigas de trigo, que evocassem o ciclo da vida e da morte. Os participantes eram chamados *mystes* (em grego, "os que se calam"), pois não deviam revelar nada do que acontecia durante essas cerimônias.

Em Roma, Deméter foi assimilada a Ceres, deusa muito antiga da fecundidade. Deméter / Ceres tornou-se uma divindade muito importante.

DIONISO

Deus do vinho, deus viajante que percorreu o mundo, Dioniso, caçula dos olímpicos, teve uma vida muito tumultuada antes de se juntar aos outros imortais. Já seu nascimento ocorreu em circunstâncias muito estranhas.

Zeus*, deus soberano, era um grande sedutor. Dessa vez, a eleita de seu coração foi Sêmele, filha de Cadmo*, rei de Tebas. Apresentou-se a ela como um príncipe poderoso e obteve seus favores. Mas Hera*, esposa ciumenta de Zeus, estava atenta e decidiu se vingar. Sob a aparência da ama da jovem Sêmele, Hera disse-lhe que não devia confiar naquele que se dizia "grande príncipe", que podia muito bem ser apenas um vagabundo. Sêmele deveria pedir ao pretendente que desse provas de seu poder. Logo que se encontrou novamente com o amante, a moça suplicou que ele se mostrasse como era de fato, caso contrário deixaria de acreditar nele e lhe fecharia a porta. Zeus ficou apavorado, pois sabia que se manifestasse todo o seu poder divino provocaria uma catástrofe. Os deuses não podiam aparecer como eram para os mortais. Precisavam se camuflar, assumir uma aparência que fosse suportável para os olhos humanos. Mas

Sêmele tanto insistiu, tanto fez valer seus encantos, que Zeus acabou cedendo. E, de fato, foi uma catástrofe. A luz foi tão violenta, os raios tão ardentes, que o palácio pegou fogo e Sêmele, fulminada, consumiu-se nas chamas. Zeus só teve tempo de recolher a criança que estava nela. O que fazer com aquela criaturinha que ainda não estava plenamente formada? Zeus não hesitou: abriu sua própria coxa e pôs o bebê dentro dela, para aguardar o momento de nascer.

Foi assim que, algum tempo depois, Dioniso nasceu da coxa de Zeus (os romanos dirão: "da coxa de Júpiter", expressão que empregam ainda hoje). O pai confiou a criança a Ino, irmã de Sêmele. Mas Hera, levando avante sua vingança, fez com que ela enlouquecesse, assim como seu esposo. Hermes*, o deus mensageiro, recolheu o pequeno Dioniso, por ordem de seu pai, e o levou para Nisa, região distante situada na Ásia ou na África. Lá, ele foi acolhido por ninfas*, as Mênades, e educado em plena natureza por Sileno*, personagem rude mas possuidor de grande sabedoria. Desse episódio deriva o nome do deus, pois Dioniso significa "Zeus de Nisa".

Essa educação livre e jovial deu seus frutos. Dioniso tornou-se um belo rapaz, perito em cantar e dançar, além de conhecedor da natureza. Mas seu principal feito foi uma descoberta que iria mudar a vida dos mortais: inventou a cultura da uva e a arte de extrair dela o vinho. Ele próprio passou pela experiência da embriaguez, e Hera aproveitou para enlouquecê-lo. Ele só recuperou a razão depois de uma viagem ao santuário de seu pai, em Dodona, onde se purificou. O deus resolveu então percorrer o mundo para ensinar aos homens sua preciosa descoberta. Iniciou então um longo **périplo**, que da Grécia o levou até a Índia.

Acompanhado por seu fiel Sileno, por ninfas e sátiros*, o deus foi recebido por Eneu, rei de Cálidon, que levou sua hospitalidade a ponto de lhe oferecer sua mulher, Alteia. Dos amores de Dioniso e Alteia nasceu Dejanira, futura esposa de Héracles*. Para agradecer a acolhida tão calorosa, Dioniso ofereceu a Eneu a primeira cepa de videira jamais vista por um mortal.

Na Ática, a descoberta do vinho pelos homens provocou um drama: os pastores do rei, embriagados, assassinaram seu senhor. Para puni-los, Dioniso fez suas mulheres enlouquecerem. Depois da Grécia, o deus foi para a Ásia Menor. Na Frígia, encontrou Cibele*, a grande deusa da região. Cibele iniciou-o em seu culto, em que, com danças e transes, era celebrada a renovação da natureza. Dioniso guardou-o na lembrança. Como deus da vegetação e do vinho, instaurou festas em que se chegava ao delírio através da bebida, da música e da dança. De modo geral, o costume do cultivo da uva, da fabricação do vinho e do culto ao deus era bem acolhido, e foi se espalhando de uma cidade a outra, de um país a outro. Só o rei da Síria mandou arrancar as vinhas que Dioniso acabara de mandar plantar. O deus não aceitou a medida e fez com que o rei fosse morto pela população.

Depois de permanecer por algum tempo no Cáucaso, sempre para introduzir a nova cultura e seu próprio culto, Dioniso partiu para o sul. Atravessou os grandes rios da Mesopotâmia, o Tigre e o Eufrates, e chegou à Índia. Juntava-se a seu cortejo um número cada vez maior de homens, mulheres, ninfas e sátiros, todos devotados ao novo culto do deus do vinho. Foi à frente de um verdadeiro exército que Dioniso entrou nas Índias, que ele conquistou por meio das armas, da uva e daquela nova forma de religião. As festas rituais deram lugar a faustosos desfiles em que o deus se apresentava num carro puxado por tigres, levando o **tirso**, espécie de bastão em que se enrolava um ramo de videira e com uma pinha no topo. Ele avançava, acompanhado das divindades secundárias, em meio a gritos, cantos e danças, ao som de flautas e pandeiros. As ninfas que participavam desses triunfos receberam o nome de bacantes, derivado do nome latino do deus, Baco. Depois das Índias, Dioniso percorreu ainda o Egito e a Líbia, difundindo a videira e propagando seu culto.

Mas ainda lhe faltava conseguir a adesão de seus compatriotas. Assim, ele voltou para a Grécia, acompanhado de seu alegre cortejo.

A acolhida nem sempre era muito amigável. O convívio com Cibele e o longo périplo pela Ásia haviam transformado o deus. Suas longas túnicas orientais, seus tigres, suas bacantes descabeladas e seus ritos espetaculares, cujos participantes pareciam ter perdido a razão, despertaram a apreensão dos gregos. Alguns, como Licurgo, rei da Trácia, e Penteu, rei de Tebas, sucessor de Cadmo, rejeitaram Dioniso por ser charlatão e o prenderam. Quando era mal recebido, o deus se vingava de maneira terrível: enlouquecia as mulheres do lugar e, em seu delírio, elas cometiam atos abomináveis, chegando até a matar os próprios filhos! Em sua tragédia *As Bacantes*, Eurípides conta que Penteu foi morto pela mãe, que em seu delírio viu-o como animal numa caçada fatal.

Para ser reconhecido plenamente como deus, Dioniso entendeu que deveria tornar imortal sua mãe, Sêmele, morta antes de seu "segundo nascimento". Portanto, deveria procurá-la nos Infernos e conseguir que Hades* permitisse sua saída do reino dos mortos. Dioniso trouxe do Oriente o **mirto**, planta muito apreciada tanto pelos humanos como pelos deuses. Em troca do **mirto**, Hades autorizou Sêmele a voltar ao mundo dos vivos. O filho de Zeus, então, pediu ao pai que acolhesse sua mãe no Olimpo. Em lembrança da terrível cilada que Hera preparara para a infeliz Sêmele, e para ser perdoado por sua morte pavorosa, Zeus aceitou. Sêmele tornou-se uma imortal, recebendo o nome de Tione, e seu filho pôde permanecer no Olimpo e ser reconhecido por todos como deus.

Por ocasião de uma viagem às Cíclades, Dioniso avistou, na praia de Naxos, uma jovem encantadora que chorava. Era Ariadne*, filha do rei de Creta, Minos*, que acabava de ser abandonada por Teseu*. Comovido pela beleza e pela tristeza de Ariadne, Dioniso, que recentemente obtivera o direito de morar com os imortais, levou-a para o Olimpo e, coisa jamais vista, casou-se com ela diante dos deuses reunidos. Decididamente, Dioniso não estava agindo de acordo com as regras habituais de estrita divisão entre humanos e deuses!

Na história da Grécia, a introdução de um culto de origem oriental como o de Dioniso subverteu as mentalidades. Aos cultos tradicionais se acrescentaram as festas selvagens do vinho e do amor, as bacanais, que imitavam o cortejo do deus com seus sátiros e suas bacantes desvairadas. Não seria difícil opor Apolo*, o calmo deus da razão, a Dioniso, o deus desenfreado da embriaguez. Mas não é tão simples assim. Ambos capazes de violência destruidora e de inteligência criativa, eles são complementares e representam as duas faces inseparáveis do espírito grego.

O culto de Dioniso acabou por se implantar de forma oficial no mundo grego. Na primavera ou no outono, as cidades organizavam grandes festas populares, as dionisíacas. As mais importantes, as grandes Dionisíacas de Atenas, celebradas no início de março, deram origem a uma forma essencial de arte grega, o teatro. Depois do sacrifício de um bode, declamavam-se poemas que contavam a vida e os feitos de Dioniso ou de outros grandes heróis da mitologia. Aos poucos, esses poemas tomaram a forma de peças, cujas réplicas eram trocadas entre atores e um coro. Essas peças eram executadas em locais expressamente destinados a esse fim e consagrados ao deus. São os famosos teatros antigos, que foram palco das primeiras tragédias. A palavra "tragédia" vem do grego e significa "canto do bode", lembrando o sacrifício que deu origem às representações. Além das tragédias, também se encenavam comédias e dramas satíricos, aos quais assistia o povo reunido.

Em Roma, o culto de Baco, nome latino de Dioniso, também teve grande importância. Houve épocas em que as bacanais populares, ancestrais do nosso carnaval, provocaram tanta desordem e tanto escândalo que o Senado resolveu proibi-las. Mas persistiu o culto mais secreto, que reunia os iniciados em torno de um sacrifício, chegando a se tornar uma das formas religiosas essenciais do Império Romano. Os adeptos de Dioniso acreditavam incorporar a própria substância do deus ao consumirem a carne do animal sacrificado – o corpo do deus – e ao beberem uma taça de vinho – o sangue do deus.

Na Antiguidade, Dioniso e seu cortejo foram representados com frequência em baixos-relevos e em mosaicos cujos melhores exemplos estão na cidade de Pompeia, na Itália. Também foram pintados em inúmeros recipientes de cerâmica. O deus aparece vestido com uma túnica longa ou com uma pele de pantera, o rosto imberbe e a testa coroada de hera ou de hastes de videira. Ora sentado num asno ou num tigre, ora em pé, ele leva seu **tirso** em uma mão e uma taça de vinho na outra.

Desde a invenção da cultura da uva, os homens não cessaram de homenagear de múltiplas formas o deus do vinho e dos prazeres da vida.

Dioscuros

Castor e Pólux, os dois irmãos inseparáveis, eram chamados de Dioscuros, que em grego significa "filhos de Zeus*". Na verdade, só Pólux teria sido filho do rei dos deuses. Acontece que as circunstâncias do nascimento dos dois não estão muito claras. Sua mãe, Leda*, esposa do rei Tíndaro de Esparta, foi seduzida pelo incorrigível Zeus, que na ocasião tomara a forma de um cisne. Ela deu à luz dois ovos, cada um contendo um menino e uma menina. Em um havia Castor e Clitemnestra*; no outro, Pólux e Helena*, cujo pai era Zeus.

Os dois meninos foram educados juntos em Esparta. Ligados por profunda afeição, eles dividiam tudo e nunca se separaram. Ambos eram muito corajosos e muito hábeis no combate. Aliás, dizem que Pólux inventou a luta de boxe e que Castor era exímio domador de cavalos. Assim, os dois jovens heróis viveram juntos muitas aventuras. Participaram da expedição dos Argonautas* e ajudaram Jasão* a conquistar o Tosão de Ouro. Durante uma tempestade, viu-se brilhar uma pequena chama na cabeça dos gêmeos, significando que Zeus tomara o navio *Argo* e sua tripulação sob sua proteção. Mais tarde, quando Jasão quis retomar o poder em Iolcos, Castor e Pólux combateram a seu lado. Como vários outros heróis da mitologia, participaram com

Meléagro* da famosa caçada ao monstruoso javali de Cálidon.

Mas Castor e Pólux são antes de tudo heróis do Peloponeso, heróis de Esparta, a grande rival de Atenas. Quando sua irmã, Helena, ainda muito jovem, foi raptada por Teseu*, rei de Atenas, eles organizaram um exército e invadiram a Ática. Além de libertarem a irmã, tomaram como refém a mãe de Teseu. Como o rei partira para outras aventuras, eles destronaram seus filhos, que ocupavam o poder na ausência do pai.

Mas, embora se dispusessem a defender a honra da irmã, quanto às mulheres os Dioscuros tinham o mesmo comportamento de Teseu. Convidados para o casamento de seus dois primos, inventaram de raptar as duas noivas. O caso provocou uma tragédia. Os quatro homens travaram uma briga e, durante o confronto, Castor morreu. Pólux ficou desesperado e não quis separar-se do irmão. Comovido pela dor do filho, Zeus autorizou os gêmeos a permanecerem juntos: eles viveriam seis meses nos Infernos, o reino dos mortos, e seis meses na terra, entre os vivos. Mais tarde o rei dos deuses transportou os dois para o céu, onde formaram a constelação de Gêmeos.

Os romanos passaram a considerar Castor e Pólux heróis da história das origens da República romana. Uma lenda conta que eles ajudaram a cavalaria romana na última batalha contra os latinos e anunciaram a vitória pessoalmente, no meio do Fórum. Em sua honra, foi edificado no local um belo templo, cujos vestígios podem ser vistos ainda hoje.

ÉDIPO

Édipo, rei de Tebas, continua sendo até hoje o próprio exemplo do homem vítima do destino. Tanto por parte de seu pai, Laio, como por parte de sua mãe, Jocasta, Édipo descendia de Cadmo*, fundador da cidade de Tebas, e dos soldados nascidos da terra depois que este semeou os dentes do dragão. Tal como seus ancestrais, Laio era rei de Tebas. Casado com Jocasta, passou muito tempo sem ter filhos, até o dia em que nasceu um menino. O que geralmente é motivo de grande alegria provocou então uma grande apreensão. De fato, um **oráculo** havia dito que, se Laio e Jocasta tivessem um filho, as piores desgraças se abateriam sobre a família real. Quando o príncipe nasceu, o **oráculo** voltou a ser consultado. A profecia foi terrível, mais precisa do que as advertências iniciais: aquele filho seria o assassino de seu pai!

Com o coração dilacerado, os pais resolveram desvencilhar-se do filho. Laio confiou-o a seus criados, dando ordens para que o abandonassem numa montanha próxima, com os pés amarrados, para que fosse devorado por animais selvagens. Alguns pastores encontraram a criança, a quem deram o nome de Édipo, que em grego significa "pés inchados" – de fato, a corda lhe apertara os pés, fazendo com que inchassem. Levaram o menino à cidade vizinha, Corinto, onde ele foi recolhido pelo rei Políbio e sua mulher, que não tinham descendentes e o educaram como filho.

Édipo cresceu. Ao se tornar adulto, foi a Delfos para interrogar o **oráculo** sobre seu futuro. A resposta da Pítia, sacerdotisa de Apolo* em Delfos, assustou o príncipe. Ela disse que Édipo mataria seu pai e se casaria com sua mãe. Certo de que os soberanos de Corinto eram seus pais, Édipo não quis voltar ao palácio. Subiu em seu carro e deixou Delfos, não rumo a Corinto, mas a Tebas. Numa encruzilhada, havia um carro bloqueando a passagem. Era um estrangeiro com seus criados. Houve uma briga, um criado matou um dos cavalos de Édipo e avançou com seu carro, esmagando-lhe o pé. Édipo não podia deixar por menos, ainda mais que, ao passar, o estrangeiro lhe golpeara a cabeça. O rapaz empunhou a espada, matou o viajante e os criados e prosseguiu seu caminho.

A estrada passava por um rochedo de onde surgiu um monstro horrível, a Esfinge, com cabeça e peito de mulher e corpo de leão. Com voz rouca, a Esfinge anunciou que apresentaria um enigma. Se Édipo não soubesse resolvê-lo, ela o devoraria. O jovem dissimulou o medo e ouviu atentamente a questão: "Qual é o ser que anda com quatro patas de manhã, com duas patas ao meio-dia e com três à noite?" Édipo refletiu e de repente entendeu. "É o homem", respondeu. "Quando pequeno, engatinha de quatro; depois anda com as duas pernas; finalmente, no fim da vida, apoia-se numa bengala, que é como uma terceira perna." Ao ouvir a resposta correta, a Esfinge soltou um grito horrível e, caindo do alto de seu rochedo, espatifou-se no chão. O caminho estava livre, Édipo pôde passar e chegar a Tebas.

Na cidade, foi recebido com gritos de alegria. Ninguém sabia quem ele era, é claro, mas todos sabiam que tinha livrado a cidade daquela Esfinge que aterrorizava a população, devorando quem não conseguia responder a suas perguntas. Édipo ficou sabendo então que o rei Laio acabara de ser morto na estrada de Delfos, onde fora consultar o **oráculo** justamente a respeito do monstro. Édipo não ligou os fatos, não percebeu que o estrangeiro que matara era Laio, que ele ainda não sabia ser seu pai. Sem ninguém perceber, os acontecimentos se encadeavam de acordo com as profecias do **oráculo**.

Festejado por todos, Édipo aceitou a recompensa oferecida por Creonte, irmão da rainha Jocasta, que lhe entregou o trono de Tebas e a mão da viúva de Laio. Sem saber, ele cumpria assim a segunda parte da profecia: com grande pompa, casou-se com Jocasta, sua mãe. Eles tiveram dois filhos, Etéocles e Polinices, e duas filhas, Antígona e Ismênia.

Nessa história terrível, ninguém era culpado, pois ninguém sabia de nada. Édipo até tinha certeza de que escapara à maldição dos deuses, pois aqueles que considerava seus pais estavam em Corinto, protegidos contra as catástrofes previstas. Mas o destino estava alerta, inexorável. Mesmo sem saber, Édipo praticara crimes que perturbavam a ordem do mundo. Da parte de um mortal, matar o pai e casar-se com a mãe eram crimes abomináveis, que os deuses não podiam deixar impunes.

Depois de alguns anos de reinado tranquilo, uma terrível peste se abateu sobre Tebas e sua região. Como bom rei, Édipo ficou apreensivo. Quis saber a origem do mal e entregou-se a uma verdadeira investigação. Nesse momento, morreu seu pai adotivo, Políbio, rei de Corinto. Uma embaixada chegou a Tebas para propor que Édipo, considerado herdeiro do rei, ocupasse o trono de Corinto. Édipo ficou perturbado, lembrando-se da profecia, e recusou-se a ir a Corinto para encontrar a viúva de Políbio, que acreditava ser sua mãe. Então, um enviado de Corinto, um dos pastores que em outros tempos o tinham livrado da morte e levado ao palácio, revelou que ele era apenas filho adotivo de Políbio e sua mulher. Édipo, com um terrível pressentimento, interrogou todos os que viviam no palácio de Tebas no tempo do rei Laio e obteve a confissão do velho criado que fora encarregado de abandoná-lo na montanha. A investigação de Édipo terminou. Ele reconstituiu toda a sua história e a verdade se esclareceu. Seus próprios crimes explicavam a peste que devastava o país.

A verdade era insuportável. Jocasta se enforcou e Édipo, sentindo-se indigno de ver a luz do dia, furou os próprios olhos. Por ordem do **oráculo** de Delfos, Creonte e seus filhos homens o expulsaram de Tebas. Cego, despojado de seu poder, tomou o caminho do exílio, conduzido por sua filha Antígona.

Édipo foi levado por suas dolorosas andanças a Colona, nos arredores de Atenas. O rei de Atenas, Teseu*, acolheu-o em seu belo país, mas Édipo estava exausto, sem forças para viver. Então um **oráculo** prometeu prosperidade ao reino em que Édipo fosse enterrado. Reconciliado com os deuses, graças ao perdão de Teseu, o velho rei morreu em Colona, abençoando a terra que lhe dera asilo.

Mas o destino continuou a castigar a família real de Tebas. A luta encarniçada de Etéocles e Polinices pelo poder, a aliança deste último com os chefes de outras cidades e o drama de Antígona são os últimos episódios da sorte trágica dos descendentes da união maldita de Édipo e Jocasta.

A lenda de Édipo representa o jogo cruel do destino contra os mortais. Desde a Antiguidade, ela inspirou belíssimas obras literárias. Para começar, há as magníficas tragédias de Sófocles, *Édipo rei* e *Édipo em Colona*, escritas no século V antes de Cristo e até hoje encenadas nos palcos. Corneille, Voltaire e outros são autores de peças intituladas *Édipo*. No entanto, o maior responsável pela difusão da lenda de Édipo no século XX foi Sigmund Freud, inventor da psicanálise, que deu o nome de "complexo de Édipo" à mais importante de suas descobertas.

Electra

Electra era filha de Agamêmnon* e de Clitemnestra*. Muito jovem, ela assistiu à morte de sua irmã, Ifigênia*, que seu pai sacrificara à deusa Ártemis* para conseguir que seus navios partissem para Troia. Anos depois, ao voltar da Guerra de Troia*, Agamêmnon foi morto por sua mulher e por Egisto. Electra conseguiu salvar seu irmão, Orestes*, da fúria dos assassinos. Por ordem da mãe, que desejava afastá-la da corte, Electra se casou com um camponês. Porém o casamento não se consumou, pois a moça quis permanecer virgem, e seu desejo foi respeitado pelo marido.

Todos os dias, Electra ia até o túmulo do pai e jurava aos deuses que o vingaria. Um belo dia, um rapaz veio a seu encontro. Era Orestes, que se tornara adulto e estava de volta da cidade estrangeira em que se escondera. Electra compreendeu que a hora da vingança tinha chegado e impeliu o irmão a matar os usurpadores, Clitemnestra e Egisto, que desde seu crime reinavam sobre Argos. Orestes então cometeu um crime pavoroso: para vingar o pai, tornou-se assassino da própria mãe. Mas era esse o preço do fim da maldição familiar. Ajudando o irmão a cumprir a terrível vingança, Electra contribuiu para reconciliar os descendentes dos Átridas com os deuses. Casou-se com Pílades, amigo inseparável de Orestes, e deu-lhe dois filhos, Estrófio e Médon.

Bela figura de mulher austera e apaixonada, Electra é personagem de três célebres tragédias antigas: *As Coéforas*, de Ésquilo, a *Electra* de Sófocles e a de Eurípides. Nos tempos modernos, ela inspirou uma ópera de Richard Strauss e um filme do cineasta grego Cacoyannis, as duas obras intituladas *Electra*.

Erínias (as)

Quando Urano foi mutilado por seu filho, Crono, do seu sangue que caiu na terra nasceram divindades assustadoras, com serpentes entremeadas nos cabelos. Essas divindades eram as Erínias, deusas primordiais, anteriores aos deuses olímpicos. Como Nêmesis, deusa da vingança, elas eram encarregadas de punir os culpados, ou seja, todos aqueles que, por orgulho ou ignorância, perturbassem a ordem do mundo. Deuses e mortais, até o próprio Zeus*, todos lhes deviam respeito e obediência. Levando tochas e chicotes, as Erínias saíam da escuridão dos Infernos, o sombrio Érebo, para se lançar sobre suas vítimas como cadelas perseguindo sua presa. Édipo*, Orestes*, Héracles* e muitos outros perderam a razão desse modo e só escaparam das Erínias depois de se purificarem de seus crimes. Elas proibiam os adivinhos de revelar o futuro com muita precisão, pois os mortais deveriam permanecer na incerteza e não se considerar deuses.

Os homens, desejosos de conciliação com essas cruéis representantes de um destino cego, chamavam-nas de Eumênides, que em grego significa "benevolentes". Foi esse o título dado pelo poeta Ésquilo a uma de suas tragédias, que mostra o infeliz Orestes perseguido pelas terríveis "benevolentes", depois de matar sua mãe. Racine, em *Andrômaca*, faz Orestes exclamar, ao ver suas figuras assustadoras: "Para quem são essas serpentes que sibilam em vossas cabeças?" Sartre, em sua obra *As moscas*, compara-as a esses insetos que não largam suas presas.

EUROPA

Europa era uma princesa da Ásia Menor, filha de Agenor, rei da Fenícia, e irmã de Cadmo*, fundador de Tebas. Diz-se que foi ela que deu nome ao continente europeu, depois de uma aventura com Zeus*, rei dos deuses. Europa era muito bonita, tão bonita que até se suspeitava que usasse maquiagem divina, que a deusa Hécate havia roubado para ela de Hera*, esposa de Zeus.

Certo dia, quando brincava com as amigas nas campinas próximas à praia, onde pastavam os rebanhos de seu pai, Europa notou um magnífico touro branco que ela ainda nunca tinha visto. Aproximou-se do animal para afagá-lo, e este se mostrou muito manso. Deixou-a enfeitar seus chifres com guirlandas de flores e depois deitou-se a seus pés. Sem medo, Europa montou em seu dorso. Imediatamente o touro se levantou e saltou no mar. Levando a moça para longe da praia, ele se lançou a nado através das ondas. Logo tritões e nereidas surgiram das profundezas, formando um cortejo. Chegaram a Creta e, na praia, o touro tomou forma humana. Era Zeus, que se transformara em touro para raptar Europa, por quem tinha se apaixonado.

O deus e a princesa tiveram três filhos: Minos*, Radamante e Sarpedão. Mais tarde, Zeus casou Europa com o rei da ilha, que adotou seus filhos. Zeus deixou para a rainha de

Creta um presente estranho: o gigante de bronze Talos*, autômato encarregado de garantir a segurança da ilha.

Os historiadores acham que a lenda de Europa conta, de maneira poética, o surgimento da civilização cretense, a mais antiga civilização europeia, que nasceu na Ásia Menor, tal como a bela princesa raptada por Zeus. O touro, aliás, ocupava um lugar de destaque na religião dos cretenses, que veneravam um deus-touro. Essas crenças deram origem a toda a mitologia do Minotauro*, monstro metade touro e metade homem que, segundo as lendas gregas, vivia no labirinto de Creta.

F
G
H

Faetonte

Até a adolescência, Faetonte não sabia quem era seu pai. Ele era um rapaz muito bonito e muito orgulhoso. Assim, quando sua mãe lhe revelou que seu pai era o deus Sol, o próprio Hélio, Faetonte não coube em si de contente. Esse nascimento divino lustrou ainda mais sua vaidade!

Vangloriou-se para todos de suas origens ilustres, a tal ponto que alguns se irritaram. Foi o caso de Épafo, filho de Io* e de Zeus*, que o desafiou a apresentar provas de que seu pai era de fato o Sol. Amuado, Faetonte correu até Hélio e suplicou-lhe que o deixasse guiar seu carro para mostrar a todos que ele era um digno filho de seu pai. Hélio hesitou. Era difícil, era perigoso, antes seria preciso aprender. Mas Faetonte não quis saber de nada. Tanto insistiu que o Sol acabou cedendo. Fez mil recomendações ao filho, indicou-lhe a trajetória que deveria seguir, atravessando o céu de leste para oeste, e alertou-o contra todos os perigos. Afinal, aquele era um carro de fogo, não era um carro qualquer!

Orgulhoso, Faetonte subiu no carro e lá se foi. Mas, assim que deixou a Terra, o jovem perdeu o controle dos cavalos, que saíram disparados. Faetonte largou a rédea, já não sabia onde estava, confundia os signos do Zodíaco que marcavam o caminho. Deveria passar entre o Leão e a Balança, entre os Gêmeos e o Escorpião? Os cavalos, aos saltos, desciam rente às montanhas, ameaçando incendiar a Terra, depois subiam tão alto no espaço que os astros se apavoravam. O cosmo inteiro perdeu as estribeiras, e Zeus, pressentindo uma catástrofe, foi obrigado a fulminar o jovem com seu raio para restabelecer a ordem. Faetonte caiu no rio Pó, na Itália, e se afogou. Inconsoláveis, suas irmãs vieram chorar nas margens do rio. Comovido por sua dor, Zeus as transformou em olmos e fez de suas lágrimas contas de âmbar.

Fedra

Filha de Minos*, rei de Creta, e de sua esposa, Pasífae, Fedra era irmã de Ariadne*.

Ariadne amava Teseu* e o ajudou a vencer o Minotauro*, mas o rapaz a abandonou. Ao se tornar rei de Atenas, ele se casou com Fedra, que lhe deu dois filhos, Acamas e Demofonte. Mas Teseu gostava muito de mulheres. Já tinha um filho com Antíope, uma amazona* que ele havia raptado. Esse filho chamava-se Hipólito. Teseu também raptou Helena* de Esparta e, com seu amigo Pirítoo, tentou raptar Perséfone, a mulher de Hades*, deus dos Infernos. Furioso, Hades manteve os dois cúmplices presos.

Durante a ausência do esposo, Fedra se apaixonou por Hipólito. Confessou-lhe sua paixão, mas o jovem a rejeitou. Quando Teseu voltou, para se vingar de Hipólito, Fedra disse ao marido que o rapaz tentara seduzi-la. Apesar de suas infidelidades, Teseu era muito ciumento e resolveu punir o filho. Pediu a Posêidon* que provocasse um acidente de carro em que o rapaz morresse. Desesperada, Fedra se enforcou. O destino de Fedra e sua paixão infeliz inspiraram dois grandes autores de tragédias: Eurípides, no século IV antes de Cristo; e Racine, no século XVII.

Filoctetes

Filoctetes era príncipe da Tessália. Estava no monte Eta quando Héracles*, não suportando a dor provocada pela túnica de Nesso, resolveu pôr fim à vida. Filoctetes, a pedido do herói, acendeu a pira na qual ele queria morrer. Em troca, Héracles deu-lhe suas armas, sob a condição de que não revelasse a ninguém o lugar de sua morte. Mas as pessoas lhe faziam tantas perguntas que Filoctetes acabou cedendo. Sem responder por palavras, levou os curiosos ao monte Eta e bateu com o pé no chão no lugar em que o herói se matara. O rompimento da promessa lhe custou caro.

Filoctetes, que era pretendente de Helena*, embarcou com os gregos para a Guerra de Troia*. Por ocasião de uma escala, ele foi mordido por uma serpente e seu ferimento infeccionou, exalando um cheiro insuportável. Seus companheiros de viagem o abandonaram na ilha de Lemnos, onde ele sobreviveu graças às armas de Héracles, que lhe permitiam caçar.

Dez anos depois, antes da tomada da cidade de Troia, um **oráculo** anunciou aos chefes gregos que uma das condições da vitória era a presença de Filoctetes com suas armas extraordinárias. Ulisses* voltou a Lemnos e, primeiro, tentou enganar o infeliz para se apossar das armas. Não queria levá-lo para Troia, pois seu ferimento continuava aberto. Filoctetes detestava Ulisses, que causara seu abandono. Desmascarando sua artimanha, recusou-se terminantemente a lhe entregar as armas e até a viajar com ele. Ulisses já estava voltando ao navio, de mãos vazias, quando apareceu o fantasma de Héracles, reconciliando os dois heróis. Ordenou a Filoctetes que partisse para Troia, garantindo-lhe que lá se curaria.

O calvário do ferido chegava ao fim, pois Héracles finalmente o perdoou por ter revelado o segredo de sua morte. No acampamento grego, Filoctetes foi tratado e pôde combater valentemente. Foi ele que feriu Páris* mortalmente. Depois da queda de Troia, Filoctetes foi um dos raros gregos a voltar para sua pátria sem percalços.

O episódio em que Ulisses tenta enganar Filoctetes para se apossar das armas é o tema da tragédia *Filoctetes*, do poeta Sófocles.

Gaia

Gaia, cujo nome em grego significa "terra", é a mais antiga divindade grega. Nasceu do Caos* primordial e era deusa da Terra. Sozinha, Gaia gerou Urano, o Céu. Depois, unindo-se ao filho, gerou múltiplas divindades, poderosas e desordenadas, às vezes monstruosas. Eram os deuses ctonianos, ou seja, "nascidos do chão", que formavam a primeira geração divina. Assim, do seio da Terra nasceram os doze Titãs*, os três hecatonquiros (gigantes com cem braços) e os três primeiros ciclopes. A descendência de Gaia não se limita a esses filhos. Deusa maternal, que representa a terra ainda inculta mas fecunda e nutridora, ao longo dos relatos mitológicos ela continua sempre gerando inúmeros personagens, mortais ou imortais, geralmente monstruosos: dragões, gigantes e serpentes com frequência são filhos dessa Terra de profundezas assustadoras. Dela nasceram Tífon e Équidna, dragões aterradores que geraram a Hidra de Lerna e a Quimera. Dela também nasceu Píton, a serpente guardiã do santuário de Delfos, vencida por Apolo*. Também foram geradas pela Terra as divindades marinhas primitivas, como Nereu*.

Todavia o papel essencial de Gaia na história dos deuses deve-se aos filhos que teve com Urano, os Titãs. Naquela época primitiva, Urano, o Céu, deitado sobre sua esposa, a Terra, fecundava-a ininterruptamente. Mas ele detestava os filhos que fazia em Gaia. Talvez temesse que eles quisessem tomar seu lugar de deus dominante. Tanto é assim que Urano exigia que Gaia mantivesse os filhos no ventre.

Gaia não aguentava mais e, um belo dia, resolveu libertar-se do jugo do esposo. Entregou uma foice de **sílex** ao Titã Crono, seu último filho, que lhe parecia muito ambicioso.

À noite, quando Urano se deitou sobre a Terra, ela deixou Crono sair. Com sua arma, ele cortou o sexo do pai, privando-o assim da capacidade de fecundar e libertando sua mãe da tirania do marido. Crono tomou o poder e partilhou o império do mundo com seus irmãos, os Titãs. Casou-se com uma irmã, a Titã Reia.

Acontece que Crono mostrou tanta aversão a seus descendentes quanto seu pai Urano. Seu método para se desvencilhar dos recém-nascidos era um pouco diferente, mas igualmente eficaz: ele os engolia. No entanto, também como o pai, foi obrigado a dar lugar à nova geração. Seu filho, Zeus*, lhe tomou o poder. Assim, uma vez afastados os antigos deuses ctonianos, os novos deuses, os olímpicos, passaram a reinar sobre o mundo.

E o que foi feito de Gaia em meio a essas revoluções entre os deuses? Ela bem que tentou ajudar seus filhos, os Titãs, a se manterem no poder. Apesar disso, com a vitória dos olímpicos, ela continuou entre os deuses. Afinal, Gaia era a avó do novo senhor do mundo, avó ao mesmo tempo temível e bondosa. Na nova ordem divina, ela continuava sendo inquietante, representando uma ordem antiga, primitiva e selvagem, a ordem das forças da natureza indomada. Os gregos nunca se esqueceram de que na origem de um mundo harmonioso e equilibrado havia forças obscuras e incontroladas, as forças do Caos primitivo, das quais Gaia ainda era uma representante. Ela era venerada em muitos santuários e acreditava-se que inspirava os **oráculos**. Gaia estava presente até mesmo em Delfos, domínio por excelência de Apolo, deus da razão. Eram as fumaças que subiam das profundezas da Terra que davam à Pítia seu poder profético.

Ganimedes

Filho de Tros, um dos reis fundadores de Troia, Ganimedes era tão belo que o próprio Zeus*, rei dos deuses, se encantou por ele. Disfarçado em águia, raptou o jovem e fez dele o **escanção** do Olimpo, encarregado de servir o néctar aos deuses nos banquetes. Para consolar Tros da perda do filho querido, Zeus lhe ofereceu duas magníficas éguas imortais.

O rapto de Ganimedes inspirou inúmeros pintores e escultores. Uma das obras mais famosas representando o episódio é um quadro do pintor flamengo Rembrandt.

Górgonas

As górgonas eram três monstros abomináveis. Seus nomes eram Esteno, Euríale e Medusa. Eram as irmãs mais novas das três greias, terríveis feiticeiras de cabelos brancos, que só tinham um olho e um dente para uso das três.

Em outros tempos, as górgonas tinham sido três belas jovens. Mas, ao se vangloriarem de que eram mais bonitas do que Atena*, foram punidas pela deusa, que as transformou em horríveis criaturas aladas, com mãos de bronze, dentes de javali e cabelos de serpentes. Seu aspecto aterrorizava deuses e mortais. Além do mais, Atena também lhes atribuíra o terrível poder de transformar em estátua de pedra quem as olhasse de frente. Das três górgonas, só uma era mortal: sua rainha, Medusa.

Hades

Hades era um deus triste que vivia nas profundezas da Terra e só excepcionalmente subia ao Olimpo, para se reunir aos outros deuses. Era o deus dos mortos, e seu nome significa "invisível". Seu reino eram os Infernos, o mundo subterrâneo do qual se tornou senhor por ocasião da partilha do universo entre Zeus* e seus irmãos, depois da vitória dos olímpicos sobre os Titãs. Assim como seus irmãos e irmãs, Hades foi engolido por seu pai, Crono*, e depois libertado por Zeus*, com a cumplicidade de sua mãe, Reia*.

Hades era um deus temido pelos mortais, pelos heróis e até mesmo pelos deuses. Ninguém ousava pronunciar seu nome e era mais comum ser designado por seu apelido, Plutão, que em grego significa "rico". De fato, Hades era rico, pois seu domínio subterrâneo abrangia as minas de pedras e metais preciosos. Na penumbra dos Infernos, brilhavam o ouro e a prata, os diamantes e os rubis. A população de seu reino não parava de crescer, trazendo os tesouros que tradicionalmente acompanhavam os mortos.

Do alto de seu trono de ébano e enxofre, Hades reinava impiedoso, sem a menor indulgência pelas pobres almas desoladas que deixaram a Terra. Por certo, não era ele que levava à morte. Isso era deixado por conta dos homens e dos outros deuses. No entanto Hades era temido por guardar os mortos, por mantê-los como seus prisioneiros por toda a eternidade. Os mortais que chegavam ao seu reino nunca mais podiam ver o mundo dos vivos. Guardada por um terrível cão de três cabeças e cauda de serpente, Cérbero, a porta dos Infernos se fechava para sempre aos que entravam por ela. Pouquíssimos heróis conseguiram sair depois de entrar nos domínios de Hades. Ulisses* e Héracles* conseguiram voltar à custa de uma dura batalha; Orfeu*, à custa da perda de Eurídice.

Para conhecer seu reino, era preciso descer em companhia de alguns heróis que conseguiram escapar dele. Por uma caverna, chegava-se ao mundo subterrâneo. Na escuridão das profundezas, chegava-se a um grande rio de águas enlameadas, o Estige. Então entrava-se num barco conduzido por Caronte, velho miserável e de mau caráter que exigia uma gorjeta para fazer a travessia. Já prevendo essa passagem, os mortos eram sempre enterrados com uma moeda na boca. A barca de Caronte levava às portas dos Infernos, guardadas pelo terrível Cérbero. Diante da entrada, estavam os três juízes dos Infernos: Éaco, Minos* e seu irmão, Radamante. Eles formavam um tribunal diante do qual as almas deviam comparecer. Os melhores defuntos, que eram minoria, eram conduzidos aos Campos Elísios, região menos escura em que permaneciam os bem-aventurados, em campinas cobertas de flores. Os piores, os que tinham cometido os maiores crimes, eram arrastados ao Tártaro, situado nas regiões mais profundas, em que reinava uma noite eterna. Nesse lugar sinistro sofriam seu suplício os maiores criminosos, como Tântalo*, Sísifo* e as danaides*. Também foi no Tártaro que Zeus encerrou os Titãs que se revoltaram contra ele. Mas a grande maioria das almas, pálidos reflexos dos seres vivos que tinham sido, ficava eternamente numa zona intermediária, chamada "campo dos **asfódelos**".

Nos Infernos, o tempo não tinha fim. O que os defuntos faziam ao longo dessa permanência eterna? No Tártaro, é verdade, eles tinham o que fazer. Mas, e nas outras regiões? Pois bem, nas outras regiões era um tédio! Mesmo nos Campos Elísios, os mortos só tinham uma ocupação: lamentar a perda da vida. Os gregos gostavam tanto da vida, gostavam tanto da luz, que para eles era difícil imaginar que se pudesse ser feliz no reino dos mortos! Pobres sombras sem consistência, os habitantes dos Infernos imitavam os gestos cotidianos do mundo dos vivos, sem nenhuma esperança de poder sair das trevas.

Entende-se que nenhum imortal tenha sido sensível aos encantos do senhor de um reino como esse. Para ter uma esposa a seu lado, Hades teve de raptá-la. Escolheu sua sobrinha, Corê, e tornou-a rainha dos Infernos, com o nome de Perséfone*. Mas Deméter*, mãe da jovem deusa, não se conformou. Procurou a filha por todo o mundo e conseguiu que ela ficasse só metade do ano junto do esposo tenebroso. Sua volta à terra todas as primaveras simboliza a renovação da natureza.

Hades tinha humor sombrio. Não lhe agradava que os vivos interferissem nos assuntos dos mortos. Quando Héracles desceu aos Infernos para buscar o cão Cérbero, cumprindo um de seus Doze Trabalhos, Hades o agrediu violentamente e quis proibir sua entrada. A briga entre Héracles, filho de Zeus*, e seu tio foi memorável. Foi uma das raras vezes em que Hades teve de deixar suas trevas e subir ao Olimpo para tratar de seus ferimentos.

Hades não era um deus muito estimado na Antiguidade. Não se construíam templos para venerá-lo e os cultos a ele eram sempre feitos à noite, com sacrifícios de touros ou carneiros pretos para apaziguar suas cóleras. Era sempre representado em companhia de Perséfone, cuja presença suavizava um pouco a figura sombria do deus. Ele aparecia sempre levando uma **cornucópia**, para lembrar que o deus dos mortos era também o da riqueza.

Hebe

Hebe era a deusa da juventude, de certo modo princesa do Olimpo. Era filha de Zeus*, rei dos deuses, e de sua esposa, Hera*, e irmã de Ares*. Por muito tempo, Hebe foi encarregada de servir o néctar por ocasião dos banquetes dos deuses, mas depois seu pai atribuiu essa função ao jovem e belo troiano Ganimedes*, que ele raptou e tornou imortal. Hebe casou-se com Héracles* quando este encerrou sua vida mortal e se juntou aos deuses. Representada como uma jovem mulher bela e meiga, coroada de hera e levando flores e frutos, a deusa da juventude foi objeto de um culto associado ao de sua mãe ou de seu esposo.

Hécuba

Esposa de Príamo*, rei de Troia, Hécuba lhe deu muitos filhos. O poeta trágico Eurípides fala até em cinquenta! Quando esperava seu filho Páris*, Hécuba teve um sonho que lhe anunciou a ruína de Troia. O sonho tornou-se uma realidade mais terrível do que um pesadelo, depois do rapto de Helena*, que provocou a Guerra de Troia*. Hécuba perdeu todos os filhos na guerra, com exceção do mais novo, que ela confiara ao rei da Trácia.

Depois da tomada da cidade e da morte de Príamo, ela foi levada como **cativa** por Ulisses*. Então, mais uma desgraça atingiu Hécuba. Ao passar por terras da Trácia, ela descobriu o corpo de seu filho mais novo. O rei do país, traindo sua confiança e desejando apossar-se dos tesouros que Príamo lhe confiara, mandara matá-lo. Hécuba obteve permissão de Agamêmnon*, vencedor de Troia, para voltar a seu país. Convidou o rei da Trácia para ir ter com ela, sob pretexto de lhe revelar o esconderijo de um tesouro. Quando o rei chegou, Hécuba lhe tinha preparado uma cilada e o matou, depois de mandar massacrar também os dois filhos que o acompanhavam. Seu filho estava vingado! Mas dizem que o ódio de Hécuba era tão violento que ela se transformou em cadela de olhos de fogo e se jogou no mar.

Mãe aflita, perseguida pela desgraça, o personagem de Hécuba, representado por Eurípides na tragédia que leva seu nome, povoava a imaginação dos gregos.

Hefesto

Hefesto era um deus coxo, peludo e preto. Era troncudo, tinha os ombros largos, as pernas finas e tortas. Era tão feio que, quando chegava ao Olimpo, os deuses caíam na gargalhada. No entanto Hefesto era um olímpico legítimo, filho dos deuses soberanos Zeus* e Hera*. Mas, apesar de seu nascimento ilustre, sua vida não era das mais divertidas.

A casta Hera, quando ainda virgem, foi seduzida por Zeus, que, usando de uma de suas artimanhas de sempre, aproximou-se dela disfarçado em cuco. Sem desconfiar de nada, ela acariciou o passarinho, que só voltou a assumir forma divina quando ela já não podia lhe resistir. Dessa união, Hera concebeu Hefesto e, envergonhada por ter cedido aos encantos de Zeus antes de se casarem, do alto do Olimpo jogou a criança no mar.

Hefesto, manco e deformado por causa da queda, foi recolhido por uma ninfa* e, muito jovem, iniciado no trabalho com metal. Sua habilidade divina logo se manifestou e ele se tornou um ferreiro sem igual. Com apenas nove anos, fez um trono magnífico e mandou levá-lo de presente à sua mãe. Hera, que nesse ínterim se tornara esposa de Zeus e rainha do Olimpo, ficou lisonjeada em receber um presente tão lindo daquele filho quase esquecido. Na mesma hora sentou-se no trono, mas não conseguiu mais se levantar. Hefesto usara seu poder divino para torná-la prisioneira. No Olimpo, todos os deuses se empenharam em libertar Hera, mas foi em vão. Então, mandaram Ares*, deus da guerra, procurar o irmão em sua **forja**. Hefesto recebeu-o a golpes de tições em brasa. Dioniso*, outro filho de Zeus, resolveu tentar uma aproximação, não se esquecendo de levar uma jarra de vinho. Ofereceu ao meio-irmão a nova bebida que acabara de inventar. Inicialmente Hefesto hesitou, mas depois se deixou convencer. Bebeu tanto vinho que Dioniso não teve nenhuma dificuldade em levá-lo, completamente embriagado, até o domínio dos deuses. No entanto, ao se recuperar, o jovem deus não cedeu. Para libertar a mãe, exigiu que lhe dessem em casamento a mais bela das imortais: Afrodite*, a deusa do amor!

Reconciliado com a mãe, Hefesto tomou seu partido numa de suas inúmeras brigas com seu esposo. Zeus, furioso por ver o filho contra ele, pegou-o pelo pé e o jogou para fora do Olimpo.

Hefesto instalou sua **forja** e sua morada terrestre na ilha vulcânica de Lemnos, onde foi cair. Foi de lá que Prometeu* roubou o fogo que ofereceu aos homens. Hefesto já não tinha vontade de morar no Olimpo e, ao deixar Lemnos, estabeleceu-se na cratera do vulcão Etna, na Sicília. Lá, ajudado pelos ciclopes, ele forjava o raio para seu pai ou moldava instrumentos, armas e ornamentos para os deuses e os heróis. Hefesto confeccionou, por exemplo, a armadura de Aquiles*, as correntes de Prometeu, as flechas de Ártemis* e de Apolo*, o cetro de Zeus e a perigosa Pandora*.

Quanto à bela Afrodite, ela não tinha o menor interesse em viver no fundo de uma **forja** junto de um marido tão feio e se ausentava com frequência. Hélio, o Sol, via tudo, e certo dia revelou a Hefesto os amores clandestinos de sua mulher com Ares. O marido enganado resolveu se vingar. Fabricou uma rede de malhas leves e, no meio da noite, jogou-a sobre o casal adormecido. Para humilhar os amantes, Hefesto convidou todos os deuses para verem os dois se debaterem, presos às malhas indestrutíveis da rede.

Cansado das infidelidades da mulher, o deus manco passou a se interessar por outras divindades femininas, mas sem grande sucesso, como é de imaginar. Hefesto havia ajudado Zeus a dar nascimento a Atena*, rachando-lhe o crânio a machadadas. Agora, lá estava ele caído de amor por sua meia-irmã, que fora procurá-lo na **forja** para lhe encomendar armas. Apaixonado, ele a perseguiu, mas foi rejeitado e empurrado com força pela casta Atena. Hefesto caiu e fecundou a Terra, que alguns meses depois deu à luz Erecteu. Nascido do desejo de Hefesto por Atena, Erecteu se tornou o primeiro rei de Atenas.

Deus da **forja** e do fogo, Hefesto era venerado como deus dos artesãos. Na Antiguidade, era representado vestido com uma túnica curta, com um ombro nu. Era essa a vestimenta dos trabalhadores, daqueles que, com ajuda do martelo e da bigorna, moldavam o metal e fabricavam os objetos do dia a dia. Um deus latino muito antigo, Vulcano, foi identificado com Hefesto pelos romanos, que lhe atribuíram as lendas do deus coxo. O nome grego Hefesto significa "fogo aceso", e o nome latino Vulcano deu origem à palavra "vulcão". O culto do deus sempre esteve ligado às regiões vulcânicas, onde se imaginava que estivesse sempre trabalhando, incansável artesão do metal, fundido ao fogo do centro da Terra.

HEITOR

Filho de Príamo*, rei de Troia, e de sua esposa, Hécuba*, Heitor é o grande herói troiano da Guerra de Troia*.

Ao contrário de seu irmão, Páris*, que preferia a companhia de Helena* à agitação da batalha, Heitor era de uma valentia sem igual no combate. Agamêmnon*, que comandava o exército grego, sabia que nunca poderia tomar a cidade enquanto Heitor, chefe do exército grego, a estivesse defendendo. Todos, amigos e inimigos, reconheciam que se tratava de um guerreiro corajoso e temível.

Antes da guerra, ele se casou com Andrômaca*, filha do rei de uma cidade vizinha de Troia. Mas sua coragem nunca se deixou enfraquecer pelo amor por sua mulher e pelo filho que ela lhe deu, Astíanax*.

Durante a ausência de Aquiles*, que por causa de uma briga com Agamêmnon se recusava a lutar com o exército grego, Heitor matou muitos gregos, provocou-os para a luta individual e até conseguiu, à frente de suas tropas, fazê-los recuar até seus navios, ameaçando incendiá-los. Ajudados por Posêidon*, os gregos contra-atacaram e os troianos se recolheram à cidade. Pátroclo*, amigo de Aquiles, lançou-se ao assalto dos muros de Troia com os mirmidões, soldados de elite de Aquiles. Então Heitor despediu-se de Andrômaca e do pequeno Astíanax e tentou furar o cerco. Com a ajuda de Apolo*, seu protetor, matou Pátroclo e tirou-lhe a armadura.

Foi então que Aquiles, enlouquecido pela dor e pela cólera, retomou o combate, com uma única ideia em mente: matar aquele que matara seu amigo. Surpreendeu Heitor e o perseguiu em torno dos muros de Troia de espada em punho. Heitor o enfrentou, travou-se a luta. Esse confronto entre os dois heróis, o troiano e o grego, é como que o símbolo da

Guerra de Troia. Zeus*, do alto do Olimpo, pesou numa balança o destino dos dois adversários. O prato de Heitor desceu mais, cabia a ele morrer. Apolo, protetor de Heitor, o abandonou, e Aquiles desferiu o golpe de espada fatal.

Antes de entregar a alma, Heitor pediu ao herói grego que devolvesse seu corpo a seus pais. Mas Aquiles estava com o coração cheio de ódio. Recusou, e Heitor profetizou sua morte próxima. Enfurecido, Aquiles amarrou o corpo de Heitor a seu carro e o arrastou em torno dos muros da cidade, sob o olhar desesperado de sua família e dos troianos reunidos. Depois largou o cadáver dilacerado pelas pedras ao lado do túmulo de Pátroclo. Os deuses se encheram de piedade e ordenaram a Aquiles que entregasse o corpo a Príamo, que viera suplicá-lo pessoalmente. Mediante um alto resgate, Aquiles aceitou, e foram estabelecidos doze dias de trégua de ambas as partes para a realização dos funerais.

Foi esse o fim de Heitor, o herói troiano abandonado pelos deuses. Esse trágico episódio é contado por Homero, na *Ilíada*, e evocado por Racine, na tragédia *Andrômaca*, em que a heroína conta à sua confidente a emocionante cena de despedida, que irá inspirar pintores e escultores.

Helena

Diz-se que Helena, filha de Zeus* e de Leda*, irmã dos Dioscuros* e de Clitemnestra*, era de uma beleza sobrenatural. Conta-se também que Afrodite* lhe concedera o dom de seduzir todos os homens que desejasse. Ela foi educada na corte de Esparta, no palácio de Tíndaro, seu "pai" mortal e esposo legítimo de Leda.

Mas a beleza de Helena logo provocou tumultos. Ainda muito jovem, quando oferecia um sacrifício à deusa Ártemis*, ela foi raptada por Teseu*. O herói confiou a moça à sua mãe, enquanto ele ia ajudar o amigo Pirítoo a raptar Perséfone*, mulher de Hades*, deus dos Infernos. Que estranha maneira de conseguir as mulheres desejadas! Hades, louco de raiva, manteve os dois jovens prisioneiros. Nesse ínterim, os Dioscuros resgataram sua irmã e a levaram de volta para Esparta. Tíndaro decidiu então que estava na hora de casá-la. Todos os reis e príncipes gregos se apresentaram à corte para pedir sua mão.

Antes de escolher um marido para a "filha", preocupado com a ideia de que os pretendentes rejeitados pudessem se revoltar, Tíndaro pediu a todos que fizessem um juramento. Cada um deles deveria jurar que permaneceria fiel e prestaria ajuda em qualquer circunstância àquele que obtivesse a mão de Helena. Todos aceitaram, e o escolhido foi Menelau*, cujo irmão, Agamêmnon*, se casara com Clitemnestra, irmã de Helena. Ninguém sabia ainda as desgraças que aquele casamento e aquele juramento acarretariam aos gregos.

Menelau sucedeu a Tíndaro, e Helena lhe deu uma filha, Hermíone*. Alguns anos depois, Páris*, filho de Príamo*, rei de Troia, chegou à corte de Esparta. Afrodite*, deusa do amor, lhe concedera o dom de seduzir a mulher mais bonita do mundo, e Páris ouvira falar em Helena. Aconteceu o que tinha de acontecer. Páris e Helena apaixonaram-se loucamente um pelo outro. Antes que o marido dela voltasse, os dois fugiram, levando uma parte dos tesouros de Menelau. Muitas vezes se fala do "rapto" de Helena por Páris, mas tudo indica que a jovem mulher fugiu por sua própria vontade, abandonando a filha, Hermíone, com nove anos de idade.

Menelau, louco de raiva e ciúme, convocou seu irmão, Agamêmnon, e todos os chefes gregos que tinham prestado juramento. Era preciso resgatar Helena, que Páris levara para Troia. Assim, a bela Helena deu origem à Guerra de Troia*. Foi uma guerra sangrenta, que durou dez anos e custou a vida de muitos heróis valorosos, tanto gregos como troianos.

Ao fim da guerra, Menelau voltou a Esparta com Helena, depois de uma longa viagem, que os levou ao Egito e às ilhas do Mediterrâneo. Os dois então se reconciliaram. Helena era tão bela que até o mais enfurecido dos gregos se deixaria enternecer, por mais que tivesse razões para odiá-la. Enquanto Menelau viveu, Helena levou uma vida feliz em Esparta. Mas, quando seu marido morreu, ela foi expulsa do reino por seu próprio filho, Nicóstrato.

Helena encontrou refúgio em Rodes, junto de uma amiga de infância, a ninfa Polixo, cujo marido fora morto na Guerra de Troia. Polixo fingiu acolhê-la conforme todas as regras de hospitalidade. Porém, enquanto Helena estava no banho, ela ordenou que suas criadas a matassem, disfarçadas de Erínias*. Helena morreu enforcada numa árvore. Segundo dizem, assim foi punida aquela que provocou uma guerra terrível e mortal.

Helena é um personagem fascinante. Era tão bela e sedutora que, apesar de todos os crimes que lhe eram atribuídos, os antigos gregos inventavam outras histórias que faziam com que ela fosse perdoada. Chegou-se a dizer que Helena não acompanhou Páris até Troia, que ela se refugiou no Egito e que o jovem só levou com ele um fantasma. Em vários lugares da Grécia, Helena era cultuada como uma divindade. A lembrança de Helena nos foi transmitida por todos os poetas gregos da Antiguidade.

Hera

Hera, a rainha do Olimpo, ocupava um trono de ouro ao lado de seu marido, Zeus*, o deus soberano. Ela é representada como uma mulher bonita, altiva e séria, com olhos imensos que refletem seu temperamento intempestivo e apaixonado. Os deuses a veneravam e a respeitavam. Levantavam-se quando ela se aproximava e, quando falava, calavam-se para ouvi-la. Por que então as tristezas e fúrias insensatas que agitavam a nobre rainha e perturbavam sua vida, que poderia ser tão tranquila? Acontece que nunca é fácil ser esposa de um sedutor incorrigível.

Hera era irmã de Zeus, como ele nascida de Crono e de Reia. Assim como seus outros irmãos e irmãs, ela foi engolida e depois cuspida pelo pai. Quando eclodiu a guerra entre os Titãs* e os novos deuses chefiados por Zeus, ela foi confiada pela mãe à sua tia, Tétis, casada com Oceano, que vivia no extremo do mundo. Hera sempre teve muita afeição e profunda gratidão ao casal, que a educou longe dos problemas que agitavam o mundo divino. Zeus, por sua vez, sempre vivendo suas inúmeras aventuras galantes, conseguiu um jeito de se casar três vezes. Engoliu sua primeira esposa, Métis, repudiou a segunda, Têmis, e, vendo-se livre, pediu sua irmã em casamento. Hera se deixou seduzir, pois Zeus era belo e, principalmente, muito poderoso. Ela se tornaria, assim, a mais importante das deusas olímpicas. Aceitou a proposta do irmão e, apesar de muitos dissabores, continuou sendo sua mulher para sempre.

Hera deu a Zeus dois filhos e duas filhas: Hefesto*, deus da **forja**, Ares*, deus da guerra, Ilítia, deusa dos partos, e Hebe, deusa da juventude. Seus filhos homens foram grandes deuses olímpicos. As filhas foram divindades menos importantes, embora ambas vivessem no Olimpo. Mas Zeus não era afeito à vida familiar, e com frequência enganava a esposa. No entanto Hera era bonita e cuidava muito da aparência. Todos os anos ia tratar de sua beleza nas águas de uma fonte considerada da juventude. Era um verdadeiro tratamento de rejuvenescimento! Hera não hesitou em pedir a Afrodite*, deusa do amor, que lhe emprestasse seu cinto mágico para reconquistar o marido.

Era de uma fidelidade exemplar, mas, orgulhosa e ciumenta, não tolerava que outra mulher fosse considerada mais bonita do que ela. Certa vez, três deusas foram apresentadas a Páris*, príncipe troiano, para que ele julgasse qual era a mais bonita. Diante de Afrodite, Hera e Atena*, Páris ousou dizer que a primeira era a mais bela. Hera nunca lhe perdoou a escolha e passou a odiá-lo violentamente, o que foi uma das causas da sangrenta Guerra de Troia*.

O céu muitas vezes repercutiu cenas terríveis de Hera contra o marido por causa das inúmeras mulheres que ele amou e seduziu. Ela chegou até a armar um complô com Posêidon e Apolo* para afastar Zeus do poder. Nem por isso seu nobre esposo mudava de comportamento e, quando se fartava de seu ciúme e de suas zangas, chegava a espancá-la e a acorrentá-la. As vinganças de Hera contra suas rivais e as crianças que nasciam dos amores ilegítimos de Zeus também eram ferozes! Mandou uma varejeira picar a infeliz Io*, transformada em bezerra, e depois a deixou presa sob a vigilância do terrível Argos, que tinha cem olhos. Atrasou o nascimento de Apolo e de Ártemis*, mergulhando sua mãe, Leto*, em intermináveis dores de parto. Levou à morte Sêmele, mãe de Dioniso*, e a ninfa Calisto*. Transformou a vida de Héracles*, filho de Zeus e de Alcmena, num verdadeiro calvário. Nada disso impediu que o volúvel esposo continuasse a traí-la, e, apesar das perseguições de Hera, poucas foram as mulheres, deusas ou mortais, que resistiram a ele.

Muito venerada e respeitada, Hera representava para os gregos o modelo divino da mulher como esposa e mãe. Inúmeros santuários foram consagrados a ela, principalmente em Argos, em Olímpia e em Samos. Em Roma, Hera foi assimilada à antiga deusa Juno, protetora da cidade, das mulheres casadas e dos nascimentos. Seu santuário principal ficava no **Capitólio**. Dizem que foram os gansos que viviam no pátio do templo que advertiram os habitantes da chegada dos gauleses a Roma, em 390 antes de Cristo, permitindo que os invasores fossem expulsos. Os famosos gansos do Capitólio eram os gansos de Juno. Todos os anos lhe eram dedicadas grandes festas, as matronais, celebrando os casamentos e os nascimentos.

Héracles

Héracles, ou Hércules para os romanos, é o herói mais popular da mitologia. Ele era filho de Zeus* e de Alcmena, uma simples mortal. Alcmena vivia em Tebas com seu esposo, Anfitrião, neto de Perseu*. Zeus desejava ter um filho dela, pois a considerava a mais perfeita das mortais. Para seduzi-la, aproveitou uma ausência de Anfitrião, que partira para a guerra, e se aproximou da jovem mulher tomando a aparência de seu esposo. Achando que se tratava de Anfitrião, Alcmena passou a noite com o deus e concebeu uma criança. No dia seguinte, o verdadeiro Anfitrião voltou. O próprio Zeus lhe explicou a situação, e o marido enganado aceitou tornar-se pai de criação do futuro herói.

Zeus prometeu que aquela criança teria um destino excepcional. Anfitrião também fez um filho na mulher, e Alcmena passou a esperar gêmeos. Tudo corria bem, e Zeus contava a todos no Olimpo que na família de Perseu nasceria um futuro rei muito poderoso, amigo dos deuses, ao qual os homens deveriam obedecer. Mas ele não tinha contado com o ciúme de Hera*. A nobre esposa de Zeus, que já não suportava as aventuras de seu marido divino, resolveu se vingar. A jovem esposa de um tio de Anfitrião também estava grávida. Hera retardou o nascimento dos filhos de Alcmena e fez nascer antes deles seu primo, Euristeu, que então se tornou o tal "rei" cujo nascimento Zeus tinha previsto. Assim, já ao nascerem, os filhos de Alcmena, Alcides (o futuro Héracles) e seu meio-irmão gêmeo Íficles, viram-se submetidos à autoridade de Euristeu. Hera, porém, não se contentou em atrapalhar os planos do marido. Quando os gêmeos tinham oito meses, ela fez aparecer em seu berço duas enormes serpentes. Íficles começou a chorar de medo, mas seu meio-irmão, sem perder a calma, pegou os dois animais com a mão e os sufocou.

Logo a força física do pequeno Alcides passou a espantar os que viviam à sua volta. Mais tarde, para escapar das perseguições de Hera, o herói realizou feitos extraordinários. Foi apelidado então de Héracles, que quer dizer "glórias de Hera", nome pelo qual ficou famoso na mitologia.

Para cuidar da educação de seu filho adotivo, Anfitrião escolheu o músico Lino. Embora fosse um aluno excelente, Héracles tinha um temperamento difícil. Não suportava que lhe chamassem a atenção e, certo dia, tomado de raiva, abateu seu mestre. Decidiram então mandá-lo para a montanha, cuidar dos rebanhos de Anfitrião. Héracles, mais alto e mais forte do que os outros pastores, teve ocasião de exercer sua capacidade física. Venceu um terrível leão que andava devorando os animais. No caminho de volta, encontrou alguns representantes da cidade vizinha que vinham recolher o imposto ao qual haviam submetido os habitantes de Tebas. Héracles não hesitou: cortou o nariz e as orelhas do chefe dos coletores de impostos. Aquele ato de rebeldia provocou uma guerra entre as duas cidades. Anfitrião morreu no combate, mas Héracles, guiado por Atena*, matou o rei da cidade vizinha. Voltou a Tebas como vencedor, e o rei Creonte lhe deu sua filha mais velha em casamento.

Tudo corria bem para Héracles – bem demais, aos olhos de Hera. Com ciúme de seus sucessos, ela encarregou uma Erínia*, divindade da vingança, de provocar nele um acesso de loucura furiosa. Héracles, então, massacrou sua mulher e seus três filhos. Corroído pelo remorso, ele teve de se exilar, e foi consultar o **oráculo** de Delfos. A Pítia lhe ordenou que se pusesse a serviço de seu primo, Euristeu, que em nome de Hera o submeteria a provas que o fariam expiar sua culpa. Assim, perseguido pelo ódio de Hera, Héracles teve de cumprir seus famosos Doze Trabalhos:

1. O leão de Nemeia

Armado de uma enorme **clava** que ele mesmo havia talhado de um tronco de oliveira, Héracles primeiro enfrentou um terrível leão que assolava a região da Nemeia e era considerado invulnerável. Não havia flecha ou espada que fosse capaz de atingir o monstro. O herói conseguiu acuá-lo em sua toca e asfixiá-lo com os braços. Depois, tirando a pele do leão, fez para si mesmo uma espécie de couraça, que o tornou invulnerável. Muitos pintores e escultores representaram Héracles empunhando sua **clava** e vestindo a pele do leão de Nemeia, com sua cabeça servindo-lhe de capacete. Diz-se que no lugar de sua vitória Héracles criou os Jogos Nemeus, grandes competições esportivas que eram ao mesmo tempo eventos religiosos nos quais participavam atletas de todas as cidades. Diz-se que o leão vencido pelo herói foi transformado por Zeus em constelação – o Leão, signo do Zodíaco.

2. A Hidra de Lerna

No pântano de Lerna vivia um monstro pavoroso, espécie de serpente de muitas cabeças. Era a Hidra de Lerna. Esse monstro devastava plantações e rebanhos das redondezas. Ninguém conseguia abatê-lo, pois, cada vez que se cortava uma de suas cabeças, cresciam duas outras. Héracles pediu a seu sobrinho, Iolau, que o acompanhava nessa segunda missão, que pusesse fogo na floresta vizinha. Pegando os troncos em chamas, Héracles ia queimando os pescoços da Hidra à medida que cortava as cabeças, que assim não puderam crescer de novo. Depois de matar o monstro, Héracles extraiu seu veneno, que lhe servia para envenenar suas flechas.

3. O javali de Erimanto

No monte Erimanto, na Arcádia, vivia um gigantesco javali que aterrorizava a região. Sempre por ordem de Euristeu, Héracles partiu à procura do monstro. Foi acolhido pelo centauro* Folo, que em sua honra abriu uma garrafa de vinho. O cheiro da bebida atraiu os centauros da vizinhança, criaturas selvagens e violentas que vieram reclamar sua parte armados de pedras e galhos de árvores. Logo, completamente embriagados, eles começaram a agredir Héracles.

O herói se defendeu usando sua **clava** e suas flechas envenenadas. Poucos centauros escaparam do massacre, e Héracles, livre dos fanfarrões, pôde finalmente cumprir sua tarefa. Chegando em frente da toca do javali, pôs-se a gritar com sua voz possante. O monstro saiu e ficou preso na rede que o herói havia estendido. Héracles levou o animal vivo até o palácio de Euristeu. Apavorado, este saiu correndo e foi se esconder dentro de um vaso de bronze. A partir de então, proibiu Héracles de entrar em seu palácio, ordenando que ele depusesse o **butim** de seus trabalhos diante das portas da cidade.

4. A corça de Cerínia

Uma corça de chifres de ouro e patas de bronze, consagrada a Ártemis*, vivia perto da cidade de Cerínia, na Acaia. Dizia-se que ela servia para puxar o carro da deusa. Euristeu ordenou a Héracles que se apoderasse do animal maravilhoso. O herói perseguiu a corça durante mais de um ano, até os confins do mundo conhecido, a região dos hiperbóreos. Usando uma rede, conseguiu capturá-la enquanto ela dormia. No caminho de volta, encontrou Apolo* e Ártemis, que lhe ordenaram que soltasse o animal. Mas Héracles explicou-lhes a razão da captura e obteve autorização para levar a corça até Euristeu, sob a condição de que depois a libertasse sem a machucar.

5. As aves do lago Estinfale

O lago Estinfale, na Arcádia, era na verdade um imenso pântano. Aves assustadoras, com penas, bicos e garras de ferro, habitavam aquele lugar. Alimentavam-se de carne humana e eram tão numerosas que, quando levantavam voo, o céu escurecia. Para livrar a região daqueles monstros, Héracles concebeu um estratagema: graças a **címbalos** de bronze produzidos por Hefesto*, ele fez tanto barulho que os terríveis pássaros, atordoados, entraram em pânico. Então Héracles matou-os a flechadas.

6. As estrebarias de Áugias

Áugias, filho de Hélio e rei da Élida, era proprietário de imensas tropas de cavalos. Mas nunca tinha mandado limpar suas estrebarias que, invadidas pelo esterco, empestavam os arredores com seu fedor nauseabundo. Euristeu encarregou Héracles de limpar as estrebarias, como um simples escravo, e exigiu que tudo fosse feito em um só dia. No entanto, Héracles exigiu de Áugias um salário para cumprir a tarefa. Áugias lhe prometeu um décimo de suas tropas em troca do trabalho. O herói teve então a ideia astuciosa de desviar o curso de dois rios, o Alfeu e o Peneu, fazendo-os passar pelos estábulos. Assim, a água carregou toda aquela imundície, e em muito pouco tempo. Mas Áugias, ao compreender que Héracles cumpria ordens de Euristeu, achou que não devia nada ao herói e se recusou a lhe entregar a recompensa prometida. Foi uma grande imprudência! Algum tempo depois, cumpridas todas as suas tarefas, Héracles voltou à Élida e matou Áugias. Entregou o poder ao filho de Áugias, Fileu, que apoiara o herói quando este cobrara a dívida de seu pai.

7. O touro de Creta

O deus Posêidon* deu a Minos*, rei de Creta, um magnífico touro branco. Minos prometeu oferecê-lo em sacrifício, mas não cumpriu a promessa. Para puni-lo, o deus fez o touro tornar-se furioso. O animal devastava as plantações e aterrorizava os habitantes de Creta. Héracles recebeu ordens de livrar a ilha daquela calamidade. Essa missão o afastou de sua área de ação habitual, que era o Peloponeso. Foi a primeira de uma série de tarefas que o levaram a percorrer o mundo. Héracles conseguiu domar o monstro e levá-lo vivo à Argólida. Soltou-o depois de mostrá-lo a Euristeu. O touro espalhou o terror até a Ática, onde mais tarde foi morto por outro herói, Teseu*.

8. As éguas de Diomedes

Diomedes, rei da Trácia, possuía quatro éguas que ele alimentava com carne humana. Euristeu ordenou a Héracles que as capturasse. Para cumprir essa nova missão, mais uma vez o herói teve de deixar o Peloponeso. Porém, no caminho, ele ouviu contar uma história estranha: Admeto, rei da Tessália, tinha conseguido que as Moiras* o livrassem da morte próxima, desde que alguém se apresentasse para morrer em seu lugar. As Moiras eram as deusas antigas que fiavam o destino dos homens e dos deuses. Alceste*, mulher de Admeto, se oferecera para substituir o marido. Héracles achou injusto que a jovem mulher morresse e lançou um desafio à Morte quando ela veio buscar sua presa. Travou-se um violento combate, o herói venceu a Morte e lhe arrancou Alceste, devolvendo-a ao marido. Mas Héracles não esqueceu sua missão. Prosseguiu sua viagem à Trácia, onde, desvencilhando-se dos guardas das cocheiras, apossou-se das éguas. Estava prestes a embarcá-las num navio para transportá-las por mar quando o próprio Diomedes, à frente de um exército, tentou recuperar o que era seu. Seguiu-se uma batalha sangrenta em que Héracles capturou Diomedes e o entregou às éguas monstruosas, que o devoraram e perderam imediatamente seus hábitos de antropofagia. Ao voltar à Argólida, Héracles mostrou as éguas a Euristeu e depois as soltou. Diz-se que foram devoradas por animais selvagens no monte Olimpo.

9. O cinto da amazona

A filha de Euristeu exigiu que o pai lhe desse o cinto que Hipólita, rainha das amazonas*, ganhara de presente de Ares*. As amazonas viviam na Capadócia, região da atual Turquia. Euristeu ordenou que Héracles fosse até lá para roubar o cinto. O herói embarcou com alguns companheiros, entre os quais Perseu* e Peleu*, pai de Aquiles*. A travessia não foi fácil. Na ilha de Paros, os viajantes foram atacados por Androgeu, filho de Minos*, rei de Creta, e Héracles perdeu dois companheiros na batalha. Assim que desembarcou na Ásia Menor, foi chamado pelo rei de Bitínia para que o ajudasse a combater seus inimigos. Depois da vitória, finalmente Héracles pôde rumar para a terra das amazonas. Chegou ao palácio de Hipólita e conseguiu que ela lhe desse seu cinto. Mas Hera estava de olho. Não podia aceitar que o herói que tanto detestava tivesse sucesso tão fácil. Assim, disfarçou-se de amazona e convenceu as mulheres guerreiras de que o herói tinha intenção de raptar a rainha. Elas pegaram em armas imediatamente e atacaram Héracles. Acreditando-se traído por Hipólita, Héracles a matou e massacrou o exército das amazonas. Mas não foi só isso. De posse do cinto, ele estava prestes a voltar para o mar quando Laomedonte, rei de Troia, pediu-lhe que matasse um dragão que andava devastando a região. Em troca, ofereceu-lhe cavalos. Héracles aceitou e enfrentou o monstro, que o engoliu. Golpeando-o por dentro, o herói conseguiu matá-lo. Laomedonte, no entanto, recusou-se a entregar a recompensa prometida. Muito mais tarde, Héracles se vingou. Voltou a Troia e matou o rei e todos os seus filhos, com exceção de um, Príamo*, a quem entregou o trono do pai. Príamo era rei de Troia por ocasião da famosa Guerra de Troia*. Finalmente Héracles voltou à Argólida e entregou o cinto a Euristeu, que o consagrou a Hera e o depôs no templo da deusa.

10. Os bois de Gerião

Euristeu cobiçava os magníficos bois vermelhos pertencentes ao gigante Gerião, que reinava sobre a Ibéria, atual Espanha. É claro que ele encarregou Héracles de ir buscá-los. Assim, dessa vez o herói partiu não para a região oriental, mas para o lado ocidental do mundo conhecido. Ele atravessou o Mediterrâneo, aportou na Líbia, depois dirigiu-se para oeste, através da África do Norte. Transpôs o estreito de Gibraltar, onde, segundo dizem, erigiu as Colunas de Héracles – ou seja, as montanhas situadas dos dois lados do estreito. Depois, ao largo das costas espanholas, chegou à ilha de Erítia, cujo nome significa "ilha vermelha", onde pastavam os bois de Gerião. Sem muita dificuldade, livrou-se dos pastores e dos cães e se apossou dos bois. Voltou por terra, atravessando a Ibéria, depois a Gália e a Itália. Foi uma verdadeira viagem através da Europa, cheia de emboscadas e aventuras. Atacado pelos lígures, população do sul da Gália, Héracles, à mercê das flechas, pediu a Zeus que o ajudasse. Zeus fez chover sobre a terra uma grande quantidade de imensas pedras com as quais o herói bombardeou os inimigos, despedaçando-os.

Diz-se que foi depois desse combate memorável que a região da Provença se cobriu de rochedos. Durante a travessia da Itália, em várias ocasiões Héracles enfrentou e matou bandidos que tentavam se apossar dos bois. Mas, no sul da península, um dos bois escapou e atravessou a nado o estrito de Messina, que separa a Itália da Sicília. O herói também atravessou e, para recuperar o animal, teve de matar em luta pessoal o rei Érix, que quis manter o boi em seu estábulo. Ao atravessar o estreito, na volta, Héracles teve de enfrentar – tal como Ulisses*, mais tarde – os terríveis monstros Cila e Caribde, dos quais conseguiu escapar. Depois seu **périplo** o levou à Trácia, onde uma estranha mulher de corpo de serpente roubou seus bois e só os devolveu sob a condição de que o herói lhe desse filhos. Assim, unindo-se à mulher-serpente, Héracles gerou Cites, ancestral dos citas, povo valoroso que sempre se proclamou descendente do herói. Finalmente, Héracles se viu de volta à Grécia. Entregou os bois a Euristeu, que os ofereceu em sacrifício a Hera.

11. Os pomos de ouro das Hespérides

As Hespérides eram três ninfas*, filhas do gigante Atlas. Num jardim fabuloso, elas guardavam os **pomos** de ouro que Gaia, deusa Terra primordial, dera de presente a Hera, por ocasião de seu casamento com Zeus. Euristeu ordenou que Héracles lhe trouxesse aqueles frutos maravilhosos. Mas onde ficava o jardim das Hespérides? Héracles não sabia, e saiu ao acaso, perguntando a quem encontrava. As ninfas do rio Erídano o aconselharam a falar com Nereu*, antigo deus marinho que conhecia muitas coisas do passado e do futuro. Não era fácil interrogar uma divindade marinha que sempre se escondia, se transformava e desaparecia. Finalmente, à custa de muita adulação, Héracles obteve a resposta. Hespérides significava "do entardecer", ou seja, do poente, do oeste. O jardim das "ninfas do poente" situava-se no extremo ocidente, ao pé do monte Atlas, na atual região do Marrocos. O herói, então, atravessou novamente a Líbia, onde teve de enfrentar o monstruoso ladrão Anteu. Filho de Gaia, a deusa Terra, Anteu desafiava todos os viajantes a lutar. Ao longo do combate, cada vez que ele tocava o chão, sua mãe lhe devolvia toda a sua força, o que o tornava invencível. Ele sempre vencia seus adversários, e sempre os despojava. Héracles usou de artimanha: levantou o ladrão e o asfixiou entre os braços, antes que ele pudesse recuperar as forças tocando o chão materno. Em seguida o herói foi atacado durante o sono pelos minúsculos **pigmeus** da Etiópia, irmãos de Anteu, mas esmagou-os facilmente sob sua pele de leão. Depois chegou ao Egito, bem no momento em que o rei Busíris ordenou o sacrifício de um estrangeiro para evitar a fome. Héracles foi escolhido como vítima e acorrentado, mas conseguiu se soltar e matou Busíris. Depois desceu até a Etiópia, chegando à nascente do Nilo, e o próprio Sol lhe emprestou a barca de ouro na qual, segundo se dizia, ele atravessava o céu. Héracles chegou ao Cáucaso, onde libertou Prometeu* de suas correntes. Como agradecimento, Prometeu lhe deu uma indicação útil: ao chegar ao jardim das Hespérides, ele deveria dirigir-se ao gigante Atlas, condenado por Zeus a carregar eternamente a abóbada celeste nas costas. Atlas era irmão de Prometeu e poderia ajudar Héracles a conseguir os **pomos** de ouro. Ao chegar finalmente ao extremo ocidente, Héracles começou por matar a serpente Ládon, que guardava o jardim. Depois propôs a Atlas carregar um pouco seu fardo, sob a condição de que ele fosse colher os **pomos** no jardim de suas filhas.

Atlas aceitou, feliz por ter um momento de alívio, e fez a colheita sem dificuldade. Ao voltar para junto de Héracles, o gigante já não quis pegar seu peso de volta, dizendo que iria pessoalmente entregar os **pomos** a Euristeu. Héracles fingiu aceitar e pediu a Atlas que só o ajudasse a colocar uma almofada na nuca, pois carregar a abóbada celeste não era muito confortável. Atlas ergueu o peso e Héracles se esquivou, levando o cesto com os **pomos**. Atlas ficou sozinho com seu fardo! Voltando à Grécia, Héracles entregou os **pomos** a seu primo. Euristeu, porém, apreensivo diante da ideia de ficar com aqueles frutos tão preciosos e sagrados, devolveu-os imediatamente ao herói. Héracles entregou-os a Atena*, que se encarregou de devolvê-los às Hespérides.

12. A descida aos Infernos

Euristeu não se contentou em fazer Héracles correr o mundo. A última tarefa que lhe ordenou levou o herói ao reino dos mortos, de onde deveria trazer Cérbero, o cão de três cabeças que guardava a porta dos Infernos. Para descer aos Infernos, Héracles teve antes de ir ao santuário de Elêusis para se iniciar nos mistérios de Perséfone*, esposa de Hades*, deus dos Infernos. Em seguida, acompanhado pelos deuses Hermes* e Atena, seus protetores, chegou às portas do reino dos mortos, que, segundo se dizia, situavam-se no cabo Tênaro, ao sul do Peloponeso. Para entrar nos Infernos, foi preciso primeiro atravessar o Estige, o rio do esquecimento. O barqueiro Caronte, aterrorizado pela força de Héracles, levou-o em seu barco, mas Hades não gostou. O reino dos mortos era proibido aos vivos e Héracles deveria fazer meia-volta. O herói não se deixou intimidar. Desafiou Hades para uma luta e o feriu, conseguindo sua permissão para prosseguir sua estranha viagem. Hades também o autorizou a levar Cérbero, contanto que ele conseguisse agarrá-lo sem armas nas mãos. Em sua permanência nos Infernos, Héracles encontrou as almas dos heróis mortos. Assim, prometeu a Meléagro* casar-se com sua irmã, Dejanira, assim que voltasse à terra. Libertou Teseu*, mantido preso por ter ajudado Pirítoo a raptar Perséfone. Também avistou a górgona* Medusa. Almas aflitas pediram ao herói que lhes desse algumas gotas de sangue para que pudessem ter uma ilusão de vida. Héracles, sempre muito generoso, matou algumas cabeças de gado do rebanho de Hades, o que complicou ainda mais suas relações com o deus dos mortos. Perséfone suplicou-lhe que fosse embora, para não provocar novas catástrofes. Levando Cérbero debaixo do braço, como se fosse a coisa mais natural do mundo, Héracles encerrou aquela visita pouco acolhedora e voltou à superfície. Euristeu, ao saber que o herói tinha conseguido cumprir sua missão e apavorado com a ideia de se ver frente a frente com o cão monstruoso, precipitou-se de novo para dentro de seu vaso de bronze. Assim, Héracles, que acabava de cumprir sua décima segunda tarefa, levou Cérbero de volta aos Infernos.

Mas as aventuras de Héracles não se limitaram aos Doze Trabalhos. Apesar de suas vitórias, as provações do herói não terminaram. Um rei da Tessália organizou um concurso de tiro ao arco, prometendo a mão de sua filha, Íole, como prêmio ao vencedor. Héracles se apresentou e venceu, mas o rei não cumpriu a promessa. Héracles teve um acesso de cólera e matou o filho do rei, que no entanto o admirava muito e estava disposto a ajudá-lo. Depois desse assassínio, o herói teve de voltar a Delfos, onde Apolo lhe comunicaria sua punição. Mas Pítia, sacerdotisa do deus encarregada de transmitir sua palavra, demorou para responder. Impaciente e irado, Héracles a ameaçou e lhe arrancou o tripé sagrado. O próprio Apolo foi obrigado a intervir, e houve uma briga violenta entre o deus e o herói. Zeus acabou interferindo para reconciliar seus dois filhos. Finalmente, o veredicto foi pronunciado. Mais uma vez, Héracles deveria servir como escravo. Ele foi vendido à rainha da Lídia, Ônfale, por três anos. Alguns dizem que Héracles se deixou seduzir pelos encantos da vida oriental e, vestido com roupas afeminadas, fiava a lã aos pés de Ônfale, por sua vez vestida com a pele do leão de Neméia. No entanto, essa pausa em sua vida de aventuras não impediu que ele realizasse algumas proezas para servir à rainha encantadora. Héracles livrou a região de dois ferozes malfeitores, matou uma serpente monstruosa que devastava as margens do rio e acabou com as atividades de um cruel vinicultor e de um abominável camponês que obrigavam os viajantes a trabalhar para eles e depois os massacravam. Ao terminar esse tempo de servidão, Ônfale, que tivera dois filhos de Héracles, lamentou muito a perda de seu escravo favorito. E o herói, recuperando a liberdade e a razão, partiu para novas aventuras.

Depois disso ele participou da luta entre os gigantes e os deuses, que graças a ele saíram vitoriosos. Também restabeleceu a ordem no reino de Esparta, expulsando o usurpador e devolvendo o trono a Tíndaro, o "pai" terrestre da bela Helena*. No entanto, Héracles ainda tinha uma promessa a cumprir. Nos Infernos, ele tinha jurado a Meléagro que se casaria com sua irmã, Dejanira. Dirigiu-se então à corte do pai da moça e a pediu em casamento. Mas o herói tinha um rival perigoso: Aqueloo, o deus-rio. Héracles o desafiou para um duelo. Aqueloo transformou-se num touro feroz e o combate começou. Héracles conseguiu vencer o adversário arrancando-lhe um chifre, que, segundo se dizia, se tornou a **cornucópia**.

O herói se casou com Dejanira, com quem teve cinco filhos. Infelizmente, o azar, ou a vingança de Hera, continuava a persegui-lo. Durante uma refeição, um rapaz que servia a mesa derrubou vinho sobre ele. Irritado, Héracles deu-lhe um soco desastrado e o matou. Esse assassínio involuntário obrigou-o mais uma vez a se exilar. Héracles partiu levando Dejanira. Seu caminho levou-os até a beira de um rio cuja travessia teria de ser feita no barco do centauro Nesso, que trabalhava como barqueiro. Dejanira atravessou primeiro, mas no meio do rio o centauro quis abusar dela. Héracles viu tudo da margem e, furioso, lançou uma flecha que atingiu Nesso mortalmente. Antes de morrer, o centauro aconselhou Dejanira a recolher seu sangue num frasco, dizendo que se tratava de uma espécie de filtro de amor que garantiria para sempre a fidelidade de seu marido. Sem dizer nada a Héracles, Dejanira guardou o frasco. Da Tessália, onde o casal se instalou, Héracles voltou a partir em expedição. Queria vingar-se do rei Êurito, que em outros tempos lhe recusara a mão de sua filha, Íole, após sua vitória no concurso de tiro. Matou Êurito e fez de Íole sua concubina. Dejanira, apreensiva, achou que o marido quisesse abandoná-la e se lembrou dos conselhos de Nesso. Quando Héracles mandou pedir à esposa que lhe enviasse uma túnica nova, ela mergulhou a vestimenta no sangue do centauro, certa de que isso traria seu marido de volta. Héracles, que se preparava para cumprir um sacrifício a Zeus, vestiu a túnica que um mensageiro lhe trouxera. O efeito foi imediato. O sangue do centauro estava infectado por um veneno violento, e Héracles começou a sentir queimaduras insuportáveis. A dor era terrível. A túnica estava grudada em sua pele e para tirá-la ele se esfolaria vivo. Dejanira, ao saber do drama, se matou. Louco de dor, o herói subiu no monte vizinho, o Eta, montou uma fogueira com árvores abatidas ali mesmo e se colocou em cima dela. Pediu a seu amigo Filoctetes* que acendesse o fogo e morreu no meio das chamas.

Esse fim trágico, porém, foi só do corpo humano de Héracles. Purificado pelas chamas, o herói subiu ao Olimpo para juntar-se aos deuses. Foi acolhido por Zeus, e Hera o perdoou. Tornando-se imortal, Héracles se casou com Hebe*, deusa da juventude, filha de Zeus e de Hera.

Ao longo de seus **périplos** e aventuras, antes, durante e depois de seus Doze Trabalhos, Héracles se apaixonou muitas vezes. Homem muito bonito, ele seduziu muitas mulheres durante suas viagens e teve muitos filhos – segundo a tradição, foram cerca de sessenta. Os filhos de Héracles são chamados Heráclidas. Diz-se que, depois da morte do herói, eles partilharam o Peloponeso. E seu pai, incorrigível aventureiro, muitas vezes desceu do Olimpo para ajudá-los em suas conquistas.

A mitologia está repleta de narrativas envolvendo Héracles, herói amado e admirado pelos gregos e, mais tarde, pelos romanos. Todas as cidades se vangloriavam de terem sido palco de suas proezas e em cada uma delas contavam-se histórias de Héracles como sendo um herói local. Conta-se também que ele participou da expedição dos Argonautas*. Todas essas lendas formam um conjunto que tem como cenário o mundo conhecido na Antiguidade. Em todos os lugares foram construídos santuários em que ele era cultuado. Com sua tenacidade, sua coragem, sua força física e seu gosto pela liberdade, Héracles representava, de certo modo, os valores dos povos da Antiguidade. Com suas fraquezas, seus acessos de cólera ou de loucura, também simbolizava a condição do ser humano às voltas com seu destino. Inúmeros vasos antigos representam o herói passando por suas provas, e os Doze Trabalhos de Héracles têm constituído um tema inesgotável para pintores e escultores desde a Antiguidade.

Uma tragédia do poeta grego Eurípides e outra do filósofo latino Sêneca contam o episódio da loucura do herói sob o título *Héracles furioso*. Uma tragédia de Sófocles, *As Traquinianas*, encena a morte do herói.

Hermes

Personagem rápido e ágil, Hermes guiava os viajantes pelos caminhos, indicava o bom negócio ao mercador, achava os objetos que as pessoas perdiam mas fazia sumir os que elas tinham sob os olhos. Era um jovem encantador, que chegava quando menos se esperava, desaparecia quando se contava com ele e se esgueirava pela noite para cumprir missões misteriosas. Hermes era um deus, o mais malicioso, o mais desenvolto, o mais engenhoso dos deuses. Era filho de Zeus*, senhor dos deuses, e de uma ninfa*, Maia.

Maia era uma das sete filhas do gigante Atlas que foram imortalizadas sob a forma das sete estrelas da constelação das Plêiades. Seduzida por Zeus, ela deu à luz um filho numa caverna do monte Cileno, na Arcádia. Hermes era um menino muito precoce. No dia em que nasceu, ele se desvencilhou dos cueiros e saiu escondido do berço. Foi até a Tessália, onde seu meio-irmão, Apolo*, guardava os rebanhos do rei Admeto. Descobriu a gruta em que as vacas e os bezerros se abrigavam à noite e, na escuridão, fez o rebanho sair sem ninguém perceber. Depois, sempre sem que ninguém visse, levou os animais para outro abrigo, muito distante, escondendo-os atrás de um rochedo. Muito esperto, Hermes fez os animais caminharem de marcha à ré para que não fosse possível seguir suas pegadas nem descobrir o esconderijo.

Depois de sacrificar um boi aos deuses do Olimpo, retornou à sua caverna. No caminho de volta, achou uma enorme carapaça de tartaruga. Teve uma ideia genial: limpou os nervos do boi que acabara de sacrificar e os esticou de um lado a outro da carapaça, do lado côncavo. Beliscando aquelas cordas com os dedos, obteve sons melodiosos. Assim nasceu a primeira lira! De volta à casa de sua mãe, Hermes enrolou-se nos cueiros, como se nada tivesse acontecido.

Nesse ínterim, Apolo percebeu que seu rebanho havia sumido. Procurou-o por toda parte e, graças a um velho pastor que vira Hermes esconder os animais atrás do rochedo, conseguiu esclarecer o mistério. Sem perder um segundo, correu até Maia para se queixar das travessuras de seu filho. Mas o menino estava lá, com a cara mais inocente do mundo, e a mãe garantiu que ele não tinha saído do berço. Desconfiado, Apolo se aproximou e descobriu um objeto estranho: era a lira! Maia não sabia de onde tinha surgido aquele instrumento, e o menino acabou sendo obrigado a confessar sua fuga.

De início, Apolo se zangou com o irmão mais novo, mas este fez vibrar as cordas da lira e o deus da música deixou de lado sua cólera. Aquele som tão novo, tão harmonioso, comoveu seu coração. Hermes aproveitou a ocasião para propor uma troca: ele lhe daria sua lira e o caso do rebanho ficaria esquecido, ninguém diria nada a Zeus. Fascinado, seduzido, Apolo não pôde deixar de aceitar, e foi-se da gruta de Maia com a alma feliz, disposto a perdoar a travessura do irmão.

Assim, ainda muito novo, Hermes já manifestava suas capacidades, seu gosto pelas brincadeiras, seu hábito de esconder o que não lhe pertencia, suas qualidades de inventor cheio de imaginação, sua rapidez maior ainda do que a dos outros deuses, sua faculdade de enxergar e se orientar na mais completa escuridão. Ao se tornar adulto, foi para o Olimpo, onde colocou seus dons a serviço dos outros deuses.

Hermes tinha um temperamento amável e prestativo. Missões muito perigosas eram confiadas a ele, e Zeus tornou-o seu mensageiro junto dos mortais e dos outros deuses. Era encarregado especialmente de ajudar o senhor dos deuses em suas aventuras amorosas e de proteger do ciúme de Hera* os filhos ilegítimos nascidos desses amores. Quando o pequeno Dioniso* saiu da coxa de Zeus, foi Hermes que o levou para longe do Olimpo, entregando-o às ninfas que o educariam. Quando a infeliz Io*, transformada em bezerra, foi confiada por Hera ao feroz Argos de cem olhos, também foi Hermes que a libertou, usando de uma artimanha para adormecer seu guardião. Quando Páris*, o príncipe troiano, foi convocado para julgar quem era a mais bela, Atena*, Afrodite* ou Hera*, foi Hermes que levou as três deusas até ele. Durante a Guerra de Troia*, Zeus o encarregou de levar Príamo*, rei de Troia, ao acampamento dos gregos para reclamar de Aquiles* o corpo de seu filho Heitor*. O deus cumpriu sua missão à noite, guiando o velho rei na escuridão e em silêncio, pois era preciso evitar a qualquer preço que os outros chefes gregos percebessem a presença do inimigo. Mais tarde, na volta de Ulisses* à sua pátria, várias vezes Hermes o tirou de apuros. Foi Hermes que o preveniu contra os sortilégios de Circe, a feiticeira que transformava os homens em animais; também foi Hermes que, em nome de Zeus, convenceu Calipso a deixar o herói partir.

Apolo, que desde a invenção da lira se tomara de afeição por ele, ensinou-lhe a arte da adivinhação e lhe deu uma varinha como marca de seus poderes. Certo dia, Hermes caminhava por uma estrada quando viu duas serpentes que disputavam uma presa. Ele enfiou a varinha entre os dois répteis, que se enrolaram nela. O deus pregou no alto da haste um par de pequenas asas, iguais às que ele levava no calcanhar, como sinal de sua rapidez. Assim, o deus fez um emblema muito adequado a ele, pela esperteza das serpentes e pela rapidez das asas. Era o **caduceu**, que mais tarde se tornou o símbolo da medicina.

Embora prestasse serviço aos deuses, Hermes nunca lhes era servil. Era muito impertinente, muito livre e muito brincalhão para isso. No Olimpo, todos gostavam dele e o achavam divertido, mas havia quem se zangasse, pois Hermes nunca deixou de exercer seus talentos à custa dos deuses. Chegou a roubar o arco e as flechas de Eros, deus do amor; pegou "emprestados" o tridente de Posêidon*, o cetro de Zeus, as tenazes de Hefesto* e até o cinto de Afrodite, que garantia à mais bela das deusas o desejo de todos, mortais e imortais. Certo dia, ele tomou uma sandália da bela deusa e só aceitou devolvê-la sob uma condição: Afrodite teria de se unir a ele. Dessa "troca" nasceu um belo menino, Hermafrodite, a quem aconteceu uma estranha aventura. Certo dia, quando Hermafrodite se olhava na água de um lago, a ninfa desse lago apaixonou-se por ele. Conseguiu unir-se ao rapaz para formar um só corpo, ao mesmo tempo homem e mulher.

Mas os amores de Hermes não se limitaram a essa aventura com Afrodite. Muitas ninfas não puderam resistir aos encantos do belo falante. Se havia uma coisa que Hermes não conseguia, era ficar quieto. Sempre ativo, também estava sempre atento aos assuntos dos homens, e particularmente nas áreas em que podia exibir seus talentos. Indicava aos mercadores as ocasiões que não podiam perder e os lugares onde poderiam fazer bons negócios. Orientava-os quanto às maneiras de agir, ensinava-os a convencer os fregueses e ajudava-os a obter lucros, sob pena de mentir ou trapacear nas contas, se fosse preciso. Esse deus do comércio era também o dos ladrões. Assim como soubera esconder o gado de Apolo, sabia furtar uma bolsa ou enganar um comprador ingênuo. Sem escrúpulos, Hermes era capaz de fazer alguém enriquecer num determinado dia e empobrecer no dia seguinte. Construir uma fortuna e perdê-la logo depois é um jogo como todos os outros. Pois Hermes também era o deus dos jogadores, daqueles que confiavam o destino ao acaso. Mas os jogos de amor e de azar não absorviam de modo algum toda a energia do deus malicioso. Algumas funções muito mais sérias lhe eram confiadas. Seu senso de orientação, que lhe permitia deslocar-se na mais completa escuridão, e sua habilidade para se comunicar e negociar faziam dele o emissário ideal nas relações com o mundo subterrâneo, às vezes muito difíceis.

Hermes tornou-se o interlocutor de Hades* e Perséfone*. Era ele que transmitia as mensagens entre Zeus e os Infernos e guiava as almas mortas até o Estige, rio que marcava a fronteira com o reino dos mortos. Também coube a ele negociar a volta de Perséfone à Terra durante seis meses do ano. Finalmente, foi ele que guiou Orfeu* na busca de Eurídice, que levou o casal para a luz do dia e que, desgraçadamente, levou a moça de volta aos Infernos quando Orfeu se virou – o que não deveria ter feito antes de chegar à Terra.

Sempre a caminho, entre os deuses e os homens, entre os vivos e os mortos, Hermes não era bem um deus como os outros. Para os gregos, ele representava um companheiro na vida do dia a dia ao qual se agradecia o sucesso obtido numa empreitada, ao qual se pedia ajuda nas situações difíceis. Os caminhos do mundo antigo eram cheios de marcos de pedra, chamados "hermes". Encimados pelo busto do deus, eles indicavam as direções a serem tomadas ou o nome do lugar em que se estava. Hermes estava presente em toda parte. Era venerado pelos atletas, que o consideravam inventor da corrida a pé. Os pastores, tendo na lembrança suas travessuras de juventude, fizeram dele protetor de seus rebanhos. Era melhor confiar a guarda dos rebanhos a Hermes do que tê-los roubados por ele.

Os romanos assimilaram Hermes inteiramente a seu próprio deus do comércio, Mercúrio, cujo nome tem a mesma raiz que nossa palavra "mercador". Sob o império, Hermes também foi assimilado ao deus egípcio Tot, grande conhecedor do além e inventor das ciências, das artes e da magia. Então era venerado sob o nome de Hermes Trismegisto, ou seja, "três vezes grande". Seu culto, reservado aos iniciados, deu origem a uma religião secreta, mesclada de filosofia: o hermetismo. Hoje, o adjetivo "hermético" é sinônimo de "incompreensível, misterioso, fechado".

Pode-se dizer também que, desde o século XVII, quando surgiu a imprensa, Hermes, sob o nome latino, tornou-se o deus dos jornalistas. Os primeiros jornais, ou gazetas, com frequência tinham o nome Mercúrio no título. A razão disso era que Hermes / Mercúrio era o mais rápido dos mensageiros, e a função de um jornalista é passar informações o mais rapidamente possível.

Hermes era representado com muita frequência nos vasos e esculturas da Antiguidade. Mais tarde, foi grande inspirador dos artistas da Renascença. Em pinturas e esculturas, ele aparece sob a forma de um homem jovem e bonito com os pés alados, segurando seu **caduceu** ornado com duas pequenas asas e levando na cabeça um **pétaso**, tipo de chapéu antigo, também encimado por duas asas. Equipado dessa maneira, o incansável viajante estava sempre pronto a sair correndo pelas estradas, rápido como o vento, para cumprir alguma missão.

HERMÍONE

Não era fácil ser filha da bela Helena* e do rei Menelau*! Era o caso da princesa Hermíone. Ela tinha sido abandonada pela mãe, aos nove anos de idade, e a única coisa que desejava era um casamento tranquilo. Mas, por razões de ordem política, casou-se duas vezes. Noiva de seu primo, Orestes*, Hermíone se casou com ele com o consentimento de seu avô materno, Tíndaro, na ausência de Menelau, que partira para lutar na Guerra de Troia*. Acontece que Menelau, sem saber desse casamento, prometeu-a ao filho de Aquiles*, Neoptólemo*, apelidado de Pirro. Menelau desejava assim garantir a fidelidade de Neoptólemo nos combates. Depois da guerra, Orestes a contragosto teve de ceder Hermíone ao novo marido. Como esse casamento permanecia estéril, Neoptólemo foi consultar o **oráculo** de Delfos. Orestes, que estava presente, provocou uma rebelião contra Neoptólemo, que acabou sendo morto. Assim Hermíone voltou ao primeiro marido, de quem continuava gostando, e com ele teve um filho, Tisameno.

Hermíone é um dos personagens da tragédia de Eurípides, *Andrômaca*, e também da *Andrômaca* de Racine, cuja intriga se afasta um pouco da tradição mitológica.

Héstia

Héstia é a irmã mais velha dos olímpicos. Engolida como os outros irmãos pelo pai, Crono, também como os outros foi libertada pelo irmão mais novo, Zeus*. Em grego, seu nome significa "lar", cujo primeiro sentido é o local onde se acende o fogo. Em todas as cidades, cada família acendia um fogo sagrado que simbolizava a união entre os membros do grupo. Héstia era a deusa que protegia esses "lares". Por essa razão, Zeus lhe concedeu uma honra da qual nenhum outro deus desfrutava: um culto deveria ser prestado em todos os templos consagrados aos deuses e em todas as casas. Alguns templos eram especialmente reservados a ela. Sua forma redonda evocava o "lar" circular no centro da casa. Em Delfos, considerado centro do mundo, seu templo tornou-se o núcleo de todo o mundo grego. Héstia nunca saía do Olimpo, onde era a guardiã da morada dos deuses.

Posêidon* e Apolo* a cortejaram, mas foi em vão. Héstia fez voto de castidade e seus pretendentes divinos foram suspirar em outros lugares.

Em Roma, Héstia foi venerada com o nome de Vesta, forma latina da mesma palavra. Suas sacerdotisas, as vestais, tinham de permanecer castas como a deusa e não tinham direito de se casar. Uma vestal ficou especialmente famosa na lenda: foi Reia Sílvia, mãe de Rômulo*, fundador de Roma.

I J L

ÍCARO

Filho de Dédalo, genial arquiteto que construiu o labirinto de Creta para o rei Minos*, Ícaro estava longe de ter a inteligência sutil do pai. Era um jovem muito cheio de si, que tinha o orgulho pretensioso que os gregos consideravam o mais grave dos defeitos.

Quando o rei Minos descobriu que Dédalo dera a Ariadne* a ideia do novelo de linha com que a moça ajudara Teseu* a matar o Minotauro*, o rei teve um acesso de cólera e encerrou o arquiteto e seu filho no labirinto. Dédalo, que sempre tinha boas ideias, inventou de confeccionar asas que ele fixou com cera nas suas costas e nas costas do filho. Os dois homens saíram voando. Mas, em vez de voar em linha reta sobre o mar para escapar das perseguições, Ícaro, desprezando as recomendações do pai, quis voar até o céu. Tomado pela embriaguez do voo, achou que fosse um deus e pudesse rivalizar com o Sol. Porém, quanto mais Ícaro subia, mais aumentava o calor do astro do dia, e a cera que segurava suas asas começou a derreter. Sentindo que as asas se desprendiam, Ícaro deu um grito e caiu no mar, que desde então leva seu nome: o mar Icariano, parte do mar Egeu, que cerca as ilhas Samos e Icária.

A queda de Ícaro simboliza a inutilidade do orgulho humano e lembra os limites estabelecidos para os mortais.

IDOMENEU

Neto de Minos*, Idomeneu foi rei de Creta, como o avô. Pretendente de Helena* de Esparta, estava ligado a Tíndaro pelo juramento que levou os mais valorosos chefes gregos à Guerra de Troia*. Nos combates, ele revelou grande coragem e inteligência, e foi um dos guerreiros que se colocaram dentro do gigantesco cavalo de madeira graças ao qual os gregos saíram vitoriosos.

Quando voltava para a Grécia, seu navio foi colhido por uma violenta tempestade. Idomeneu suplicou a Posêidon* que evitasse o naufrágio e lhe prometeu, em troca, sacrificar-lhe o primeiro ser vivo que encontrasse ao pisar em solo cretense. O fim da viagem ocorreu sem problemas. Idomeneu, disposto a cumprir sua promessa, desembarcou, e a primeira pessoa que veio saudá-lo foi um de seus filhos. Obrigado pelo juramento, Idomeneu sacrificou-o a Posêidon. Mas os desígnios dos deuses são contraditórios. Não cumprir a promessa seria correr o risco de provocar a cólera divina. Matar o próprio filho, no entanto, era ter uma atitude desumana e cometer uma falta muito grave contra a ordem da natureza. Como punição a Idomeneu, os deuses enviaram a Creta uma peste terrível. Para dar fim ao flagelo, o rei teve de se exilar. Idomeneu partiu para o sul da Itália, onde, antes de morrer, mandou construir um templo a Atena*.

Mozart, no século XVIII, compôs uma bela ópera sobre a história de Idomeneu e preferiu dar uma versão suavizada dessa lenda terrível. Segundo ele, Idomeneu hesitava em sacrificar o filho, e Posêidon, irritado, alertou o rei mandando um monstro devastar o país. A noiva do jovem príncipe propôs, por amor, ser **imolada** em seu lugar. Emocionados, os deuses perdoaram e livraram Creta do perigoso emissário de Posêidon.

Ifigênia

Ifigênia era a filha mais velha de Agamêmnon* e de Clitemnestra*. Essa encantadora princesa micenense, que Homero chamava de Ifianassa, ainda muito jovem conheceu um destino cruel. No litoral da Beócia, no porto de Áulis, os navios gregos, com as velas desfraldadas, preparavam-se para partir para a Guerra de Troia*. O vento, então, parou de soprar. Agamêmnon, comandante do exército, consultou o adivinho Calcas. A resposta foi clara: Ártemis* estava manifestando assim sua ira contra Agamêmnon, que, tal como Atreu*, seu pai, não realizara um sacrifício prometido à deusa. Só havia um meio de apaziguá-la: Agamêmnon deveria sacrificar sua própria filha. De início o rei recusou. No entanto, sob pressão dos outros chefes gregos, que estavam ansiosos para partir, acabou aceitando, com a morte na alma. Mandou um mensageiro até Clitemnestra pedindo-lhe que fosse até Áulis com Ifigênia, sob o pretexto de casá-la com Aquiles* antes de sua partida para a guerra. A rainha chegou, acompanhada da jovem princesa que, diante dos gregos reunidos, foi **imolada** por Calcas no altar da deusa. Clitemnestra nunca perdoou Agamêmnon por esse gesto, e o fez pagar muito caro. No momento em que Calcas levantou a faca, todos os presentes, até os mais empedernidos, desviaram o olhar para não ver um assassínio tão aterrador. Então Ártemis, enternecida, raptou Ifigênia antes que o sacerdote a decapitasse e a substituiu por uma corça. Levou a moça para a longínqua região de Táuride, tornando-a sua sacerdotisa num santuário.

Mas era uma função terrível! Ifigênia era obrigada a sacrificar à deusa todos os viajantes naufragados que fossem dar nas praias de Táuride. Certo dia, levaram-lhe dois estrangeiros, que ela teve a impressão de conhecer. Ifigênia os interrogou, perguntou de onde vinham. Eram gregos e vinham da região de Argos e de Micenas. Então a moça compreendeu: estava diante de seu irmão, Orestes*, e de seu primo, Pílades, que tinham vindo a Táuride em busca da estátua de Ártemis. Ifigênia ajudou os jovens a se apossar da estátua e fugiu com eles. De volta à Grécia, foi sacerdotisa de Ártemis até o fim da vida. Dizem que foi com Ifigênia que tiveram fim os sacrifícios humanos no mundo grego. Segundo algumas tradições, Ártemis fez dela uma imortal, e ela viveu com Aquiles, na ilha branca, na foz do Danúbio.

Ifigênia está presente em toda a literatura antiga, e particularmente em duas tragédias de Eurípides que encenam os principais episódios de sua lenda: *Ifigênia em Áulis* e *Ifigênia em Táuride*. Ifigênia também é a heroína de um belíssimo filme do cineasta grego Cacoyannis.

Io

Io era uma bela mulher, sacerdotisa de Hera* em um templo de Micenas. Zeus*, sempre à procura de novas conquistas femininas, notou sua beleza e se dispôs a seduzi-la, embora ela estivesse a serviço de sua esposa. Em sonho, Io recebeu ordens de encontrar o senhor dos deuses às margens do lago de Lerna. Hesitando em enganar Hera, ela consultou o **oráculo** de Delfos, que confirmou a ordem do sonho. Então, lá se foi Io. Assim que ela encontrou Zeus, que tinha se disfarçado em nuvem, Hera interveio, furiosa. Para protegê-la da ira de sua esposa, Zeus transformou Io numa bezerra branca.

Hera, que não era boba, fingiu acreditar que aquele belo animal era um presente de Zeus para que ela o perdoasse.

Levou Io, amarrou-a a uma oliveira e deixou-a sob a guarda de Argos, um horrível gigante de cem olhos, dos quais cinquenta ficavam abertos enquanto os outros cinquenta estavam fechados para dormir. Era impossível escapar à vigilância de Argos! Zeus então mandou seu filho Hermes*, disfarçado de pastor, tocar flauta para adormecer o guardião monstruoso. O som mágico da flauta fez o gigante mergulhar num sono tão profundo que os cem olhos se fecharam ao mesmo tempo. Hermes tirou a espada e cortou a cabeça do monstro. Desolada, Hera recolheu os olhos de seu guardião devotado e os colocou na cauda de sua ave favorita, o pavão. Depois lançou uma enorme varejeira em cima de Io, que ainda não voltara à forma humana.

Enlouquecida pelas picadas do inseto, Io saiu correndo pelo mundo, desnorteada. Atravessou o mar Jônio, encontrou Prometeu* em seu rochedo do Cáucaso, atravessou o estreito do Bósforo – cujo nome, em grego, significa "que leva a vaca" –, percorreu a Ásia Menor e chegou ao Egito. Às margens do Nilo, Zeus a esperava e lhe devolveu sua aparência humana. Io, então, deu à luz um filho, Épafo. Hera estava vigilante, e ordenou que a criança fosse raptada pelos curetes, guerreiros a serviço de Reia. Novamente Io saiu pelo mundo, dessa vez à procura do filho. Encontrou-o na Síria e voltou ao Egito. Depois que Io morreu, Zeus a fez subir ao céu e a transformou numa constelação. Quando os deuses egípcios foram introduzidos na Grécia, Io foi identificada com a deusa Ísis, e seu filho, Épafo, com o deus-touro Ápis. Criou-se um culto para eles, e muitos heróis são considerados seus descendentes. Perseu*, Héracles*, Minos* e até Dioniso* têm Io por ancestral.

Jasão

Jasão era um príncipe grego, grande viajante. Muitos dizem que era primo de Ulisses*. Jasão era filho de Esão, rei da cidade de Iolcos, atual Volos, na Tessália. Foi educado pelo sábio centauro* Quíron no monte Pélion, que domina a cidade. Enquanto Jasão estava na montanha, Esão foi derrubado do poder por seu meio-irmão, Pélias.

Ao terminar sua educação, o jovem príncipe resolveu reivindicar o trono junto ao tio. Um **oráculo** havia anunciado a Pélias que ele deveria ter cuidado com um homem que estaria com um só pé calçado. Acontece que, a caminho de Iolcos, Jasão havia perdido uma sandália na estrada. Com um pé descalço, ele se apresentou ao rei e, sem vacilar, pediu que lhe entregasse o poder. Pélias fingiu aceitar. No entanto, na esperança de se desvencilhar do sobrinho inoportuno, propôs uma troca. Disse que lhe daria o trono desde que antes Jasão lhe trouxesse o Tosão de Ouro. Tratava-se da pelagem de um carneiro mágico que tinha sido sacrificado a Zeus. O Tosão de Ouro pertencia a Eetes, rei da longínqua região da Cólquida, e estava sob a guarda de um terrível dragão. Jasão aceitou e começou a preparar uma expedição. A Cólquida situava-se ao lado das montanhas do Cáucaso, na atual Geórgia. Para um grego, aquilo era o fim do mundo! Assim, para ir até lá, Jasão mandou construir um navio magnífico, com madeira das florestas do monte Pélio. Era a nau *Argo*.

Jasão foi acompanhado pelos príncipes mais valentes da Grécia. Foram chamados de Argonautas*, ou seja, os navegantes do *Argo*. Entre eles, estavam Castor e Pólux*; Héracles*; o pai de Ulisses*, Laertes; e o músico Orfeu*. Protegidos por Atena*, lá se foram os heróis da primeira aventura marítima da mitologia grega, anterior à Guerra de Troia* e, portanto, à volta de Ulisses.

Depois de uma longa viagem, cheia de emboscadas e de aventuras, Jasão e seus companheiros desembarcaram na Cólquida. Precisavam agora conseguir que Eetes lhes entregasse o Tosão de Ouro, o que não era fácil. O rei da Cólquida impôs a Jasão uma série de provas: ele teria de submeter ao jugo dois touros selvagens que soltavam chamas pelas narinas, e depois lavrar um campo com a charrua puxada por eles. Em seguida teria de semear dentes de dragão nesse campo. Só então Eetes lhe entregaria o Tosão de Ouro. Ora, ao lado do rei encontrava-se uma bela princesa, sua filha Medeia*. Foi uma paixão fulminante! Enamorada do jovem príncipe, Medeia o chamou de lado e lhe contou que aquelas provas eram uma cilada, prometendo ajudá-lo desde que ele a desposasse. Medeia era feiticeira e, graças a seus poderes, permitiu que Jasão vencesse os touros. Depois, após a semeadura dos dentes de dragão, ela o ajudou a se desvencilhar dos abomináveis gigantes, que saíam da terra como espigas de trigo. Jasão reclamou sua parte, mas Eetes, furioso porque sua cilada não havia dado certo, recusou-se a lhe dar o Tosão de Ouro. Mais ainda, ameaçou mandar matá-lo, e também aos Argonautas, e incendiar a nau *Argo*. Felizmente Medeia estava a postos e fez o dragão que guardava o Tosão adormecer. Jasão se apossou do Tosão de Ouro e voltou ao navio com seus companheiros, levando Medeia. Os Argonautas escaparam dos exércitos de Eetes que os perseguiam e, graças aos poderes de Medeia, evitaram todos os perigos do mar que, mais tarde, Ulisses iria enfrentar: Caribde e Cila, as sereias, as tempestades. Chegando às terras do rei dos feácios, Alcínoo, Jasão se casou com Medeia, cumprindo sua promessa.

Finalmente, os viajantes voltaram a Iolcos. Mas lá uma terrível notícia aguardava Jasão: Pélias matara seu pai. E, embora Jasão lhe trouxesse o Tosão, o rei se recusou a lhe entregar o poder. Mais uma vez, Medeia entrou em ação. Convenceu as filhas de Pélias de que, graças às suas drogas mágicas, elas poderiam fazer o pai rejuvenescer. Na verdade, Pélias morreu, em meio a um terrível sofrimento. Mas nem assim Jasão subiu ao trono. Os habitantes de Iolcos, culpando-o pela morte do rei nas mãos de suas filhas, expulsaram Jasão do reino e fizeram subir ao trono o filho de Pélias, Acasto.

Jasão e Medeia foram então refugiar-se em Corinto, junto do rei Creonte. Ao longo de dez anos de calma e felicidade, Medeia deu vários filhos ao herói. Então o rei Creonte, sentindo-se envelhecer, quis encontrar para sua filha, Creúsa, um esposo nobre que pudesse suceder-lhe. Pensou em Jasão, que no entanto já era casado. Mas isso nada impedia, era só repudiar Medeia. De qualquer modo, Medeia era uma estrangeira, e pelas leis gregas não era esposa verdadeira de Jasão. O herói deixou-se convencer por Creonte, ainda mais porque estava começando a se cansar daquela feiticeira que o mantinha em seu poder.

Medeia não se conformou. Sentiu-se traída, quis se vingar. E que terrível vingança! Fingindo reconciliar-se com sua rival, ela enviou a Creúsa um lindo vestido de noiva. Assim que a moça o vestiu, foi envolvida pelas chamas, que a queimaram viva e incendiaram o palácio inteiro. Enquanto isso, Medeia, louca de raiva e de ciúme, matou seus próprios filhos – menos um, que conseguiu escapar – e fugiu num carro puxado por dragões alados.

Desesperado, Jasão só tinha um desejo: voltar para Iolcos, sua pátria. Com alguns fiéis companheiros da expedição dos Argonautas, ele formou um exército e tomou a cidade. Acasto foi morto e, finalmente, Jasão se tornou rei de Iolcos. Seu filho, Téssalo, único sobrevivente do massacre de Medeia, iria lhe suceder e, segundo se diz, daria seu nome ao reino, a Tessália.

A viagem de Jasão e dos Argonautas e a trágica ligação do herói com Medeia inspiraram inúmeros poetas desde a Antiguidade. Medeia tornou-se a heroína de uma tragédia de Eurípides, no século IV antes de Cristo, e de uma outra de Corneille, no século XVII.

Laocoonte

Sacerdote do deus Posêidon*, Laocoonte foi o único, além de Cassandra*, a desconfiar do magnífico cavalo de madeira que os gregos abandonaram na praia, durante a Guerra de Troia*, fingindo abandonar o cerco da cidade. Ele tentou impedir que o levassem para dentro da cidade, mas um deus – Apolo*, Atena* ou Posêidon, segundo diferentes versões – fez sair do mar duas serpentes monstruosas que sufocaram Laocoonte e seus dois filhos. Os deuses manifestavam assim sua escolha por uma vitória dos gregos.

De fato, o cavalo gigantesco que foi puxado para dentro das muralhas de Troia levava em seu interior guerreiros gregos armados. Ao escurecer, esses soldados abriram as portas da cidade para o resto do exército grego, que incendiou as casas e massacrou os habitantes. Assim, apesar das advertências de Laocoonte, Troia foi vencida, depois de ter suportado um cerco de dez anos.

O episódio dramático da morte de Laocoonte e de seus filhos inspirou pintores e escultores. No museu do Vaticano há uma estátua romana antiga sobre o tema. É uma escultura muito conhecida, frequentemente reproduzida em livros e revistas de arte.

LEDA

Tíndaro era filho do rei de Esparta. Quando seu pai morreu, ele foi expulso da cidade por seu meio-irmão, que pretendia ocupar sozinho o poder. Tíndaro refugiou-se em Cálidon, junto do rei Téstio. Téstio tinha uma filha muito bonita, Leda, por quem Tíndaro se apaixonou. O rei estimava muito o jovem príncipe e lhe deu a mão de sua filha. Pouco depois, Héracles* conseguiu vencer o usurpador do trono de Esparta, e Tíndaro voltou ao poder. A vida de Leda prometia ser feliz e tranquila. Rainha de Esparta, tinha um marido que a amava e acabava de dar à luz uma menina. Mas ela não contava com o desígnio dos deuses.

Certo dia, Tíndaro ofereceu um sacrifício aos deuses do Olimpo mas esqueceu-se de atribuir a Afrodite* a parte que lhe cabia. Ai dele! A deusa do amor ficava furiosa quando algum mortal deixava de cumprir seu dever para com ela. Usou como instrumento de sua vingança o próprio Zeus*, senhor dos deuses, fazendo-o apaixonar-se por Leda. Para seduzir a rainha sem despertar suspeitas, Zeus tomou a forma de um cisne. Afrodite transformou-se em águia e fingiu perseguir o cisne. Aquela tarde, Leda estava se banhando no rio e viu o pobre pássaro fugindo apavorado. Então ela abriu os braços e lhe deu proteção. Durante aquele abraço inocente, o rei dos deuses engravidou Leda. Mas na noite seguinte ela também se uniu a seu marido. A dupla união teve um resultado muito estranho: Leda pôs dois ovos, cada um deles contendo uma menina e um menino. De um ovo, nasceram Castor e Clitemnestra*, filhos de Tíndaro; do outro, Pólux e Helena*, filhos de Zeus. Eram quatro belas crianças, e tiveram uma infância feliz. Mais tarde, porém, também foram vítimas da vingança de Afrodite. Os gêmeos Castor e Pólux, chamados de Dioscuros*, acabaram se separando em consequência de uma história de amor e rapto. Quanto a Helena e Clitemnestra, suas paixões amorosas, ligadas à Guerra de Troia* e ao drama dos Átridas, provocaram grandes turbulências no mundo grego.

LETO

A bela deusa Leto era filha dos Titãs* Coios e Febe. Os romanos a chamavam de Latona, e ela foi uma das inúmeras conquistas de Zeus*, senhor dos deuses. Para seduzi-la, Zeus imaginou transformar-se em codorna, e a transformou em fêmea da mesma ave. Leto, então, engravidou de gêmeos, que se tornaram deuses muito importantes da mitologia: Apolo* e Ártemis*.

Mas as dificuldades de Leto já começaram na hora do parto. Diante da ideia de que sua rival teria filhos de seu nobre esposo, Hera* não pôde conter o ciúme e o ódio. Usando seu poder, proibiu que em qualquer lugar da Terra se desse abrigo à futura mãe.

Leto vagueou da Trácia à Eubeia, da Ática às Cíclades, e foi sempre expulsa, como uma pobre vagabunda. Finalmente, ela foi dar em Ortígia, uma ilhota deserta, na verdade um rochedo perdido no mar Egeu. Escondida numa gruta no alto da montanha, Leto finalmente conseguiu escapar à ira de Hera, que havia mandado a terrível serpente Píton em sua perseguição. Os deuses resolveram socorrer a futura mãe. Como Hera decretara que nunca Leto teria descanso onde brilhasse o sol, Posêidon*, deus do mar, fez formar-se uma onda enorme que se deteve por cima da ilha para protegê-la da luz do dia.

Todas as deusas desceram do Olimpo para assistir ao parto. Todas menos Hera, que conseguiu reter sua filha, Ilítia, deusa dos nascimentos. Acontece que, na ausência de Ilítia, mulher nenhuma podia pôr um filho no mundo, fosse ela deusa ou mortal. Durante nove dias e nove noites, Leto sofreu as dores do parto, mas os gêmeos não podiam nascer. Finalmente, as deusas encarregaram Íris, mensageira dos deuses, de levar a Ilítia um colar de ouro e âmbar, em troca de seus serviços. Íris voltou trazendo Ilítia, que conseguira escapar à vigilância de Hera, e os gêmeos puderam nascer. Então começaram as proezas de Ártemis e Apolo.

Posêidon arrimou a ilha de Ortígia ao fundo do mar por meio de sólidas colunas. O pobre rochedo tornou-se uma ilha propriamente dita, fértil e coberta de vegetação. Tomou o nome de Delos, que significa "brilhante", uma vez que tinha permitido o nascimento das divindades da luz.

Hera, no entanto, não parava de atormentar sua rival. Certo dia, cansada depois de uma longa caminhada, Leto preparava-se para beber água e lavar os filhos numa fonte. Os pastores da redondeza, instigados por Hera, quiseram impedi-la. Furiosa, a mãe de Apolo transformou-os em rãs.

Mas os maiores defensores de Leto foram seus filhos. Apolo e Ártemis adoravam a mãe e, quando necessário, sempre voavam em seu socorro. Numa dessas ocasiões, eles mataram a flechadas os doze filhos de Níobe, pois esta se gabava de ser melhor mãe do que Leto; em outra, mataram o gigante Títio, que por ordem de Hera tentara violentar sua mãe.

Às vezes Leto é representada como uma divindade da noite, envolta em longos véus negros. Talvez seja porque durante tanto tempo ela teve de se privar da luz do sol.

M
N
O

Medeia

Filha de Eetes, rei da Cólquida, Medeia era uma das mulheres mais temíveis da mitologia. Para os antigos, gregos e romanos, ela era o próprio exemplo da feiticeira perigosa. Era mais perigosa do que sua tia, Circe, por sua vez também uma grande feiticeira. No entanto, segundo as histórias que se contam de Medeia, raramente ela punha seus poderes a serviço de causas honrosas. Era sacerdotisa de Hécate, deusa da magia, e há até quem diga que era sua filha.

Quando o belo Jasão* chegou à Cólquida com os Argonautas* para procurar o Tosão de Ouro, Medeia apaixonou-se perdidamente por ele e lhe deu ajuda em troca de uma promessa de casamento. Depois acompanhou os Argonautas, que fugiram em seu navio, o *Argo*, perseguidos por Eetes, furioso por ver o Tosão de Ouro escapar de suas mãos. Medeia levou seu irmão como refém. Ao ver que a frota de Eetes se aproximava perigosamente da nau *Argo*, matou o irmão e jogou no mar o cadáver cortado em pedaços. Eetes, enlouquecido de dor, deteve-se para recolher o corpo despedaçado de seu filho, e os fugitivos escaparam. Zeus*, horrorizado com esse crime, obrigou o casal a se purificar através de Circe. Porém, após a purificação, quando a feiticeira entendeu qual era o crime, ela amaldiçoou os dois jovens.

A volta para Iolcos, cidade de Jasão, foi longa e difícil. Os viajantes fizeram escala na Feácia, reinado de Alcínoo, que só aceitou escondê-los dos enviados de Eetes sob a condição de que se casassem. Jasão, embora não estivesse com muita pressa de cumprir sua promessa, teve de ceder e desposou Medeia. Os Argonautas voltaram ao mar e, ao largo de Creta, graças aos poderes de Medeia, conseguiram escapar do gigante Talos*. Embora Talos fosse um autômato considerado invulnerável, a feiticeira conseguiu destruí-lo. Quando finalmente a expedição chegou a Iolcos, Pélias, tio de Jasão que lhe ordenara que fosse buscar o Tosão de Ouro esperando que ele não voltasse, recusou-se a lhe entregar o trono.

Medeia, então, planejou uma vingança terrível. Fez correr o boato de que, graças a seus talentos de feiticeira, era capaz de rejuvenescer os velhos. Fez até uma demonstração com um carneiro velho. As filhas de Pélias, que estavam apreensivas por ver o pai envelhecer, perguntaram-lhe o que deveriam fazer. Medeia recomendou que elas cortassem o pai em pedaços e o pusessem para ferver num caldeirão com ervas mágicas. Não é preciso dizer que o pobre Pélias não se refez. A vingança era terrível demais, Jasão e Medeia foram expulsos da cidade. Refugiaram-se em Corinto, onde viveram tranquilamente durante uns dez anos. Mas Creonte, rei de Corinto, achou que Jasão daria um ótimo marido para sua filha, Creúsa. Apesar dos filhos que tivera com Medeia, Jasão nunca fora muito apaixonado por ela, e não foi difícil convencê-lo a abandonar a esposa para se casar com Creúsa, que lhe agradava bastante.

Medeia jamais poderia aceitar uma coisa dessas! De início fingiu resignação e até deu de presente à rival um lindo vestido de noiva, feito por ela mesma. Quando Creúsa pôs o vestido, ele pegou fogo e a queimou viva. As chamas se espalharam por todo o palácio, e Creonte também morreu no incêndio. Enquanto isso, Medeia degolava os próprios filhos. Só um deles, Téssalo, conseguiu escapar. Depois, saltando num carro alado, a feiticeira voou para Atenas. Lá encontrou-se com o rei Egeu, conseguiu seduzi-lo e teve com ele um filho, Medo. Quando Teseu*, filho de um casamento anterior de Egeu, chegou a Atenas para ser reconhecido pelo pai, Medeia tentou envenená-lo. Foi banida de Atenas e foi para a Ásia com Medo, que, segundo dizem, fundou a terra dos medas, a quem deu seu nome.

Medeia acabou voltando para a Cólquida. Nesse ínterim, seu pai, Eetes, havia sido destronado pelo próprio irmão. Medeia, que em outros tempos traíra o pai, ajudou-o a retomar o poder, mandando matar o tio.

O personagem da feiticeira Medeia fascinou toda a Antiguidade. Seus crimes odiosos, sua paixão por Jasão e a traição deste último inspiraram escritores e artistas através dos tempos. Na Antiguidade foi heroína de tragédias de Eurípides e de Sêneca, e muito mais tarde de Corneille.

Meléagro

Alteia, irmã de Leda*, casou-se com Eneu, rei de Cálidon. Ela teve vários filhos, entre os quais uma mulher, Dejanira, futura mulher de Héracles*, e um filho, Meléagro. Mas há quem diga que Alteia foi seduzida por Ares*, deus da guerra, e que foi dessa união clandestina que nasceu Meléagro.

No dia em que Meléagro nasceu, Alteia recebeu a visita das inquietantes Moiras*, deusas do destino, que lhe anunciaram uma estranha profecia: seu filho morreria quando o galho de oliveira que queimava na lareira fosse reduzido a cinzas. Desesperada, Alteia se precipitou, apagou o ramo de oliveira e o escondeu no fundo de uma arca, fechando-a bem.

Meléagro, fosse ou não filho de um deus, viveu como herói. Partiu com Jasão* no **périplo** dos Argonautas*. Ao voltar para Cálidon, encontrou o país numa situação desastrosa. Nas colheitas precedentes, Eneu se esquecera de oferecer um sacrifício a Ártemis. A deusa, que ficava furiosa quando alguém descuidava dos deveres para com ela, tinha se vingado, mandando um javali monstruoso devastar a região. O javali destruía as plantações, matava os habitantes e espalhava o terror por toda a região. Meléagro resolveu abatê-lo. Pediu ajuda aos antigos companheiros, os Argonautas, e a todos os heróis da Grécia. Jasão, Peleu*, Teseu*, Íficles, seus primos, Castor e Pólux, os Dioscuros*, e muitos outros juntaram-se a ele para caçar o monstro. Uma mulher os acompanhava, a bela caçadora Atalanta, que já participara da expedição dos Argonautas e pela qual Meléagro se apaixonara.

Depois de nove dias de festa, a caçada começou. Mas logo se transformou em drama: dois caçadores foram mortos pelo javali, e Peleu matou seu sogro acidentalmente. Finalmente, uma flecha lançada por Atalanta atingiu o monstro e o derrubou. Meléagro se precipitou e acabou de matá-lo à faca. A quem deveria caber a pele do javali, troféu da vitória? Meléagro, por amor e cortesia, ofereceu-a a Atalanta, pois ela atingira o monstro primeiro. Mas os quatro tios de Meléagro, também caçadores, se opuseram. Já não tinham apreciado a presença de uma mulher na caçada, e nunca aceitariam que ela fosse considerada vencedora! Arrancaram o troféu das mãos de Atalanta, que resistiu. Meléagro acudiu, se interpôs com a espada em punho e, durante a luta, matou seus quatro tios.

Ao ficar sabendo da morte dos irmãos, Alteia, mãe de Meléagro, ficou louca de dor. Correu até a arca, pegou o galho de oliveira e jogou-o no fogo. Assim que o galho se reduziu a cinzas, Meléagro deu seu último suspiro. Ao recuperar o juízo e perceber que acabara de matar o filho, a rainha, tomada pelo desespero, se enforcou.

Menelau

O destino de Menelau esteve ligado em parte ao de seu irmão, Agamêmnon*, o outro filho de Atreu*. Quando os dois jovens foram expulsos de Argos por seu tio Tiestes, eles se refugiaram na corte de Esparta, junto do rei Tíndaro, cuja filha Helena* era, segundo se dizia, a mais bela das mortais. Todos os príncipes gregos desejavam casar-se com ela. Os mais valentes, os mais ricos, os mais ilustres, todos vinham a Esparta cortejá-la e tentar obter sua mão.

Menelau se rendeu a seus encantos e se alistou entre os pretendentes. Era preciso escolher. Mas Tíndaro ficou apreensivo. Temia que, ao designar o futuro esposo de Helena, pudesse provocar a ira dos que não tinham sido escolhidos, que se aliariam contra o reino de Esparta. Assim, antes de designar o feliz eleito, ele fez todos os pretendentes prestarem um juramento: cada um deveria se comprometer a ajudar aquele que obtivesse a mão de Helena se alguém quisesse lhe tomar a esposa. Ligados por essa promessa, os rivais se tornariam aliados. Todos se comprometeram a respeitar o acordo, e Tíndaro fez sua escolha: Menelau se casaria com Helena. Por que ele? Porque era belo, corajoso e hábil. Além do mais, seu irmão, Agamêmnon*, já tinha se casado com Clitemnestra*, irmã de Helena, e assim tudo ficaria em família.

Menelau sentia-se o mais feliz dos mortais. Casando-se com a bela Helena, seria o sucessor de Tíndaro e se tornaria rei de Esparta. Ah, se ele soubesse! Os primeiros anos de casamento foram muito felizes. Helena deu a Menelau um filho, Nicóstrato, e uma filha, Hermíone*.

Mas essa tranquila felicidade foi destruída por um jovem príncipe troiano, Páris*. Afrodite* lhe prometeu que ele seduziria Helena. Páris foi em embaixada até Esparta e, aproveitando a ausência de Menelau, raptou a jovem, que aliás pareceu consentir plenamente em ser levada.

Pobre Menelau! Avisado de sua desgraça, voltou imediatamente a Esparta, pediu ajuda ao irmão e convocou uma reunião dos príncipes gregos que tinham prestado o juramento. Todos os mais valorosos heróis da Grécia compareceram: Ulisses*, Nestor*, Aquiles*, Diomedes e muitos outros. Decidiram partir em expedição militar contra Troia, sob a chefia de Agamêmnon*. Era o início da Guerra de Troia*, que iria durar dez anos e custar tantas vidas humanas.

Nas batalhas, Menelau demonstrou muita coragem. Conseguiu vencer Páris em luta individual, e este só se salvou graças à intervenção de Afrodite. O irmão de Agamêmnon estava dentro do famoso cavalo que possibilitou a vitória dos gregos. Ao encontrar Helena, Menelau, enfurecido, quis matá-la. Levantou a espada mas, vendo-a diante dele indefesa e ainda tão bonita, comoveu-se e a perdoou.

Diz-se que a volta de Menelau e Helena a Esparta durou oito anos, quase tanto quanto a Odisseia de Ulisses. Tempestades terríveis seguidas de longos períodos de calmaria tornaram a navegação difícil. Dos sessenta navios da frota de Menelau, apenas cinco aportaram! Quando estavam chegando à Grécia, ao largo do cabo Súnio, Menelau e Helena foram arrastados por ventos violentos até as praias de Creta, depois ao Egito. Lá ficaram cinco anos e, segundo Homero, Menelau acumulou grandes riquezas.

Finalmente, dezoito anos após o rapto de Helena, o casal voltou a Esparta. Longe dos dramas que, em Argos, prolongavam a maldição dos Átridas, viveram tranquilos e felizes. Menelau foi um dos primeiros a dar notícias de Ulisses a seu filho, Telêmaco, quando este foi visitá-lo em Esparta à procura do pai.

Conta-se que Menelau não morreu, mas foi raptado por ordem de Zeus e levado aos Campos Elísios, honra reservada aos heróis particularmente valorosos. Em Esparta, foi cultuado como um deus. Em seu palácio, transformado em santuário, os homens, antes de partir para a guerra, iam pedir-lhe que lhes concedesse valentia no combate.

Menelau é um personagem mais apagado do que sua esposa ou seu irmão, Agamêmnon. Mesmo assim, ele ocupa um lugar importante em todas as narrativas mitológicas que evocam os amores da bela Helena e suas trágicas consequências. Aparece especialmente nos dois poemas de Homero, a *Ilíada*, que conta a Guerra de Troia, e a *Odisseia*, que narra a volta de Ulisses.

Midas

Midas, rei da Frígia, na Ásia Menor, era filho da deusa Cibele* e de um mortal. Seus encontros com dois grandes deuses, Dioniso* e Apolo*, acabaram resultando em estranhas desventuras. Para um mortal, mesmo sendo filho de uma deusa, nem sempre é confortável ter relações com os deuses.

Certo dia, alguns camponeses trouxeram à presença de Midas um bêbado que haviam encontrado na montanha. Eles o tinham acorrentado, pois o homem estava muito agitado e até violento. Midas reconheceu nele Sileno, pai de criação de Dioniso e grande companheiro de bebedeira do deus do vinho. O rei o libertou e o levou, em alegre cortejo, para junto do deus. Como recompensa, Dioniso se propôs realizar um desejo de Midas. Este, então, pediu que tudo o que ele tocasse se transformasse em ouro. "Que não seja por isso", disse Dioniso, "teu desejo será realizado!" Acontece que, no momento em que Midas se sentou à mesa, a comida se transformou em ouro, e também o vinho que ele ia beber. Não conseguiu engolir nada! Com sede e fome, Midas pediu ao deus que acabasse com aquele prodígio. Achando que o rei tinha aprendido a lição, Dioniso aceitou. Midas deveria se banhar no rio Pactolo para se livrar de seu perigoso poder. Diz-se que é desde então que as águas do rio carregam plaquetas de ouro.

Em outra ocasião, Midas aceitou participar do júri de um concurso musical entre Apolo, que tocava lira, e Mársias, um sátiro tocador de flauta que desafiara o deus. Mársias foi declarado derrotado e pagou caro por sua audácia: o deus mandou pendurá-lo numa árvore e esfolá-lo. Midas foi o único membro do júri que deu o voto ao sátiro. Apolo, que não tolerava contestações a seu talento, fez crescer nele orelhas de asno. Envergonhado, Midas usou de todos os meios para esconder aquela anomalia ridícula: boné, chapéu, peruca, tudo valia. O único a saber da catástrofe foi seu cabeleireiro, a quem o rei ameaçou de morte caso revelasse o segredo. Mas, depois de um tempo, o cabeleireiro não aguentou a coceira na língua. Certa manhã, não conseguindo resistir, ele cavou um buraco no chão e murmurou: "Midas, o rei Midas, tem orelhas de asno." Convencido de que ninguém ouvira, ele tapou o buraco, aliviado.

Na primavera seguinte, os juncos que cresceram no lugar da confidência repetiram ao vento que passava: "Midas, o rei Midas, tem orelhas de asno." O vento indiscreto difundiu a mensagem e logo todo o mundo ficou sabendo que Midas tinha orelhas de asno!

Minos

Minos era filho de Europa* e de Zeus*. Foi adotado pelo rei de Creta, que se casou com sua mãe. Mais tarde, Minos se tornou rei da ilha. Para provar a seus irmãos, Radamente e Sarpedão, que ele, e só ele, fora escolhido pelos deuses para ser rei, pediu a Posêidon*, deus do mar, que o ajudasse a cumprir um prodígio: fazer surgir do mar um touro magnífico. Posêidon aceitou, sob a condição de que depois Minos lhe oferecesse o touro em sacrifício. O prodígio aconteceu, e os irmãos de Minos o reconheceram como rei. De fato, Minos foi um rei excelente, e dizem que foi ele que fez de Creta uma região rica, governada por leis justas e sensatas. Mas o rei não cumpriu a promessa feita a Posêidon e juntou o touro a seu próprio rebanho. Foi sua desgraça! A vingança dos deuses pode ser terrível!

Minos se casou com Pasífae, filha de Hélio, o Sol. Posêidon inspirou à moça uma paixão desvairada pelo touro. Ela se uniu ao animal e deu à luz um monstro com cabeça de touro e corpo de homem, o Minotauro*. Como esconder de todos o filho monstruoso da rainha? Minos pediu para o arquiteto Dédalo construir uma morada gigantesca da qual, depois de entrar, ninguém conseguisse sair. Dédalo construiu o famoso labirinto de Creta, no qual o monstro ficou preso. Depois disso, Minos teve oito filhos com sua mulher, entre os quais Ariadne* e Fedra*.

Mas a cólera de Posêidon não se aplacou. Por sua obra, o tal touro ficou louco e passou a espalhar o terror por toda a região. Só Héracles* conseguiu domá-lo e o levou para a Argólida. Mas o touro escapou e voltou a fazer suas devassas, especialmente na Ática, região de Atenas.

Nessa época, Egeu, rei de Atenas, organizou jogos atléticos dos quais participaram todas as cidades do mundo grego. Um dos filhos de Minos, Androgeu, era o representante de Creta e ganhou todos os prêmios. Os atenienses, invejando seu sucesso, pediram a Egeu que o mandasse combater o terrível touro louco de Posêidon. Egeu aceitou, sabendo que o rapaz não voltaria vivo. De fato, o touro matou Androgeu, e, ao receber a notícia, Minos resolveu vingar-se de Atenas. Lá desembarcou com um exército numeroso e cercou a cidade. Foi em vão. Os atenienses não se renderam. Então Minos suplicou a Zeus, seu pai, que o ajudasse. O rei dos deuses lançou sobre a cidade a peste e a fome. Os atenienses ainda resistiram um certo tempo, mas acabaram se rendendo. Minos impôs suas condições para levantar o cerco: Atenas deveria mandar regularmente para Creta um grupo de sete rapazes e sete moças que serviriam de alimento ao Minotauro. Atenas pagou o terrível tributo três vezes seguidas. Na quarta viagem, Teseu*, filho de Egeu, fazia parte do grupo e conseguiu matar o Minotauro, com a cumplicidade de Ariadne, filha de Minos.

Minos tentou saber como Ariadne tivera a ideia do novelo de linha, graças ao qual Teseu tinha saído do labirinto em que o Minotauro estava preso. O rei descobriu que tinha sido sugestão de Dédalo, o arquiteto, e resolveu puni-lo prendendo-o no labirinto junto com o filho, Ícaro*. A inventividade de Dédalo o levou a imaginar um sistema genial para escapar: construiu asas para ele e para o filho, graças às quais os dois conseguiram fugir de Creta. Acontece que Ícaro, desprezando as recomendações do pai, quis voar o mais alto possível. Aproximou-se demais do sol, que fez derreter a cera de suas asas. Elas se desprenderam e o jovem caiu no mar. Dédalo, por sua vez, conseguiu chegar à Itália sem contratempos.

Furioso, Minos saiu procurando o arquiteto por toda parte e imaginou uma artimanha para desmascará-lo. Sempre que chegava a algum lugar, oferecia uma alta recompensa a quem conseguisse fazer passar um fio de linha por dentro da espiral de um caracol. Cócalo, rei da Sicília, atraído pelo prêmio, afirmou que encontraria um jeito de fazer o que Minos exigia. Em pouco tempo, apresentou o caracol com a linha passada por dentro. Minos, então, soube que Dédalo se encontrava na região, pois só ele seria capaz de resolver aquela dificuldade. De fato, Cócalo confessou que acolhera o arquiteto e que fora Dédalo quem encontrara a solução: amarrara uma formiga ao fio de linha, fazendo-a caminhar pela espiral, espécie de labirinto em miniatura. Cócalo fez Minos acreditar que ele lhe entregaria Dédalo e convidou-o para se hospedar em seu palácio. Quando o rei de Creta foi tomar seu banho, morreu queimado pela água fervente – alguns dizem que foi pez – que o rei da Sicília fez passar pelos canos instalados por Dédalo. Assim morreu Minos. Seu filho Deucalião sucedeu-lhe no trono de Creta. No reino dos mortos, Minos tornou-se juiz dos Infernos, com seu irmão Radamante e Éaco, avô de Aquiles*.

Os relatos referentes a Minos correspondem a uma realidade histórica. A civilização cretense se desenvolveu em todo o mar Egeu antes da civilização grega propriamente dita. E as expedições de Minos a Atenas e à Sicília refletem uma dominação cretense sobre toda a região. Os reis de Creta criaram leis nas quais os gregos se inspiraram. A religião de Creta dava grande importância ao culto do touro, daí as lendas de Europa, do touro de Posêidon e do Minotauro. Também, os cretenses foram grandes construtores, o que podemos comprovar ainda hoje pelas magníficas ruínas do palácio de Cnosso. Decerto a lenda do labirinto surgiu da admiração dos gregos pela engenhosidade dos arquitetos cretenses. Através de seus mitos, portanto, os gregos reconhecem que sua civilização teve origem em Creta. Aliás, eles diziam que seu deus mais importante, Zeus, tinha nascido em Creta.

Minotauro

Esse nome significa "touro de Minos*". O Minotauro era um monstro com corpo de homem e cabeça de touro.

Minos, rei de Creta, para provar a seus irmãos que ele era o favorito dos deuses, pediu a Posêidon* para fazer sair do mar um touro branco. O deus atendeu ao pedido, sob a condição de que o touro lhe fosse oferecido em sacrifício. Mas, quando o rei Minos viu aquele animal tão magnífico, resolveu conservá-lo em seu rebanho, não cumprindo a condição imposta por Posêidon. O deus se vingou fazendo a mulher de Minos, Pasífae, apaixonar-se pelo touro, com quem ela teve um filho. Esse filho era o monstruoso Minotauro.

Ao mesmo tempo envergonhado e amedrontado, Minos mandou o arquiteto Dédalo fazer o labirinto, uma construção imensa com corredores tão intrincados que era impossível sair de dentro dele. E foi no seu interior que Minos encerrou o Minotauro. Todos os anos – ou, segundo alguns, a cada três anos –, a cidade de Atenas entregava sete rapazes e sete moças para serem devorados pelo Minotauro. O herói ateniense Teseu*, com a cumplicidade da filha de Minos, Ariadne*, matou o Minotauro e acabou com esse trágico ritual.

MOIRAS

Chamadas de Parcas pelos romanos, as Moiras eram três irmãs, filhas de Zeus* e de Têmis, deusa da justiça. Não existem lendas específicas sobre as Moiras, mas elas estão presentes em toda a mitologia, mesmo que às vezes invisíveis.

As Moiras eram responsáveis pelo destino dos mortais, desde seu nascimento até sua morte. Os antigos as representavam como três fiandeiras. A primeira, Cloto, fiava em sua roca o fio da vida, que simbolizava o nascimento. A segunda, Láquesis, enrolava o fio, o que representava o correr da vida. A terceira, Átropos, cortava o fio, o que significava a morte. As Moiras eram divindades implacáveis. Nem mesmo os deuses podiam desviá-las de sua tarefa. Quando um mortal chegava ao fim da vida, mesmo que fosse o favorito de algum deus, ele tinha de morrer. Assim, durante a Guerra de Troia*, o próprio Zeus, que pesava o destino dos heróis na balança, teve de se submeter às ordens das Moiras e deixar Heitor* e Aquiles* morrerem. Só Apolo*, certa vez, conseguiu enganar as Moiras e obteve para seu amigo Admeto, que era mortal, uma parcela de vida que ultrapassava o prazo determinado para ele.

MUSAS

Apolo*, deus da música e da poesia, muitas vezes aparece rodeado por um cortejo de jovens encantadoras que cantam, dançam e declamam poesias. São as nove musas, filhas de Zeus* e de Mnemósine, deusa da memória.

Depois de sua vitória sobre os Titãs*, Zeus, desejando eliminar qualquer vestígio de violência, quis formar um grupo de artistas capazes de distrair e encantar os olímpicos. Mas onde encontrá-los? O senhor dos deuses julgou que o melhor seria ele mesmo criá-los. Foi ter com Mnemósine, filha de Gaia*, a Terra, e de Urano, o Céu, e uniu-se a ela nove noites seguidas. Dessas nove noites de amor nasceram as nove musas. Engendradas pela deusa da memória e pelo deus do poder criador, as musas simbolizavam as artes, e a cada uma foi atribuída uma especialidade:

– a Calíope, a eloquência;
– a Clio, a história;
– a Érato, a poesia;
– a Euterpe, a música;
– a Melpômene, a tragédia;
– a Polímnia, a mímica;
– a Terpsícore, a dança;
– a Tália, a comédia;
– a Urânia, a astronomia, que entre os gregos era considerada uma arte, relacionada à harmonia do universo.

As musas dividiam seu tempo entre o Olimpo, onde cantavam para os deuses os seus feitos, o monte Hélicon, onde havia uma fonte que dava inspiração aos poetas, e o monte Parnaso, que se eleva acima do santuário de Delfos e onde elas se reuniam a Apolo. Sua beleza e seus dons artísticos seduziam deuses e mortais.

Calíope casou-se com um mortal, de quem teve um filho, o poeta Orfeu*. Tália uniu-se a Apolo e teve os coribantes, dançarinos do cortejo de Cibele*. Melpômene, casada com o deus-rio Aquéloo, trouxe ao mundo as sereias, cuja voz enfeitiçava os navegantes, fazendo-os naufragar ao tentarem buscá-las no fundo do mar.

Desde a Antiguidade, as musas sempre foram o símbolo da inspiração dos poetas.

Narciso

Todas as mulheres, ninfas* ou mortais, eram fascinadas por Narciso. Ele era um jovem muito bonito e sedutor, mas não se preocupava com o amor. Os outros podiam amá-lo à vontade, no entanto Narciso nunca se rebaixaria a sentir nada por alguém. Amava demais a si mesmo para perder tempo com os outros. Nem olhava para aquelas jovens apaixonadas que o rodeavam. Especialmente uma delas, Eco, se desesperava. Sua mágoa era imensa, ela chorava e suspirava. Com o coração dilacerado de amor pelo belo indiferente, abandonou as verdes campinas em que brincavam suas companheiras e se isolou num vale, onde aos poucos foi morrendo. Extinguiu-se suavemente, deixando sobreviver apenas seu lamento triste, que se ouvia mesmo depois que a morte calou a ninfa aflita. No fim triste de Eco os gregos viam a origem do eco, que prolonga as vozes depois que elas se calam.

Mas as ninfas e moças desdenhadas por Narciso pediram aos deuses que fizessem justiça, depois da morte de Eco. Nêmesis, divindade da vingança, ouviu suas queixas e resolveu punir Narciso por sua indiferença pelo sofrimento dos outros. Ela achava que o orgulho do rapaz era excessivo. Certo dia, Narciso voltou de uma caçada com muita sede e se debruçou sobre uma fonte para beber água. A água era clara e refletiu sua imagem como um espelho. Narciso ficou fascinado e se apaixonou imediatamente por aquele belo rosto que viu à sua frente. Não conseguiu mais se desprender dela e, para não perder de vista o reflexo de si mesmo, por quem se apaixonara, o rapaz ficou à beira da fonte até morrer.

No lugar de sua morte, nasceu uma flor que tem seu nome, o narciso. A lenda de Narciso é contada pelo poeta latino Ovídio, em suas *Metamorfoses*. O belo homem também é evocado pela palavra "narcisismo", que designa o amor excessivo de uma pessoa por si mesma, a ponto de impedir que ela ame os outros.

Neoptólemo

Neoptólemo era filho do herói Aquiles*. Por causa da cor de seus cabelos recebeu o apelido de Pirro, que em grego significa "ruivo".

Participou com o pai na Guerra de Troia* e, depois da vitória dos gregos, voltou para a Grécia levando uma **cativa**, Andrômaca*, a viúva de Heitor*. O rei de Esparta, Menelau*, havia prometido a Neoptólemo que lhe daria sua filha, Hermíone*, em casamento. De fato, ao voltar ele se casou com Hermíone*, mas dava preferência a Andrômaca. Hermíone, por sua vez, amava seu primo, Orestes*, com quem se casara secretamente durante a Guerra de Troia. Portanto, ela tinha dois maridos ao mesmo tempo, sendo que um deles amava outra mulher.

Essa situação complicada acabou se virando contra Neoptólemo. Ele morreu em Delfos durante uma rebelião que dizem ter sido provocada por Orestes, que desejava livrar-se do rival.

Pirro é um dos personagens principais da tragédia *Andrômaca*, de Racine, que encena, sem se manter muito fiel à tradição mitológica, os amores complicados de Andrômaca, Pirro, Orestes e Hermíone.

NEREU

Nereu era filho de Gaia*, a Terra, e de seu filho Ponto, a água do mar, que são divindades muito antigas. O próprio Nereu está entre os deuses da geração primordial, que, segundo a genealogia mitológica, precederam os deuses do Olimpo. Divindade marinha, muitas vezes chamado de Velho do Mar, Nereu era mais antigo do que Posêidon*, deus olímpico. Como a maior parte das divindades do mar, ele tinha o poder de mudar de forma segundo a vontade. Casou-se com Dóris, filha do Titã* Oceano, que lhe deu várias filhas, as nereidas, das quais as mais famosas são Tétis*, mãe de Aquiles*, e Anfitrite, que se casou com Posêidon.

Nereu era um deus muito estimado pelos navegantes da Antiguidade, que se confiavam a ele antes de saírem ao mar. Era representado como um velho barbudo, montado em seu tritão, monstro marinho metade homem, metade peixe.

NESTOR

O herói Nestor era filho de Neleu, rei de Pilos. Por ocasião de uma expedição contra a cidade de Pilos, Héracles* massacrou seu pai e seus onze irmãos. Nestor foi o único sobrevivente, portanto subiu ao trono.

Apolo* lhe concedera viver muito tempo, ou seja, por três gerações. Portanto, Nestor já era muito velho quando partiu para a Guerra de Troia* com seus dois filhos, por solicitação expressa de Menelau*. Na *Ilíada*, Homero nos conta que Nestor ainda era valente no combate, mas para os gregos foi principalmente um conselheiro sensato e experiente, fazendo para os companheiros longos relatos sobre suas antigas batalhas. Nestor foi então um detentor da memória heroica da Grécia antes da Guerra de Troia.

Conta-se que, durante uma batalha, seu filho, Arquíloco, salvou-lhe a vida sendo morto em seu lugar por Mêmnon, sobrinho de Príamo*, rei de Troia. Aquiles* vingou a morte de Arquíloco matando Mêmnon em combate individual.

Ninfas

Nos ocos das árvores, atrás das rochas, na beira dos rios, habitavam moças sedutoras e às vezes temíveis: eram as ninfas, divindades secundárias dos bosques, dos campos e dos rios que povoavam a natureza. Sua vida era simples, livre e alegre. Cantavam, dançavam e pregavam peças nos passantes, sobretudo quando se tratava de rapazes bonitos, que elas apreciavam especialmente. Elas recebiam diferentes nomes, conforme os lugares em que moravam. Assim, as melíades eram as ninfas dos freixos – *melia*, em grego; as dríades ou hamadríades eram as ninfas dos carvalhos – *drys*, em grego; as oréades eram as das montanhas – *oros*, em grego; as náiades eram ninfas das águas correntes – *nao*, em grego.

As ninfas eram filhas de Zeus*, de Urano ou dos deuses-rios, e seus companheiros de brincadeira habituais eram os sátiros*, divindades campestres masculinas. Com frequência elas seduziam heróis. Páris* e Orfeu*, por exemplo, se casaram com ninfas, e Hilas, companheiro de Héracles, foi raptado por ninfas durante a expedição dos Argonautas*. Nem mesmo os grandes deuses foram imunes aos encantos dessas graciosas divindades. Zeus, Apolo*, Hermes* e Dioniso* tiveram inúmeras aventuras com ninfas – aliás, nem sempre com consentimento delas. Muitas vezes, porém, as tentativas de sedução das ninfas eram inúteis. Assim, o belo Narciso* ficou insensível aos apelos da ninfa Eco.

As ninfas aparecem em quase todas as narrações mitológicas. São ora bondosas, ora perigosas, mais ou menos como as fadas de nossos contos maravilhosos.

Níobe

Níobe era uma princesa da Lídia. Casou-se com Anfião, rei de Tebas, a quem deu seis filhos e seis filhas. O grande número de filhos determinou para ela um destino excepcional.

Níobe tinha tanto orgulho de seus doze filhos que teve a audácia de se comparar a uma deusa. No dia da festa de Leto*, ousou provocar e espezinhar a deusa por ela ter apenas dois filhos. Mas os filhos de Leto não eram criaturas comuns, eram Ártemis* e Apolo*. Os gêmeos vieram em socorro da mãe insultada, que clamava por vingança. Eles empunharam seus arcos e crivaram de flechas os filhos de Níobe, que caíram mortos. Níobe se desmanchou em lágrimas e pediu perdão a Leto. Os deuses, penalizados, enterraram as doze pequenas vítimas e transformaram sua mãe em fonte. Na Antiguidade, havia na Lídia uma fonte inesgotável. Dizia-se que era Níobe chorando seus filhos eternamente.

Orestes

Filho de Agamêmnon*, rei de Argos, e de sua esposa, Clitemnestra*, Orestes foi herdeiro de um destino pesado. Ainda era criança quando sua mãe e seu tio, Egisto, assassinaram seu pai quando este voltou da Guerra de Troia*.

Temendo que o ódio de Clitemnestra e de Egisto pusesse em perigo a vida de seu irmão, Electra* o levou em segredo para junto de outro tio, Estrófio, rei da Fócida, que se casara com uma irmã de Agamêmnon. Na corte de Estrófio, o jovem Orestes foi educado com seu primo, Pílades, que se tornou seu melhor amigo.

Mas Orestes continuava atormentado pela terrível lembrança do assassínio de seu pai. Apreensivo, não sabia se deveria entrar no pavoroso ciclo de vinganças que havia muitas gerações arrastava sua família de um crime a outro. Foi consultar o **oráculo** de Delfos e, pela voz da Pítia, soube que Apolo* aceitava e, mais ainda, exigia que ele vingasse o pai. Acompanhado pelo fiel Pílades, foi até a Argólida. No túmulo de Agamêmnon, depositou como oferenda um cacho de seus cabelos, ou, segundo outras tradições, um anel que pertencera a seu pai. Nesse ínterim, Electra, que ficara na Argólida, se casara com um camponês por ordem da mãe. Todos os dias ela ia visitar o túmulo do pai e jurava vingá-lo. Aquele dia, ela avistou os dois rapazes. Ao ver a oferenda do irmão, a quem não via desde a infância, soube que se tratava dele. Perturbada, compreendeu que Orestes voltara para cumprir a vingança que ela tanto esperava.

Os dois irmãos imaginaram juntos uma artimanha. Orestes foi até o palácio e, fazendo-se passar por um mensageiro do rei da Fócida, anunciou a Clitemnestra que Orestes estava morto e que Estrófio queria saber se deveria mandar as cinzas para Argos. Em vez de se entristecer com a morte do filho, Clitemnestra extravasou sua alegria. Finalmente já não precisava temer sua vingança! Chamou Egisto para lhe dar a boa notícia e, quando ele chegou, Orestes lhe cravou a espada no coração. Clitemnestra compreendeu tudo e suplicou ao filho que a deixasse viver. Emocionado, Orestes hesitou, mas Pílades lembrou-lhe que o **oráculo** exigira que a vingança fosse cumprida até o fim. Então Orestes matou sua mãe, e depois enlouqueceu.

Orestes foi perseguido pelas Erínias*, divindades primordiais encarregadas de punir quem matava os próprios pais. Para torná-las mais mansas, em vez de empregar seu nome amedrontador costumava-se chamá-las de Eumênides, que significava "benevolentes". Mas, para Orestes, elas não tiveram nada de benevolentes. Sua vida tornou-se um pesadelo. Ele passou a percorrer a Grécia à procura de um lugar onde pudesse se purificar de seu crime e escapar às divindades implacáveis. Segundo a versão mais difundida, foi o próprio Apolo que purificou Orestes quando este se refugiou em Delfos, no santuário do deus. Seja como for, essa purificação não foi suficiente para livrá-lo das Erínias. Ele precisava passar por um julgamento de fato e se apresentou diante de um tribunal presidido por Atena*, na colina do Areópago, em Atenas. Graças ao voto da deusa a seu favor, Orestes foi absolvido e finalmente viu-se livre da loucura. As terríveis Eumênides se dobraram à lei.

Uma última provação aguardava Orestes. O **oráculo** de Delfos lhe anunciou que, para obter o favor dos deuses e eliminar definitivamente a maldição familiar, ele deveria trazer de Táuride uma estátua de Ártemis*.

Sempre acompanhado por seu amigo Pílades, Orestes embarcou para Táuride. Assim que aportaram, os habitantes os prenderam e se prepararam para sacrificá-los a Ártemis. Esse episódio da lenda, assim como o sacrifício de Ifigênia* às vésperas da partida para a Guerra de Troia, evoca práticas de sacrifícios humanos que provavelmente ainda existiam em épocas muito antigas da religião grega. Acontece que, no momento em que os dois jovens foram levados à presença da sacerdotisa encarregada do sacrifício, Orestes reconheceu nela sua irmã Ifigênia. Mas como era possível Ifigênia estar viva se ela fora **imolada** por seu pai a Ártemis para permitir a saída dos navios para Troia? A irmã contou a Orestes que tinha sido salva pela própria Ártemis, que a tornara sua sacerdotisa em Táuride. Ifigênia resolveu ajudar o irmão. Entregou-lhe a estátua, às escondidas do rei e do povo de Táuride, e fugiu com ele e Pílades. Protegidos por Atena, os jovens voltaram à Grécia, onde erigiram um templo a Ártemis. Finalmente a deusa se acalmou, e terminou a maldição dos Átridas.

O jovem príncipe pensou então em resolver a questão de seu casamento. Em outros tempos, seu pai o havia prometido a Hermíone*, sua prima, filha de Menelau* e de Helena*. Durante a ausência de Menelau, que fora para a Guerra de Troia, Tíndaro, avô da moça, casara os dois jovens. Mas Menelau não mantivera sua palavra. Durante a guerra, prometera sua filha a Neoptólemo*, filho de Aquiles*, casando-os ao voltar. Orestes, furioso, aproveitou uma viagem de Neoptólemo a Delfos para se vingar. Disse que Neoptólemo queria pilhar o templo e provocou uma revolta, durante a qual seu rival morreu. Os deuses foram benevolentes. Orestes, a quem Hermíone deu um filho, tornou-se ao mesmo tempo rei de Argos e de Micenas e rei de Esparta, sucedendo assim aos dois Átridas, seu pai e seu sogro. O fiel Pílades casou-se com Electra, e os dois amigos se mantiveram inseparáveis até a morte.

A lenda de Orestes é uma história de reconciliação entre os deuses e os homens, ocupando um lugar importante na literatura grega. O poeta trágico Ésquilo, particularmente, a encenou nas tragédias *As Coéforas* e *As Eumênides*. Orestes também é personagem da tragédia *Andrômaca*, de Racine. Mas Racine não segue a tradição mais difundida da lenda. Segundo ele, Orestes enlouquece e é perseguido pelas Erínias depois da morte de Hermíone, o que dá um sentido completamente diferente ao mito.

Orfeu

Quando Orfeu tocava música ou cantava, era um deslumbramento. Mortais, divindades, plantas e animais eram enfeitiçados por ele. As feras mais cruéis, os homens mais violentos suavizavam-se ao maravilhoso som de sua voz e de seus instrumentos. Orfeu foi o maior poeta e músico de toda a mitologia, e sua glória se igualava à dos heróis mais valorosos.

Ele era filho de um rei da Trácia e de Calíope, uma das musas* que, acompanhando Apolo*, deus da música e da poesia, encantavam os deuses reunidos no Olimpo. Toda a sua educação se fez ao som melodioso das vozes das musas. Muito jovem, Orfeu inventou um novo instrumento, a harpa de nove cordas, sendo que as musas também eram nove.

Como vários outros heróis, Orfeu viajou muito em sua juventude. Embarcou na nau *Argo* e acompanhou Jasão* e os Argonautas* em sua aventura de conquista do Tosão de Ouro. Com seus cantos, acalmava as tempestades e as cóleras da tripulação. Ele marcava a cadência dos remadores e conseguiu encobrir as vozes enfeitiçadoras das sereias, as perigosas mulheres-pássaros que atraíam os navegantes e os faziam naufragar. Depois desse **périplo** marítimo, Orfeu foi ao Egito, onde ensinou aos habitantes o culto dos deuses gregos Apolo e Dioniso*.

De volta à Trácia, Orfeu se apaixonou por uma ninfa*, Eurídice, e se casou com ela. O que parecia ser o início de uma felicidade única foi o ponto de partida de uma verdadeira tragédia. Aristeu, filho de Apolo, viu Eurídice e ficou fascinado pela beleza da jovem ninfa. Certo dia, quando ela brincava numa campina com suas amigas, Aristeu se aproximou e quis abraçá-la. Assustada, Eurídice fugiu. Em sua correria desenfreada, não viu uma víbora escondida no meio do capim e pisou nela. A víbora a picou e Eurídice morreu. O desespero de Orfeu foi imenso, e seus cantos de pesar comoveram o mundo inteiro. O poeta não se conformou com a dolorosa perda. Resolveu descer aos Infernos para procurar a esposa desaparecida. Atravessou o Estige, rio que marcava a fronteira do reino dos mortos, e foi dar nas portas dos Infernos, guardadas pelo terrível cão Cérbero. A entrada era proibida aos vivos. Mas a voz melancólica de Orfeu e os sons melodiosos de sua lira comoveram o senhor daquele reino, Hades*, e principalmente sua esposa, Perséfone*. Então eles permitiram que Orfeu levasse Eurídice de volta ao mundo dos vivos. Com exceção de Alceste*, nunca Hades permitira a volta de nenhum morto. No entanto, o deus estabeleceu uma condição: durante todo o trajeto até a superfície, Orfeu, que caminhava na frente da esposa, não deveria olhar para trás.

Orfeu e Eurídice atravessaram o Estige e iniciaram o trajeto de volta. Orfeu não virou a cabeça, embora às vezes Eurídice caísse no caminho escarpado e pedregoso. Finalmente avistaram a luz do dia! A prova estava chegando ao fim. Mas Orfeu estava impaciente, queria ver o rosto de sua esposa tão querida. Ela caiu, ele se virou. Eurídice desapareceu, como que engolida pelas trevas. Orfeu quis segui-la, mas dessa vez as portas dos Infernos permaneceram fechadas. O herói estava sozinho de novo, entregue à sua dor inconsolável.

Voltando à terra, Orfeu não quis ver ninguém, principalmente as mulheres. Vivia recluso, só pensando em sua amada desaparecida. Porém, as mulheres da Trácia estavam despeitadas. Lembravam-se das festas de Dioniso, quando os cantos do poeta músico acompanhavam suas danças e suas correrias desvairadas. Não suportavam ver Orfeu indiferente a seus apelos. Assim, por ocasião de uma festa, foram até seu retiro e o mataram. Recortaram seu corpo e espalharam os pedaços.

Diz-se que a cabeça de Orfeu rolou até o mar e foi dar na ilha de Lesbos, onde os habitantes a enterraram com todas as honras devidas a um herói. Seu túmulo se tornou um santuário, onde a voz do poeta morto pronunciava **oráculos**. Sua lira, por obra das musas, foi transformada em constelação.

A partir do episódio da viagem de Orfeu aos Infernos, desenvolveu-se na Antiguidade uma nova forma de religião, o orfismo, que explicava o que era a vida depois da morte. Mas até hoje a lenda do poeta apaixonado pela ninfa é lembrada pelas obras-primas que inspirou a inúmeros artistas, tanto na música como na literatura, na pintura e na escultura. A primeira ópera composta foi *Orfeu*, de Monteverdi (1600). O tema foi retomado por vários outros compositores. Em 1927, o francês Jean Cocteau escreveu uma peça de teatro, *Orfeu*, da qual foram extraídos dois filmes, *Orfeu* e *O testamento de Orfeu*.

P R S

Pã

Pã era deus dos pastores e dos rebanhos. Tinha a aparência ao mesmo tempo humana e animal dos sátiros* e silenos*, estranhas divindades campestres cujos prazeres e danças ele conduzia alegremente. Era peludo, suas pernas eram patas de cabra, com coxas enormes e cascos bipartidos, e ele tinha rabo de bode. Seu rosto não era dos mais sedutores: era narigudo, beiçudo, tinha imensas orelhas pontudas, e em sua testa, em meio aos cabelos grossos e desgrenhados, despontavam dois chifres de carneiro. Mas seus olhos eram vivos e espertos, revelando um caráter jovial e zombeteiro.

Pã era filho de Hermes* e herdara a malícia do pai. Escondido pelos cantos dos bosques, ele se divertia assustando os homens e mulheres que passavam, deixando-os em pânico. Seu nome grego, *Pan*, deu origem a "pânico".

De fato, só por sua aparência ele já provocava medo. Sua própria mãe, uma ninfa*, ficou tão apavorada quando ele nasceu que o abandonou. Hermes recolheu o bebê e o levou ao Olimpo, envolvido numa pele de cabra. Os imortais, longe de ficar em pânico, morreram de rir ao ver aquele menino monstruoso. Pã até se tornou companheiro de festas, brincadeiras e viagens de Dioniso*, acompanhando-o até a Índia.

Como todas as divindades dos campos e das florestas, que encarnavam o poder de fecundação da natureza, Pã gostava muito dos jogos do amor. Mas as ninfas nem sempre os aceitavam. Uma delas, Siringe, preferiu jogar-se no rio a ceder ao deus. Ela se transformou em um junco da margem do rio. Pã colheu esse junco, cortou-o em pedaços de tamanhos diferentes e colou um ao outro com cera. Era a flauta de Pã, que o deus chamou de siringe, e que ele tocava para se consolar de sua dor de amor.

Pan, em grego, significa "tudo". Os gregos transformaram esse deus das pastagens em deus da natureza *toda*, com sua suavidade e sua selvageria, seus prazeres e suas dores. Na época do nascimento de Cristo, sob o Império Romano, o escritor grego Plutarco conta que alguns navegantes, ao passarem ao largo de uma ilha, ouviram vozes misteriosas gritarem: "O grande Pã morreu." Imagina-se que essa lenda signifique a morte da religião pagã, que da natureza, de sua violência e de seus desejos fizera deuses.

Pandora

Pandora era uma criatura inteiramente moldada por Hefesto* e Atena*, à imagem de uma mortal. Era uma mulher muito bonita. Seu nome em grego significa "equipada com todos os dons".

Pandora foi mandada ao mundo por Zeus* para castigar os homens por terem recebido e aprendido a conservar o fogo que Prometeu* havia roubado da forja de Hefesto.

Cada um dos deuses concedera a Pandora uma qualidade excepcional: a beleza, a graça, a habilidade manual etc. Epimeteu, irmão de Prometeu, apaixonou-se imediatamente por aquela mulher perfeita e quis se casar com ela. No entanto, Prometeu o alertou, dizendo que deveria desconfiar de tudo o que viesse dos deuses. Mais tarde constatou-se que ele tinha razão.

A bela Pandora, de fato, recebeu de Zeus uma caixa selada que ninguém deveria abrir sob nenhum pretexto. Mas, assim que se casou com Epimeteu, Pandora não conseguiu resistir. Abriu a caixa, e esta continha todos os males, que logo se espalharam pela humanidade: a fome, a sede, a guerra, a violência. Só restou no fundo da caixa a esperança, graças à qual os homens poderiam se consolar de todas aquelas desgraças.

Desse episódio deriva a expressão "caixa de Pandora", que significa algo enganoso, que sob uma aparência inofensiva esconde muita coisa ruim.

PÁRIS

Filho de Príamo*, rei de Troia, e de sua esposa, Hécuba*, Páris não tinha muito boa fama na mitologia. Ao raptar Helena*, mulher do rei de Esparta, Menelau*, ele deu origem à terrível Guerra de Troia*, que custou a vida de milhares de soldados gregos e troianos e arruinou sua pátria. Na verdade, antes mesmo de seu nascimento, terríveis presságios pesavam sobre ele. Quando o esperava, sua mãe sonhou que dava à luz uma tocha acesa que incendiava toda a cidade. Esse sonho foi interpretado como um sinal nefasto e houve uma certa hesitação em manter o menino vivo quando ele veio ao mundo. Em vez de matá-lo, seus pais o entregaram a um pastor, ordenando que o abandonasse numa montanha. O pastor cumpriu a ordem, mas cinco dias depois encontrou o pequeno Páris ainda vivo, pois tinha sido alimentado por uma ursa. Enternecido, ele adotou o menino e o educou como seu próprio filho. Páris transformou-se num belo rapaz, casou-se com uma ninfa*, Enone, e também se tornou pastor.

Certo dia, Príamo mandou buscar um touro nas montanhas para servir de prêmio nos jogos atléticos que aconteceriam por ocasião de uma festa real. Os criados do rei escolheram o touro mais bonito do rebanho, que era o animal favorito de Páris. O jovem resolveu então descer de sua montanha e participar dos jogos, para tentar recuperar seu touro de estimação. Páris venceu todas as provas, tendo como adversários seus próprios irmãos, que não sabiam quem ele era. Despeitado, um deles empunhou a espada e quis matar aquele insolente que ousara derrotar os filhos do rei. Páris refugiou-se atrás do altar de Zeus*, no pátio do palácio. Foi então que sua irmã, Cassandra*, a profetisa, adivinhou que ele era o irmão desaparecido, filho que Príamo e Hécuba haviam perdido. Os presságios sombrios do nascimento de Páris foram esquecidos e ele foi acolhido com muita alegria por toda a família. Só Cassandra manifestou alguma apreensão, mas, como sempre, ninguém lhe deu atenção. O jovem príncipe prosseguiu sua vida tranquila, guardando os rebanhos do pai na montanha.

Mas o destino não se deteve. Três deusas, Atena*, Afrodite* e Hera*, disputavam um **pomo** de ouro, que deveria caber à mais bonita. Zeus escolheu o belo Páris para resolver o impasse. Cada uma delas prometeu um presente ao jovem, caso fosse a escolhida. Hera, esposa do deus mais poderoso, ofereceu-lhe o poder sobre toda a terra. Atena, deusa guerreira, prometeu-lhe a vitória em todos os combates. E Afrodite, deusa do amor, disse que lhe daria a mulher mais bonita do mundo. Esta última promessa, feita pela mais bela das imortais, acabou vencendo. Páris deu o **pomo** a Afrodite, que lhe garantiu sua proteção e fez tudo para que ele fosse a Esparta, onde vivia a bela Helena. Páris abandonou sua ninfa e conseguiu que o pai o enviasse como embaixador junto ao rei Menelau.

Chegando à corte de Esparta, o rapaz foi acolhido por Menelau de acordo com todas as regras de hospitalidade. Assim que viu Páris vestido com seus suntuosos trajes orientais, Helena se apaixonou. Acontece que o rei foi obrigado a ir a Creta. Seria um acaso ou uma artimanha de Afrodite? Seja como for, Menelau partiu e deixou seu hóspede aos cuidados da esposa. Assim que o rei deixou Esparta, Helena caiu nos braços de Páris e, abandonando sua filha, Hermíone*, de apenas nove anos, fugiu com ele. Antes, no entanto, abasteceu-se no caixa do reino. Quando Páris voltou a Troia com Helena, sua família aceitou a presença da jovem mulher, sem dar ouvidos a Cassandra, que previa as terríveis desgraças que esse rapto provocaria. Menelau mandou embaixadas para tentar negociar a volta da mulher, mas em vão. Páris não queria devolver Helena, com quem se casou de acordo com as leis troianas.

Veio então a declaração de guerra. Todos os chefes da Grécia aliaram-se a Menelau e, sob o comando de Agamêmnon*, seu irmão, partiram com seus exércitos para cercar Troia. Durante a guerra, que durou dez anos, Páris nunca deu provas de grande coragem. Preferia ficar ao lado da bela Helena a sair em combate. Gregos e troianos, consternados pelo número de mortos nos dois exércitos, decidiram resolver o conflito com um combate individual entre Menelau e Páris. Este teve de aceitar a luta, mas logo foi vencido e só se salvou graças à intervenção de Afrodite, que o escondeu atrás de uma cortina de fumaça bem na hora em que Menelau ia matá-lo. Os combates recomeçaram, agora com maior violência. Aquiles*, o valente herói do exército grego, matou Heitor*, irmão de Páris. Na hora da morte, Heitor pressagiou que Aquiles também seria morto. E foi Páris, hábil arqueiro apesar da sua covardia, quem lançou a flecha mortal que atingiu Aquiles no calcanhar, única parte vulnerável de seu corpo. Há quem diga que foi o próprio Apolo* quem guiou a flecha de Páris até seu alvo.

Porém, chegou a vez de Páris ser ferido mortalmente por uma flecha do grego Filoctetes*, que usava o arco de Héracles*. Ele pediu então para ser transportado até o monte Ida, a montanha de sua infância, na esperança de que sua primeira esposa, Enone, o curasse com seus remédios mágicos. Mas Páris não contava com o rancor da mulher que fora abandonada. Enone se recusou a tratá-lo, e Páris morreu. Desesperada, a ninfa se enforcou. Esse foi o triste fim do sedutor Páris, que não chegou a saber que a guerra provocada por ele resultou na destruição de sua cidade e na morte de todos os seus.

Páris está presente na *Ilíada* de Homero, na maioria das vezes com o nome de Alexandre. Todas as tragédias gregas que giram em torno da Guerra de Troia põem Páris em cena ou fazem alusão a ele. Mas, de toda a sua vida, o que mais inspirou poetas e pintores foram seus amores com Helena.

PÁTROCLO

Pátroclo era um primo distante de Aquiles*. Quando criança, ele matou por acidente um companheiro de brincadeiras. Obrigado a deixar sua cidade natal, foi recolhido por Peleu*, pai de Aquiles. Um pouco mais velho do que Aquiles, Pátroclo apegou-se ao menino, e, quando este cresceu, os dois se tornaram companheiros inseparáveis. Partiram juntos para Troia e combateram lado a lado, até o momento em que Aquiles se zangou com Agamêmnon* e decidiu parar de lutar. Só quando Pátroclo foi morto por Heitor*, Aquiles resolveu voltar à batalha.

A amizade de Aquiles e de Pátroclo, citada como exemplo por Homero, na *Ilíada*, foi um modelo para toda a Antiguidade.

PELEU

Peleu era filho de Éaco, rei de Egina, e pai de Aquiles*. Casou-se com a deusa marinha Tétis*, mas antes disso passou por muitas aventuras.

Com seu irmão, Telamon, Peleu matou seu meio-irmão, que ambos invejavam por ele ser um atleta muito hábil. Furioso com os filhos, Éaco os exilou. Peleu refugiou-se em Ftia, onde o rei o casou com sua filha Antígona*.

Pouco depois de seu casamento, Peleu participou da expedição dos Argonautas*. Ao voltar, matou seu sogro acidentalmente, durante uma caçada. Apesar de não ter agido de propósito, mais uma vez Peleu foi obrigado a se exilar. Então ele se refugiou numa cidade vizinha, Iolcos, onde foi acolhido pelo rei Acasto, que fora seu companheiro na nau *Argo*.

Acontece que a mulher de Acasto apaixonou-se por Peleu. Porém, ao ver que este não correspondia a seu amor, ela resolveu se vingar. Enviou uma mensagem a Antígona dizendo que Peleu iria repudiá-la. Desesperada, Antígona se enforcou. Mas a rainha de Iolcos ainda não estava satisfeita. Contou ao marido que Peleu tentara seduzi-la. Cheio de ciúme, Acasto tentou se livrar do suposto rival e o abandonou aos animais selvagens por ocasião de uma caçada no monte Pélion. Graças ao centauro Quíron*, que manteve as feras afastadas, Peleu escapou da morte.

A vingança de Peleu foi terrível. Quando Jasão* quis retomar o trono de Iolcos, ele participou da operação militar e, depois da tomada da cidade, massacrou pessoalmente Acasto e sua esposa.

Peleu tornou-se então rei de Ftia e foi escolhido pelos deuses para se casar com Tétis. Teve muita dificuldade para conquistar sua futura mulher, mas finalmente realizou-se o casamento, com um grande banquete. Dele nasceu o grande herói grego da Guerra de Troia*, Aquiles.

Perséfone

A bela deusa Corê era filha de Deméter*, deusa das colheitas, e de Zeus. Tomou o nome de Perséfone quando, raptada por seu tio, Hades*, tornou-se rainha dos Infernos, o reino de seu sombrio esposo.

Corê estava brincando com as ninfas*, nas campinas dos arredores da cidade de Enna, na Sicília, quando Hades a raptou e a levou para seu reino subterrâneo. Deméter, que adorava a filha, procurou-a por toda parte, com uma coragem e uma persistência extraordinárias. Finalmente, o deus Hélio, o Sol, que tinha visto tudo, contou-lhe onde estava Corê. Deméter resolveu fazer greve de suas funções divinas enquanto não tivesse a filha de volta. Acabaram-se as colheitas, acabaram-se as plantações, os homens morriam de fome e a natureza se desequilibrou.

Zeus não podia admitir aquela situação e acabou convencendo seu irmão a devolver Corê à mãe. Mas o que Corê estaria achando de tudo aquilo? Pois bem, o reino dos mortos era sombrio e triste e ela tinha um pouco de medo daquele tio que a queria como esposa. Filha do deus do céu e de uma deusa da terra, Corê tinha saudade da mãe e de suas campinas ensolaradas. Assim, quando Hermes*, o deus mensageiro, foi procurá-la, ela estava ansiosa para abandonar o mundo subterrâneo. Mas era impossível. Apesar de todas as suas emoções, Corê não perdera o apetite. Tinha tomado uma refeição no mundo dos mortos e, principalmente, tinha comido uma semente de romã, símbolo do casamento. Devia então considerar-se esposa de Hades e permanecer a seu lado. Como Deméter ameaçava matar a terra inteira de fome, fizeram um acordo: Corê, agora Perséfone, rainha dos Infernos, ficaria seis meses debaixo da terra e voltaria para passar seis meses com a mãe.

As voltas de Perséfone, na primavera, eram o sinal do renascimento da natureza e do reinício dos trabalhos nos campos. Suas partidas, no outono, indicavam que a terra adormeceria e que o inverno estava para chegar. Durante a ausência da filha, Deméter recusava-se a cumprir sua tarefa de deusa das plantações e das colheitas.

A vida de rainha dos Infernos não tinha muita graça, ainda mais que Perséfone não teve filhos. Assim, quando Afrodite* propôs que ela educasse o jovem Adônis, que ela tinha recolhido, Perséfone aceitou de bom grado. Ao crescer, Adônis tornou-se um belo rapaz. Perséfone apaixonou-se perdidamente por ele e não quis deixá-lo ir embora. Afrodite, por sua vez, também era apaixonada por ele. Mais uma vez, foi preciso fazer um acordo; todos os anos, Adônis dividiria seu tempo entre o reino dos mortos, ao lado de Perséfone, e a terra dos vivos, junto de Afrodite.

A lenda de Deméter e Perséfone, a de Adônis e também a de Átis e Cibele* são mitos surgidos do maravilhamento dos antigos, a cada primavera, diante da ressurreição de toda a natureza. Todos os anos, o culto a essas divindades dava ensejo a grandes festas, em que se celebravam a renovação da vegetação, a fecundidade da terra e o trabalho agrícola. No templo de Elêusis, perto de Atenas, Perséfone era associada à sua mãe em cerimônias reservadas apenas aos iniciados: os mistérios de Elêusis. Os romanos a assimilaram a uma antiga deusa **etrusca**, Prosérpina, que eles veneravam ao lado do deus dos mortos.

PERSEU

Esse herói valoroso, filho de Zeus* e de Dânae, nasceu de uma maneira estranha. Dânae era filha única de Acrísio, rei de Argos, que se preocupava por não ter um descendente masculino que pudesse suceder-lhe no trono. Ao ser consultado, o **oráculo** anunciou ao rei que ele teria um neto, mas que este o mataria assim que chegasse à idade adulta. Para Acrísio, só havia uma solução: impedir Dânae de ter filhos. Tomou medidas radicais, e mandou construir uma espécie de porão com paredes e teto de bronze, onde mandou encerrar a filha. Em companhia apenas de sua ama, a moça vivia ali, sem nenhum contato com o mundo.

Zeus, o senhor dos deuses, achava Dânae muito bonita e, como sempre fazia quando uma mortal lhe agradava, resolveu ter um filho com ela. Certa vez, enquanto dormia, a jovem sentiu cair em cima dela uma chuva suave e terna. Ao abrir os olhos, viu que todo o recinto estava iluminado e uma chuva dourada entrava pela minúscula janela do teto. Era o estratagema que Zeus inventara para se unir a Dânae!

Dessas curiosas núpcias com a chuva de ouro nasceu Perseu. Assim que Acrísio teve notícia do nascimento do menino, não quis nem saber de sua origem divina. Trancou a criança e a mãe numa arca, que foi lançada ao mar. Mas a arca não afundou e foi carregada pelas ondas até as praias da ilha de Serifo. Seus ocupantes, ainda vivos, foram levados ao rei Polidectes, que se apaixonou por Dânae e acolheu a mãe e o filho.

A jovem rejeitava as investidas do rei e contava com o filho, que estava crescendo, para protegê-la. Quando Perseu se tornou um rapaz forte, Polidectes imaginou encarregá-lo de uma tarefa impossível, na esperança de que ele nunca mais voltasse. Pediu-lhe que lhe trouxesse a cabeça da Medusa, rainha das górgonas*. As górgonas eram horríveis criaturas de mãos de bronze, dentes de javali e cabelos de serpentes que tinham o poder de transformar em estátua de pedra quem as olhasse de frente.

Matar uma górgona não era fácil. Mas Zeus estava atento, e enviou Atena* e Hermes* para proteger seu filho. Calçando as sandálias aladas do deus mensageiro, Perseu empreendeu uma viagem que se iniciou como um pesadelo. Para saber onde moravam as górgonas, Perseu, aconselhado por Atena, foi falar com as irmãs delas, as greias. O espetáculo era horrível! As greias – cujo nome, em grego, significa "velhas" – eram verdadeiras feiticeiras de cabelos brancos que se revezavam para usar o único dente e o único olho que possuíam. O jovem lhes perguntou onde moravam as górgonas e, para obrigá-las a responder, tomou-lhes o olho e o dente. Aproveitou também sua cegueira momentânea para se apossar do capacete de Hades*, deus dos mortos, que estava sob a guarda das greias e que tornava invisível quem o usasse. Para recuperar seus bens, as feiticeiras deram a informação que Perseu queria. Disseram-lhe que as górgonas moravam no extremo oeste, para além do país das Hespérides. Ao partir, o rapaz devolveu às greias o dente e o olho, mas ficou com o capacete mágico.

Quando o herói chegou à gruta onde vivia a Medusa, felizmente a criatura monstruosa estava dormindo. Atena lhe deu seu espelho e seu escudo, Hermes lhe deu uma foice. Para não olhar o monstro de frente, ele foi andando de ré, com ajuda do espelho, e cortou o pescoço da terrível Medusa com um golpe de foice. Escorreu sangue aos borbotões e do cadáver saiu um esplêndido cavalo alado: era Pégaso, nascido dos amores de Medusa e Posêidon*, o único deus que amou a assustadora criatura. Perseu pôs a cabeça da Medusa num saco e montou no cavalo mágico. Precisava ir embora depressa, pois as outras górgonas não deviam estar longe.

Depois dessa proeza, o jovem herói rumou de volta para Serifo. No caminho parou na Etiópia, onde encontrou o rei e a rainha em grande desespero. Para punir a rainha, que tivera a imprudência de comparar sua beleza com a das nereidas, Posêidon, como era seu hábito, soltara na região um monstro que estava destruindo as colheitas e devorando a população. Um **oráculo** anunciara que o monstro só se acalmaria definitivamente com o sacrifício da própria filha do rei. Assim, os soberanos tinham sido obrigados a permitir que sua filha, Andrômeda, fosse amarrada a um rochedo, onde ela estava à espera do monstro que viria devorá-la. Ao ouvir essa história, Perseu montou em Pégaso e rumou imediatamente para as **falésias** em que Andrômeda estava presa.

Ao vê-la, tão bela e tão vulnerável, ficou profundamente emocionado e se apaixonou por ela. Estava disposto a se arriscar a tudo para salvá-la. Invisível sob seu capacete, disse à moça palavras de consolo e, quando o monstro chegou, brandiu sua espada e o matou. Depois, tirando o capacete, apareceu para Andrômeda, que caiu em seus braços. E com esse casamento, celebrado com grande felicidade, termina o segundo feito de Perseu.

O herói voltou para Serifo em companhia de sua jovem esposa. Sua mãe encheu-se de alegria, pois durante a ausência do filho estivera o tempo todo exposta às manobras de Polidectes, convencido de que Perseu estava morto e de que podia abusar de sua mãe. Perseu correu até o palácio, entrou na sala de banquetes onde o rei festejava com os amigos. Abriu o saco que trazia embaixo do braço e tirou dele a cabeça da Medusa. Todos ficaram paralisados de espanto. Livre de Polidectes, Perseu ofereceu o trono ao irmão do rei, que ajudara muito sua mãe e a ele. Devolveu os bens de Hermes e Hades – o capacete, as asas e a foice. Deu a Atena a cabeça da Medusa, com a qual a deusa ornou seu escudo.

Cansado de aventuras, Perseu quis voltar à sua terra levando sua mãe e sua esposa. Rumou então para Argos, sua cidade natal, da qual seu avô o banira havia muitos anos.

Acrísio fugiu ao saber que Dânae e seu filho estavam voltando, pois lembrou-se de que o **oráculo** previra que ele seria morto pelo neto. Chegou a Larissa, onde se realizavam jogos funerários, grandes festejos esportivos e religiosos em homenagem ao rei que acabava de morrer. Mas Perseu fora convidado para esses festejos e até participaria de uma das competições, a de lançamento de disco. Acrísio estava entre os espectadores. Perseu tomou impulso e lançou seu disco. Mas não mirou bem e seu projétil caiu no meio da multidão, atingindo seu avô, que morreu na hora. Perseu nunca pensara em se vingar e ficou desesperado ao saber quem era a vítima. No entanto, o **oráculo** se realizava, não por vontade humana, mas pela ação inexorável do destino. O herói não quis ocupar o trono daquele que ele tinha matado e trocou com um primo o reino de Argos pelo de Tirinto.

Rei de Tirinto, Perseu fundou a cidade vizinha, Micenas, e teve com Andrômeda vários filhos, cujos nomes estão ligados a outros ciclos de lendas da Argólida. Uma de suas netas, justamente, é Alcmena, mãe de Héracles*. Herói corajoso, que agia sempre de acordo com os deuses, Perseu, assim como Andrômeda, foi transformado em constelação depois de sua morte.

Sua lenda forneceu a Corneille o tema de uma tragédia, *Andrômeda*.

POSÊIDON

Posêidon, irmão mais velho de Zeus*, era um deus poderoso e temido pelos mortais. Era senhor dos mares, detentor da chuva e da seca. Com seu temível tridente, ele provocava terremotos e maremotos. Posêidon foi engolido por seu pai, Crono, assim como seu irmão Hades* e suas irmãs Héstia*, Deméter* e Hera*. Também como elas, foi libertado pelo irmão mais novo, Zeus, que se tornaria o deus soberano. Depois de vencerem os Titãs*, os filhos de Crono dividiram entre si o universo: Zeus ficou com o império do céu, Hades com o mundo subterrâneo e Posêidon com o reino dos mares, dos rios e das fontes.

Nenhum deus e nenhum mortal jamais contestaram o poder de Posêidon, mas ele era muito ambicioso e estava sempre querendo ampliar seu império. Certo dia, talvez pensando em se tornar senhor do mundo, ele participou com

Apolo* de uma conspiração fomentada por Hera, esposa de Zeus, que censurava o marido por suas constantes aventuras amorosas. O plano era apoderar-se de Zeus e acorrentá-lo numa montanha, de modo que ele não pudesse mais exercer seu poder. Mas Zeus ficou sabendo da conspiração e puniu seu irmão e seu filho, colocando-os a serviço de Laomedonte, rei de Troia, durante um ano. O rei mandou os dois construírem os muros de sua nova cidade, mas, no final do trabalho, não quis pagar o salário combinado. Posêidon demoliu as muralhas que eles tinham levantado e manteve um rancor duradouro pelos troianos. Por ocasião da Guerra de Troia*, tomou partido dos gregos e os ajudou a tomar a cidade.

Posêidon era sempre muito rancoroso. Não hesitava em fazer surgir monstros assustadores ou provocar catástrofes para se vingar dos mortais que agiam contra a sua vontade. Assim, Ulisses*, depois de matar o ciclope Polifemo, filho monstruoso do deus do mar, sofreu os efeitos de sua cólera. O mesmo aconteceu com Idomeneu*, que teve de se exilar para acabar com a peste que Posêidon lançara sobre sua terra.

Sempre ávido de poder, o deus do mar queria reinar também sobre a terra firme. Ele possuía uma ilha fabulosa, a Atlântida, sobre a qual reinava um de seus filhos. Mas isso não lhe bastava. Em várias ocasiões enfrentou os outros deuses para assumir a proteção sobre um determinado território.

Assim, ele competiu com Atena* para se tornar deus da Ática, a região de Atenas. Bateu no chão com seu tridente e fez jorrar uma fonte de água salgada, símbolo do mar. Segundo outros relatos, o que surgiu da terra foi um cavalo, animal favorito do deus. Seja como for, os habitantes preferiram o presente de Atena, uma oliveira, e Posêidon odiou-os para sempre por terem feito essa escolha. Com Hera, ele brigou por causa da Argólida. Como a população tomou o partido da deusa, o deus aquático secou as fontes e deixou a região sem água. Depois disputou com Zeus a ilha de Egina e com Dioniso* a ilha de Naxos. Acabou obtendo o istmo de Corinto, que teve de dividir com Hélio, o Sol.

Posêidon também tentou igualar seu irmão Zeus no campo das conquistas amorosas, como outra maneira de provar seu poder. Teve inúmeras aventuras, com deusas e com mortais. Mas da maioria desses amores nasceram monstros, como o horrível Polifemo, e não heróis. Com Gaia*, ele gerou o gigante Anteu; com Deméter, que para escapar dele se transformou em égua, Posêidon concebeu um cavalo que falava; com a górgona Medusa, teve um cavalo alado, o famoso Pégaso; com uma princesa da Trácia, teve o também famoso carneiro do Tosão de Ouro. O único verdadeiro herói de quem talvez tenha sido pai, embora nem mesmo ele tenha certeza disso, foi Teseu*.

Chegou o dia em que o sedutor quis se casar. Escolheu então uma das nereidas, as lindas filhas do velho deus marinho Nereu*. Era a jovem Anfitrite, cujo corpo, como o de suas irmãs, terminava em cauda de peixe. Posêidon a vira dançar sobre as ondas ao longo do litoral de Naxos. Hábil nadadora, Anfitrite fugiu às pressas quando o deus se aproximou dela. Posêidon mandou um golfinho buscá-la e, para agradecer o animal por lhe ter trazido a eleita de seu coração, imortalizou-o sob a forma de uma constelação.

Depois de finalmente conseguir conquistar Anfitrite, o deus do mar foi viver com ela num magnífico palácio de ouro, situado nas profundezas do mar Egeu. Mas o casal divino viajava muito através dos mares, num carro atrelado a cavalos cujos cascos de bronze apenas roçavam as ondas.

As irmãs de Anfitrite, as belas nereidas, formavam o cortejo, brincando nas ondas em companhia de monstros marinhos alegres e inofensivos. Eram os tritões, que tinham cauda de peixe e sopravam caramujos do mar. Posêidon e Anfitrite tiveram muitos filhos, entre os quais Tritão, deus do lago Tritonis, na Líbia, e Rode, a deusa da ilha de Rodes.

A Grécia é uma região de inúmeras ilhas, em que a terra se mistura com o mar. Também é uma região queimada pelo sol, em que as chuvas que fecundam o solo sempre são esperadas com ansiedade. Posêidon, deus das águas marinhas e fluviais, deus das fontes e das chuvas, era portanto um deus poderoso, que todos temiam mas queriam ter a seu favor. Era venerado em todo o mundo grego. A Posêidon eram sacrificados touros e cavalos, animais fortes e impetuosos que combinavam com aquele deus de iras violentas e perigosas, com aquele deus que, mesmo sendo marinho, era capaz de fazer tremer a terra com os golpes de seu tridente. Em cada porto encontrava-se um santuário de Posêidon. Em Corinto, cidade consagrada a ele, celebravam-se festas esportivas e religiosas em sua honra: eram os jogos ístmicos. Em Roma, Posêidon foi assimilado ao deus marinho Netuno, que aumentou sua importância quando as possessões romanas se estenderam ao longo de todo o Mediterrâneo. Muito depois da Antiguidade, o deus marinho continuou sendo representado em tanques e fontes, em companhia de sua esposa e de seu alegre cortejo de nereidas e tritões.

Príamo

Príamo era rei de Troia no momento da Guerra de Troia*. Era casado com Hécuba* e tinha muitos filhos. Perdeu todos eles durante essa guerra mortífera. Os mais conhecidos foram Heitor* e Páris*. Heitor era o mais valente dos guerreiros troianos e foi morto por Aquiles*. Páris, ao raptar Helena*, provocou o conflito entre gregos e troianos.

No momento da tomada de Troia, Príamo foi morto por Neoptólemo*, quando, apesar da idade, voltou a pegar em armas para defender a cidade. Na *Ilíada*, Homero o representa como um velho generoso e bom que perdoou Páris e acolheu Helena*. Muito altivo diante da provação, era considerado pelos gregos, seus adversários, como alguém digno de confiança.

Prometeu

Prometeu foi um grande benfeitor da humanidade. Filho do Titã* Jápeto e da ninfa* Climene, filha de Oceano, ele sempre tomou o partido dos homens contra os deuses.

Em tempos muito antigos, os deuses, ao que parece, quiseram submeter completamente os homens a seu poder e sua autoridade. Em duas ocasiões, Prometeu enganou Zeus* em proveito dos homens, e teve de pagar caro.

A primeira vez foi por ocasião de um sacrifício. O hábito era que, ao se fazer a partilha da vítima entre os mortais e a divindade, a melhor parte fosse reservada ao deus. Certo dia, quando alguns homens matavam um boi em homenagem a Zeus, Prometeu, na hora da partilha, enfiou os ossos debaixo da gordura branca e os miúdos debaixo da pele. Ao ver as duas partes, Zeus escolheu a gordura, certo de que ela escondia a melhor parte. O deus ficou perplexo ao ver os ossos. Ficou tão furioso que resolveu punir os homens privando-os do fogo. Ele não lançaria mais seu raio sobre a Terra, raio divino que acendia os fogos dos mortais e os ajudava a viver. Foi então que Prometeu o enganou pela segunda vez. Roubou o fogo da **forja** de Hefesto* e o entregou aos homens, ensinando-os a conservá-lo. Há quem diga, também, que ele roubou o fogo do carro do Sol.

Seja como for, era demais. Zeus precisava vingar-se daqueles mortais insolentes e do maldito Prometeu! Enviou aos homens um presente envenenado. Era uma linda mulher, criatura inteiramente moldada por Hefesto e Atena*, à imagem de uma mortal. Seu nome era Pandora*, e foi ela que espalhou pela humanidade todos os males – a fome, a sede, a violência etc.

Um castigo excepcional foi reservado a Prometeu. Zeus mandou acorrentá-lo num pico muito alto do Cáucaso. Todos os dias, uma águia gigantesca vinha devorar-lhe o fígado. E, a cada dia, seu fígado se recompunha. O senhor dos deuses jurou pelo Estige – era o juramento mais definitivo que se podia fazer – que nunca soltaria o condenado da parede rochosa. Prometeu deveria sofrer aquele suplício horrível por toda a eternidade.

Então, Héracles*, por ocasião de um de seus Doze Trabalhos, foi encarregado de buscar os **pomos** de ouro das Hespérides. Sem saber muito bem onde buscá-los, chegou às montanhas do Cáucaso e descobriu o infeliz Prometeu, a quem perguntou qual era o caminho. Prometeu, que sabia muitas coisas, indicou o rumo certo. Em agradecimento, Héracles, usando sua força legendária, arrancou as correntes do prisioneiro. Depois, com uma flechada certeira, abateu a águia. Ao contrário do que era de esperar, Zeus ficou encantado com essa proeza de seu filho, pois isso só aumentava sua glória. Como tinha jurado "pelo Estige", o senhor dos deuses obrigou Prometeu a usar um anel feito com o aço de sua corrente e com uma pedra do Cáucaso incrustada para que, simbolicamente, ele estivesse sempre ligado a seu rochedo. Isso prova que sempre é possível dar um jeito quando se faz um juramento, mesmo que seja "pelo Estige"!

Prometeu foi grato ao soberano do Olimpo e lhe ofereceu bons conselhos. Particularmente, dissuadiu-o de se casar com Tétis*, revelando-lhe que ela teria um filho mais poderoso do que o pai. Assim, Zeus casou Tétis com Peleu* e ela engendrou Aquiles*.

Prometeu também pensava em se casar. Escolheu como esposa uma ninfa*, filha de seu irmão, Atlas. Teve com ela muitos filhos, entre os quais Deucalião, herói que, como o pai, prestou grande serviço ao gênero humano. Deucalião casou-se com sua prima Pirra, filha de Epimeteu e Pandora.

Pouco tempo depois, Zeus, desgostoso com a raça humana, resolveu simplesmente acabar com ela, fazendo-a desaparecer num dilúvio gigantesco. Mas os deuses dependem dos homens. Quem poderia render as homenagens que os deuses tanto apreciam, quem poderia lhes oferecer sacrifícios, a não ser os pobres mortais? Depois do grande cataclismo, a raça humana precisaria se reconstituir. Zeus buscou então, entre os mortais, um casal sábio e justo que pudesse dar origem a novos mortais. Escolheu Deucalião e Pirra, que construíram uma arca orientados por Prometeu e escaparam do dilúvio. Durante nove dias e nove noites a chuva não parou de cair e a terra se cobriu de água. Todos os seres humanos morreram afogados, com exceção de Deucalião e Pirra, abrigados em sua arca. Chegaram ao alto das montanhas da Tessália e, quando as águas baixaram, receberam uma estranha ordem de Zeus. O deus mandou que jogassem os ossos de sua mãe por cima dos ombros. Deucalião era inteligente como o pai e logo compreendeu do que se tratava: os "ossos de sua mãe" eram pedras, ou seja, os "ossos" de Gaia*, a Terra, que os gregos consideravam mãe dos mortais e dos deuses. O casal fez então o que Zeus ordenara. Das pedras jogadas por Deucalião nasceram homens, das pedras jogadas por Pirra nasceram mulheres. Uma nova humanidade passou a povoar a Terra!

Embora fosse filho de Titã, Prometeu não era imortal. Ele era um intermediário entre os humanos e os deuses, e um dia iria morrer. Certa vez o centauro Quíron, que era imortal, foi gravemente ferido por uma flecha. Era um ferimento incurável, e ele estava sofrendo tanto que desejou morrer. Propôs então ceder sua imortalidade a qualquer mortal que fosse digno dela. Prometeu aceitou a troca. Quíron morreu e o pai de Deucalião se tornou imortal.

A lenda de Prometeu, que ajudou os homens em seu confronto com os deuses, ilustra as novas relações que os gregos estabeleceram entre os humanos e os deuses. De fato, os deuses eram superiores aos homens por seu poder e sua imortalidade. Mas nem por isso deviam se comportar como tiranos autoritários e impedir que os homens manifestassem suas qualidades, sua inteligência e sua habilidade técnica. Deuses e homens precisavam uns dos outros. Convinha que uns respeitassem o lugar dos outros e se reconciliassem.

Prometeu, que deu o fogo aos homens e os ensinou a utilizá-lo, foi venerado por eles como patrono dos artesãos.

Personagem mitológico muito popular, Prometeu foi o herói de uma tragédia de Ésquilo, *Prometeu acorrentado*, no século V antes de Cristo.

Psique

A história de Psique parece um conto de fadas. Ela era uma princesa, filha de um rei, e tinha duas irmãs. As três meninas eram encantadoras, mas Psique era a mais bonita. Era de uma beleza tão rara entre as mortais que até a comparavam a Afrodite*, deusa do amor. Curiosamente, suas duas irmãs encontraram marido, ao passo que Psique continuava solteira. Os rapazes a admiravam, mas não se dispunham a se casar com ela porque tinham medo de sua beleza sobre-humana. Seria uma vingança de Afrodite? Talvez. Quando ficava despeitada, a deusa se tornava perigosa.

Desesperados, os pais de Psique consultaram o **oráculo**: como encontrar um marido para a filha? A resposta foi terrível: deveriam vestir a moça de noiva e abandoná-la num rochedo solitário, onde um monstro horrível iria buscá-la. Pobre Psique, então era esse o esposo que o destino lhe reservava? Muito a contragosto, mas certos de que era preciso obedecer às instruções dos deuses, os pais agiram de acordo com as ordens do **oráculo**.

Psique então ficou sozinha no rochedo, desolada, com seu lindo vestido de noiva. Como seria aquele monstro horrível? De repente ela sentiu um vento suave e perfumado erguê-la do chão e levá-la pelo ar. Foi dar num luxuoso palácio, todo de ouro e mármore, cercado por um jardim de relva macia e árvores magníficas. Exaurida pela emoção, Psique adormeceu, embalada pelo canto dos pássaros e pelo murmúrio das fontes. Ao acordar, não viu ninguém, mas à sua frente as portas se abriram sozinhas e vozes desconhecidas, doces e acolhedoras, a convidaram para visitar sua nova morada. Por estranho que pareça, Psique não teve medo. Percorreu o palácio acompanhada por aquelas vozes sem corpo, que a guiavam e lhe diziam que estavam às suas ordens. Para a jovem, tudo aquilo era um encantamento. Mas à noite, ao se deitar, sentiu uma presença a seu lado. Na escuridão, uma voz carinhosa e agradável lhe disse: "Não tenha medo, sou seu marido. Quero que você seja feliz comigo, mas não tente me ver, pois poderá me perder para sempre." Seduzida pela voz do marido misterioso, Psique aceitou seus encontros noturnos e prometeu não romper aquele pacto estranho. Afinal, o tal "monstro" não parecia tão terrível assim!

Algum tempo depois, Psique engravidou. Estava muito feliz, mas sentia-se um pouco só naquele imenso palácio habitado por vozes sem corpo e por um esposo invisível. Assim, uma noite ela pediu permissão ao marido para visitar seus pais, pois estava preocupada com eles. Talvez achassem que ela estava morta. Além disso, queria lhes dar a boa notícia de um nascimento na família. Depois de muitas súplicas, o misterioso companheiro lhe deu autorização para ir, mas sob uma condição: ela não deveria responder a nenhuma pergunta que lhe fizessem a respeito dele.

A chegada de Psique, trazida pelo vento, foi uma festa na família. As irmãs casadas vieram de longe para vê-la e ficaram encantadas ao encontrar a moça tão feliz. Mas, quando Psique lhes mostrou os presentes lindos que tinha trazido, quando lhes falou do palácio mágico e do quanto era feliz, elas ficaram morrendo de inveja. Terá sido, mais uma vez, obra de Afrodite? A verdade é que, depois de muitas perguntas pérfidas, Psique acabou confessando que nunca tinha visto o marido. Então as irmãs se deleitaram e se puseram a dizer que ele devia ser uma criatura de pesadelo, uma serpente monstruosa que certamente devoraria Psique e seu filho. Chegaram a tal ponto que Psique sentiu-se invadida pela dúvida. Ela, que até então confiara tanto no desconhecido com quem morava, quis saber quem era ele.

Ao voltar ao palácio, levantou-se no meio da noite, acendeu um lampião a óleo, aproximou-o do esposo adormecido e viu o homem mais lindo que se possa imaginar. Na verdade, o monstro abominável era Eros, o Amor, filho de Afrodite. Perturbada com sua descoberta, Psique cambaleou, sua mão tremeu, e uma gota de óleo quente caiu no ombro do marido, que acordou. Um olhar, um simples gesto, e Eros desapareceu. Bem que ele tinha avisado!

Louca de amor e dor, Psique pôs-se a procurar Eros por toda a Terra. Afrodite, com inveja de sua beleza, havia tramado tudo. Não aceitou que seu filho se apaixonasse por uma mortal. E os deuses, solidários com Afrodite, recusaram-se a ajudar a infeliz Psique em sua procura desvairada. Suas andanças a levaram ao palácio de Afrodite, onde a deusa a prendeu e a fez passar por mil tormentos, obrigando-a até a cumprir tarefas comparáveis aos Trabalhos de Héracles*. Certo dia, teve de escolher montes de cereais, que chegavam ao teto do celeiro. Depois enfrentou os carneiros devoradores de homens, cuja lã Afrodite queria. Finalmente, sempre por ordem da terrível deusa do amor, desceu aos Infernos, enfrentando mil perigos para trazer de lá um frasco de água rejuvenescedora pertencente a Perséfone*. Em cada um desses trabalhos, ela foi ajudada, não pelos deuses, mas por humildes elementos da natureza. Animais, plantas e pedras davam-lhe sábios conselhos para escapar das ciladas mortais de Afrodite.

Ao voltar do reino dos mortos, Psique não pôde resistir à curiosidade. Será que aquela água mágica não poderia ajudá-la a encontrar Eros? Ela abriu o frasco e imediatamente caiu num sono profundo, semelhante à morte. Eros, que com o coração apertado assistia de longe ao sofrimento de sua bem-amada, não aguentou mais. Subiu ao Olimpo e foi ter com Zeus*. Pediu perdão por ter contrariado a mãe apaixonando-se por uma mortal. Disse ainda que Psique já havia sofrido demais e, com muito jeito, pediu que o senhor dos deuses concedesse a imortalidade à sua amada. Então poderia se casar com ela de acordo com a ordem divina. Zeus se comoveu, perdoou tudo e prometeu acolher Psique no Olimpo. Eros desceu para buscar Psique, acordou-a de seu sono mortal com um beijo e a levou para a morada dos deuses. Na presença de Zeus, Afrodite esqueceu sua ira e aceitou o casamento do filho. Assim, tudo acabou bem.

Em grego, a palavra *psyché* significa "alma" e a palavra *éros* significa "amor". A lenda simboliza a aliança difícil entre a alma humana e o amor, única condição da verdadeira felicidade. Essa felicidade desperta medo em alguns, donde a imagem do monstro. Ela também pode perturbar a ordem do mundo, por isso os deuses recusaram ajuda a Psique. Finalmente, só pode ser conseguida com muita luta e trabalho, donde as provações de Psique. As aventuras de Psique e Eros têm elementos dos contos da Bela e da Fera, de Cinderela e da Bela Adormecida. O escritor latino Apuleio, no século II, contou essa lenda em seu romance *O asno de ouro ou As metamorfoses*. Psique e Eros também inspiraram muitos pintores e escultores.

RÔMULO

Em Alba, cidade da Itália, vivia uma bela princesa, Reia Sílvia, filha do rei Numitor. Ela era vestal, ou seja, sacerdotisa da deusa Vesta, nome latino de Héstia*. Assim como a deusa a quem servia, ela tinha o dever de permanecer casta. As vestais eram proibidas de se casar e ter filhos.

Muitas desgraças aguardavam Reia Sílvia. Primeiro, seu pai foi destronado pelo próprio irmão, Amúlio. Depois, certo dia em que ela ia à fonte do bosque sagrado buscar água para um sacrifício em honra da deusa, um belo rapaz conseguiu seduzi-la. Reia Sílvia tentou resistir, mas foi inútil. Acontece que esse jovem era um deus, e não um deus qualquer: era Marte (nome latino de Ares*), deus da guerra. O resultado desse encontro foi o esperado: Reia Sílvia engravidou. Seu tio, furioso, lançou-a na prisão.

Em sua cela, Reia Sílvia deu à luz os gêmeos Rômulo e Remo. O tio ordenou imediatamente que os meninos fossem abandonados no campo para serem devorados pelos animais selvagens. Apareceu então uma loba, provavelmente enviada pelo deus Marte, pois era seu animal favorito. Em vez de devorar os bebês, a loba os recolheu e os amamentou.

Ao se tornarem adultos e fortes, os dois irmãos libertaram a mãe, mataram Amúlio e entregaram o poder a seu avô, Numitor. Depois resolveram fundar uma nova cidade, mas infelizmente tiveram uma briga violenta e Rômulo matou Remo. Sozinho, o herói fundou uma cidade à qual deu seu nome, Roma, tornando-se seu primeiro rei.

Era assim que os romanos contavam o surgimento de sua cidade, que deu origem a um poderoso império e cujo símbolo continuou sendo a loba amamentando os gêmeos.

SÁTIROS

Os sátiros eram gênios dos bosques e das florestas, das montanhas e dos vales. Assim como as ninfas* e os silenos*, eles eram divindades secundárias que habitavam a natureza, encarnando sua força jovial e desenfreada.

Os sátiros tinham o corpo peludo, patas de bode, nariz chato e orelhas pontudas, com aparência meio humana, meio animal. Companheiros de Dioniso*, faziam parte do cortejo ruidoso e festivo que rodeava o deus quando a natureza renascia na primavera ou quando dava seus últimos frutos, no outono. Suas atividades costumeiras eram dançar, beber e perseguir as ninfas. Alguns sátiros, como Mársias, eram músicos.

Por ocasião das grandes representações teatrais na Grécia antiga, originalmente consagradas a Dioniso, primeiro três poetas apresentavam três tragédias ao público. Depois, encenava-se uma peça "satírica", paródia cômica cujo coro era formado por atores vestidos de sátiros.

Sileno

Não havia criatura mais feia do que Sileno! Era careca, barrigudo, tinha nariz largo e orelhas de cavalo. Era beberrão e vivia perseguindo as ninfas*. Sileno era um dos companheiros preferidos de Dioniso*, de quem se tornou pai de criação quando o deus saiu da coxa de Zeus*. Apesar de seu físico desfavorável e de seus costumes levianos, Sileno, filho de Pã* ou de Hermes*, era dotado de grande sabedoria. Divindade secundária, era iniciado nos segredos divinos de Dioniso.

Certo dia, depois de ter bebido copiosamente, Sileno adormeceu na montanha e foi raptado pelos criados de Midas*, rei da Frígia. Ao reconhecê-lo, Midas mandou soltá-lo, mas quis antes lhe arrancar alguns segredos sobre a vida e o futuro. Quando Sileno despertou, foi crivado de perguntas pelo rei e deu uma resposta muito pessimista: "Qual a melhor coisa para um mortal? Pois bem, é não nascer. E, se já nasceu, é morrer o mais depressa possível."

De suas inúmeras aventuras com ninfas, Sileno teve muitos filhos, chamados silenos. Eram todos feios e beberrões como o pai, mas não herdaram suas qualidades. Os silenos eram grosseiros e covardes, mais por estupidez do que por maldade. Sua preocupação principal era se divertirem com os sátiros* e correr atrás das ninfas.

Na Antiguidade, o filósofo Sócrates, feio e sábio, era comparado a Sileno.

Sísifo

Rei de Corinto, Sísifo era descendente distante de Prometeu*. Era daquele tipo de homens cheios de manha e astúcia que, nos relatos mitológicos, sempre davam um jeito de enganar seus semelhantes e, às vezes, até os deuses. Diz-se que ele foi o pai verdadeiro de Ulisses*, herói engenhoso por excelência. De fato, quando Anticleia, futura mãe de Ulisses, se casou com Laertes, rei de Ítaca, Sísifo foi convidado para as bodas. Graças a uma artimanha, ele conseguiu se introduzir antes de Laertes na cama do casal.

Sísifo não tinha nenhum escrúpulo quando se tratava de defender seus interesses. Certa vez, quis trapacear o senhor dos deuses e acabou pagando caro. Quando Zeus* raptou a ninfa* Égina, Sísifo viu tudo e foi denunciar o autor do rapto ao pai da jovem. Foi um ato de heresia que Zeus não podia tolerar. Ele lançou seu raio sobre Sísifo, mas este escapou. Então Zeus deu a Tanatos, gênio da morte, a missão de arrastar o rei ao fundo dos Infernos. Mais uma vez Sísifo se safou e prendeu a Morte. Foi uma catástrofe! A Morte deixou de agir, e logo não haveria mais lugar na terra para todos os vivos. Exasperado, Zeus forçou Sísifo a libertá-la, e a Morte então se apoderou dele.

Antes de morrer, porém, o rei pediu em segredo à sua mulher que ela não lhe prestasse as honras fúnebres. Assim, ao chegar aos domínios de Hades*, deus dos mortos, Sísifo teve um bom motivo para pedir para voltar à terra. Disse que queria castigar sua esposa por não ter cumprido seu dever. Indignado pela atitude daquela mulher ímpia, Hades autorizou Sísifo a voltar ao reino dos vivos, contanto que ele jurasse que logo desceria novamente aos Infernos. Sísifo voltou imediatamente para casa. Em vez de punir a mulher, escondeu-se em seu palácio, fez com ela muitos filhos e viveu até uma idade muito avançada. Hades, ocupado com todos os seus mortos, acabou esquecendo completamente a promessa de Sísifo.

Mas Sísifo não era imortal. Quando finalmente ele morreu, os deuses, temendo ser ridicularizados mais uma vez, acharam um bom jeito de segurá-lo definitivamente no reino dos mortos. Ele recebeu a missão de empurrar uma pedra enorme por uma encosta para deixá-la no alto da montanha. Chegando ao cume, a pedra rolava para baixo e Sísifo tinha de subir de novo. Assim, estava amarrado eternamente a uma tarefa interminável.

Na Antiguidade, o suplício de Sísifo era o exemplo de uma punição aos mortais que ousassem desafiar os deuses. No século XX, Albert Camus, em sua obra *O mito de Sísifo*, vê nele o símbolo do absurdo da condição humana.

T
U
Z

Talos

Contavam-se muitas coisas sobre Talos, o gigante de bronze que guardava a ilha de Creta. Os cretenses chegavam até a dizer que ele era o pai de Hefesto*, deus do fogo e da **forja**. Decerto essa era uma maneira de glorificar sua ilha, fazendo-a pátria de um deus. Mas a tradição mais difundida mostra Talos como um gigantesco robô de bronze, oferecido por Zeus* à sua amada Europa*, ou ainda construído por Dédalo* para o rei de Creta, Minos*, filho de Zeus e de Europa.

Talos era um autômato terrível. Era encarregado de proteger a ilha de Creta e de fazer com que nela as leis fossem respeitadas. Tinha o poder de se deslocar com a velocidade do vento por toda a região. Sua tarefa principal era o controle das fronteiras. Assim, três vezes por dia ele dava uma volta em toda a ilha e não permitia que ninguém saísse dela sem autorização do rei. Talos tinha uma força descomunal e jogava rochedos imensos sobre os navios que tentavam aportar. Ai dos navegadores que se aproximavam de Creta sem autorização! Quando, por milagre, escapavam do naufrágio, os intrusos eram alcançados por Talos, que antes mergulhava no fogo e os fazia torrar sobre sua carcaça em brasa.

Mas esse guarda terrível, que parecia indestrutível, tinha um ponto fraco. Tinha no tornozelo um pino de bronze que fechava uma veia. A terrível feiticeira Medeia*, por ocasião da viagem dos Argonautas*, conseguiu soltar o tal pino. O sangue escorreu pelo buraco e o robô de bronze desmoronou, mortalmente ferido.

TÂNTALO

Tântalo era rei da Frígia. Riquíssimo, ele tinha tudo para ser um herói valoroso. Era filho de Zeus* e da ninfa* Plotas, gozando da proteção do pai, que ele ajudara a raptar Ganimedes*.

Num acesso de orgulho insano, Tântalo cometeu um crime pavoroso que o condenou a uma punição eterna. Para dar mostras de seu poder, ele convidou alguns imortais para um grande banquete e lhes ofereceu como refeição seu próprio filho, Pélope, que ele mandara matar e assar como se fosse carne de caça. Os deuses, horrorizados com o abominável sacrilégio, fizeram Pélope ressuscitar e lançaram seu pai nos Infernos. Lá, Tântalo foi condenado a um suplício terrível: embora mergulhado na água até a cintura, nunca podia beber, pois o líquido escorria de sua boca. Acima de sua cabeça, um galho de árvore lhe oferecia os mais belos frutos mas saía de seu alcance quando ele levantava a mão para colhê-los. Tântalo pagou seu crime passando fome e sede para sempre.

Mas ele não foi o único a pagar. Seus descendentes não escaparam à vingança dos deuses. Os filhos de Níobe*, filha de Tântalo, foram mortos pelas flechas de Apolo* e Ártemis*. Pélope, seu filho, teve dois filhos inimigos, Atreu* e Tiestes, cujos filhos, Agamêmnon*, Menelau* e Egisto, viveram a terrível tragédia dos Átridas.

TESEU

Filho de Egeu, rei de Atenas, Teseu tornou-se o herói da cidade. Suas aventuras fazem parte da história lendária da Ática, região em torno de Atenas. Seu nascimento já prenunciava um destino excepcional.

Apesar de dois casamentos sucessivos, o pai de Teseu não tinha filhos e se preocupava em ter de deixar o trono para seus cinquenta sobrinhos, que desejavam partilhar o reino. Egeu foi até Delfos para consultar o **oráculo** e obteve uma resposta enigmática: o **oráculo** lhe disse para não destampar o "**odre** de vinho" antes de chegar a Atenas. No caminho de volta, Egeu parou em casa de seu amigo Piteu, rei de Trezena, e lhe contou o que tinha acontecido. Piteu compreendeu do que se tratava: Egeu só poderia ter um filho se estivesse embriagado, e o **oráculo** lhe aconselhava a esperar chegar em casa para conceber um descendente. Piteu, no entanto, desejava que sua filha, Etra, tivesse um filho que pudesse herdar o trono de Atenas. Assim, sem explicar a Egeu o sentido da profecia, embriagou-o e o fez dormir com Etra. Depois dessa noite de amor, Etra engravidou, e Egeu entendeu o que significavam as palavras do **oráculo**. Mas ele precisava voltar para Atenas e, antes de deixar Etra, escondeu debaixo de um rochedo sua espada e suas sandálias. Pediu à moça que não revelasse ao filho sua verdadeira identidade. Pediu também que ela o mandasse a Atenas assim que ele tivesse tamanho e força para remover o rochedo, calçar as sandálias e pôr a espada na cintura.

Teseu viveu seus primeiros anos em Trezena e logo deu provas de muita força e coragem. Conta-se que, certa vez, Héracles* foi visitar Piteu e colocou sua pele de leão numa cadeira. Todas as crianças do palácio fugiram, certas de que uma fera de verdade tinha entrado no recinto. Teseu, que tinha sete anos, empunhou uma espada e avançou para cima do "monstro".

Teseu tinha apenas dezesseis anos quando conseguiu remover o rochedo. A mãe lhe revelou o segredo de seu nascimento e o jovem, calçando as sandálias e cingindo a espada do pai, partiu para Atenas. Na época, Héracles estava prestando serviços a Ônfale e não podia combater os ladrões e vagabundos, que então infestavam as estradas. Teseu, porém, não tinha medo de nada. Pelo contrário, estava ansioso por provar sua coragem e mostrar-se tão forte quanto Héracles. No caminho entre Trezena e Atenas, ao longo do istmo de Corinto, encontrou personagens muito perigosos e conseguiu vencer todos eles. Entre outros feitos, livrou a região do famoso Procusto, que matava os viajantes fazendo cada um experimentar uma cama que nunca era de seu tamanho justo. Quando a cama era muito curta, cortava os pés e a cabeça do infeliz. Quando era muito comprida, esticava a vítima até ela morrer.

Portanto, quando Teseu chegou a Atenas, sua fama de herói já se espalhara pela cidade. Egeu quis receber na corte aquele jovem corajoso, sem saber ainda quem ele era. O rei de Atenas estava casado com a temível feiticeira Medeia*, com quem tinha um filho. Medeia foi a primeira a compreender quem era Teseu e, vendo nele um rival de seu filho, quis envenená-lo. Na hora da refeição, quando Teseu tirou a espada para cortar a carne, Egeu reconheceu a arma, beijou o filho e o apresentou a todos. Depois, ao descobrir o projeto de Medeia, repudiou-a e a expulsou do palácio com o filho. Mas a madrasta de Teseu não foi a única a temer sua chegada. Seus cinquenta primos, sentindo que iriam perder definitivamente o poder, tentaram matá-lo. Teseu despedaçou todos eles!

Egeu contou a Teseu uma triste história. Desde que os atenienses tinham matado um filho de Minos*, rei de Creta, este exigia que todos os anos sete rapazes e sete moças de Atenas fossem entregues a Creta para serem devorados por seu filho, o Minotauro*. O Minotauro era um monstro metade homem, metade touro que Minos mantinha preso em seu palácio de Cnosso.

Teseu ficou indignado. Era preciso acabar com aquele jugo, que já durava três anos. Resolveu participar do próximo grupo de jovens destinados ao Minotauro. A partida se aproximava, e no porto via-se o navio com sinistras velas pretas que transportaria as futuras vítimas até Creta. Teseu prometeu ao pai que, se vencesse o monstro, na volta ele mandaria içar velas brancas. E lá se foi o navio.

Ao chegarem a Creta, os sete rapazes e as sete moças foram levados até o labirinto, misteriosa construção concebida por Dédalo*, arquiteto do rei. Era lá que morava o Minotauro. O labirinto tinha uma planta complicada, constituída de corredores, aberturas e passagens muito intrincadas, de modo que, uma vez lá dentro, ninguém conseguia sair. No entanto, ao descer do navio, o olhar de Teseu cruzou com o de uma bela jovem, que lhe fez um sinal. Ao chegar à porta do labirinto, lá estava a mesma jovem – era Ariadne*, filha do rei Minos, que se apaixonara pelo herói ateniense. Ariadne chamou Teseu de lado e lhe disse que estava disposta a ajudá-lo, desde que ele a desposasse. Teseu concordou e a moça lhe entregou um novelo de linha. Ela seguraria uma das pontas e Teseu deveria deixá-lo se desenrolar ao longo de todo o trajeto pelas salas e corredores do labirinto. Depois de vencer o monstro, era só ele voltar acompanhando o fio de linha, enrolando-o de novo.

Teseu e os outros jovens foram trancados dentro da morada do monstro, por cujos corredores ecoavam mugidos assustadores. Teseu avançou, deixando os companheiros de infortúnio perto da porta. Estava sem sua espada, pois as vítimas tinham sido desarmadas antes de entrar. Desenrolando o novelo de linha, ele foi caminhando pelo labirinto. Os urros se aproximavam. Finalmente, numa espécie de pátio interno, o herói avistou o monstro. Era horrível, assustador, mas o jovem não se deixou impressionar. Enfrentou-o aos socos e conseguiu matá-lo. Os atenienses estavam livres do Minotauro! Graças ao fio de linha, Teseu voltou a encontrar seus companheiros e Ariadne, que o esperava na porta.

Todos correram para o porto, puseram a pique a frota cretense para impedir que Minos os perseguisse e embarcaram rumo a Atenas. Ariadne ia com eles. No caminho de volta, a primeira escala foi na ilha de Naxos, nas Cíclades. Ariadne desceu à terra firme para descansar. Adormeceu e, ao acordar, avistou as velas do navio ateniense, que se afastava. Teseu a abandonara. Por quê? Será que Teseu amava outra mulher? Provavelmente ele se afastou por ordem do deus Dioniso*, que amava Ariadne. A verdade é que o deus surgiu e levou a moça para a terra dos deuses, onde se casou com ela.

A viagem de volta chegava ao fim. Teseu, feliz com a vitória, esqueceu-se da promessa feita ao pai e não mandou trocar as velas. Ao avistar de longe as velas pretas do navio que trazia o filho, o rei se desesperou. Acreditando que Teseu estivesse morto, jogou-se no mar. A partir desse dia, a parte oriental do mar Mediterrâneo se chama mar Egeu.

Assim, Teseu sucedeu ao pai e reorganizou o reino de Atenas. Diz-se que foi ele que fez de Atenas a capital da Ática, que criou a primeira moeda e que estabeleceu o sistema político e social vigente no período clássico. Segundo a tradição, também foi ele que instituiu a festa das Panateneias, que reunia em Atenas toda a população grega. Teseu restabeleceu na cidade de Corinto os Jogos Ístmicos, grandes festejos religiosos e esportivos em honra de Posêidon*. Conta-se que Édipo*, rei de Tebas, ao furar os olhos quando descobriu seus crimes involuntários, encontrou asilo em Atenas, onde foi acolhido por Teseu. Mais tarde, Teseu se encarregou de mandar sepultar os corpos dos gregos mortos por ocasião da expedição dos Sete contra Tebas, episódio da luta entre os filhos de Édipo para suceder-lhe no trono de Tebas.

Teseu foi um rei justo e bom, mas tinha uma fraqueza: amava as mulheres e não hesitava em seduzi-las e até em raptá-las. Assim, raptou Antíope, uma das amazonas*, terríveis mulheres guerreiras que viviam sem homens. Apaixonada por seu raptor, Antíope lhe deu um filho, Hipólito. Para resgatar a companheira, as amazonas avançaram armadas sobre Atenas e foram vencidas ao pé da Acrópole. A pobre Antíope, que tomara o partido de Teseu, morreu no combate.

Então Teseu resolveu se casar com Fedra*, irmã mais nova de Ariadne. Fedra lhe deu dois filhos, Acamas e Demofonte. Mas nem assim ele sossegou. Com seu amigo Pirítoo, seduziu e raptou duas filhas de Zeus*: Helena* de Esparta, ainda muito jovem, e Perséfone*, esposa de Hades*, deus dos Infernos.

O primeiro rapto provocou a ira dos irmãos de Helena, os Dioscuros* Castor e Pólux. À frente de um exército, os dois foram até o palácio de Trezena resgatar a irmã, que Teseu confiara à sua mãe. Depois expulsaram do trono os filhos de Teseu, que estavam substituindo o pai enquanto ele descia aos Infernos com Pirítoo para executar o segundo plano de rapto.

Teria sido melhor Teseu ficar onde estava, governando. Querer raptar a mulher de Hades era pura loucura. O deus dos Infernos, percebendo muito bem qual era o plano dos dois amigos, não deixou transparecer nada e convidou-os para uma refeição. Ao final, quando os dois quiseram se levantar, foi impossível. Não conseguiram sair da cadeira e, assim, ficaram presos nos Infernos. Ao descer ao reino dos mortos para cumprir o último de seus Doze Trabalhos, Héracles conseguiu arrancar Teseu de seu assento. O pobre Pirítoo, no entanto, ficou ali para sempre.

Teseu escapou do reino de Hades e foi imediatamente para Atenas. Chegando lá, teve conhecimento da extensão do desastre. Tinha perdido o trono e, em sua casa, iniciava-se um drama. Sua esposa, Fedra, tinha se apaixonado por Hipólito, filho que Teseu tivera com Antíope. Confessara seu amor ao rapaz, mas ele a rejeitara. Para se vingar, Fedra contou a Teseu que Hipólito tinha tentado seduzi-la. Furioso, Teseu instigou sobre seu filho a cólera de Posêidon, que enviou um dragão para atacar o carro do jovem. Assustados, os cavalos do carro dispararam e Hipólito morreu no acidente. Desesperada, Fedra confessou que tinha mentido e se suicidou. Teseu não tentou retomar o poder em Atenas. Reuniu-se a seus filhos no exílio, na ilha de Ciros, onde morreu caindo de uma **falésia**. Há quem diga que foi empurrado pelo rei Licomedes, invejoso de sua glória passada.

Acamas e Demofonte, filhos de Teseu e Fedra, participaram da Guerra de Troia* e depois retomaram o poder em Atenas, governando com muita sensatez.

Teseu é um rei lendário que se dizia filho de Posêidon. Todavia, Atenas conservou sua memória como sendo um herói real da história da cidade. Dizem que nas guerras **médicas**, por ocasião da batalha de Maratona, no século V antes de Cristo, no seio do exército grego que lutava contra os invasores persas, apareceu um herói gigantesco que levou os gregos à vitória. Era Teseu, que voltava para ajudar seu povo a defender a liberdade. No final das guerras **médicas**, o **oráculo** de Delfos ordenou aos atenienses que fossem procurar o corpo de Teseu em Ciros para enterrá-lo em Atenas. Milcíades, general vencedor em Maratona, encarregou-se da expedição. Em Ciros, uma águia lhe indicou o lugar em que Teseu estava sepultado. O corpo foi levado para Atenas, onde se ofereceram grandes festas ao povo por ocasião dos funerais do herói. Seu túmulo magnífico tornou-se depois um local de abrigo para escravos fugitivos.

Quem era Teseu? Um herói mitológico, filho de um deus e vencedor do Minotauro? Ou um personagem real da cidade de Atenas cujas cinzas foram reverenciadas como as de um rei de verdade? Provavelmente os dois ao mesmo tempo. Não esqueçamos que, para os gregos antigos, a diferença entre mito e verdade histórica não tinha importância.

As aventuras de Teseu inspiraram escritores, pintores e músicos ao longo dos séculos. O episódio do labirinto e da luta contra o Minotauro foi reproduzido milhares de vezes em vasos e mosaicos antigos. Também foi tema de artistas mais recentes, como os pintores Matisse e Picasso. Os trágicos gregos encenaram a história de Teseu. Eurípides escolheu Fedra como seu personagem principal, assim como Racine, vinte séculos depois.

Tétis

Tétis era uma nereida, isto é, uma filha de Nereu*, deus marinho muito antigo chamado de "Velho do Mar". De seu casamento com o rei Peleu, ela teve um filho, Aquiles*.

Apesar de ser uma divindade marinha, Tétis foi criada no Olimpo, por Hera*, esposa de Zeus*, por quem ela tinha muito afeto. Foi Tétis que, mais tarde, acolheu em seu palácio do fundo do mar o pequeno Hefesto*, filho de Zeus e de Hera, jogado por seus pais do alto do Olimpo.

Tétis era de uma beleza notável, e Zeus, marido pouco fiel, quis seduzi-la. Mas ele ficou sabendo por um **oráculo** que o filho de Tétis seria mais poderoso do que o pai. Zeus, que tinha destronado seu pai, não quis correr o mesmo risco e resolveu casá-la o mais depressa possível com um mortal. Escolheu Peleu, rei de Ftia, reconhecido por suas grandes qualidades. Mas Tétis não aceitava casar-se com um mortal, e Peleu teve muita dificuldade em conquistá-la. Como deusa marinha, ela usou amplamente o poder que tinha de mudar de aparência. Transformando-se alternadamente em pássaro, tigre, leão, árvore, vento, fogo, serpente, escapava a seu futuro marido quando ele queria agarrá-la. Finalmente, graças aos conselhos de seu velho amigo, o centauro* Quíron, Peleu conseguiu apoderar-se da bela deusa. Ela voltou à sua forma feminina e aceitou desposá-lo. Houve uma grande festa, que reuniu todos os deuses. Foi nessa ocasião que Éris, a Discórdia, única deusa que não tinha sido convidada para o casamento, lançou o famoso **pomo** de ouro, que deu origem à Guerra de Troia*.

Tétis tentou tornar imortais os filhos que teve com Peleu, jogando-os no fogo. Mas seu método não dava certo e as crianças sempre morriam. Quando nasceu seu sétimo filho, Aquiles, Peleu se zangou, tirou o menino do meio das chamas e mandou a mulher de volta a seu palácio submarino. Antes de partir, ela conseguiu mergulhar o bebê no rio dos Infernos, o Estige, segurando-o pelo calcanhar. O corpo de Aquiles se tornou invulnerável, com exceção do calcanhar, que não se molhou.

Apesar de separada do filho, Tétis o protegeu durante toda a sua vida, sempre usando seus poderes divinos para ajudá-lo. Mas não conseguiu evitar que ele fosse morto em Troia, pois era seu destino. Nos mitos, ninguém escapa ao destino, nem mesmo os deuses. Depois da morte do filho, Tétis passou a cuidar de seu neto, Neoptólemo. Apesar de sua desavença com Peleu, ela o tornou imortal e eles continuaram sendo esposos para sempre.

Tétis está presente com frequência na *Ilíada*, onde intervém para ajudar seu filho nos combates da Guerra de Troia. O poeta latino Ovídio, em *Metamorfoses*, conta todas as artimanhas empregadas por Tétis para fugir de Peleu antes de seu casamento.

Tirésias

Tirésias foi um dos mais célebres adivinhos da mitologia. Ao longo de todas as narrativas mitológicas, a voz do destino se faz ouvir. **Oráculos**, adivinhos, profetisas revelam aos heróis o seu destino, feliz ou infeliz, ou os ajudam a decidir e a agir.

Por parte de pai, Tirésias descendia da raça dos homens nascidos dos dentes de dragão semeados por Cadmo*, fundador de Tebas. Sua mãe era uma ninfa*, amiga de Atena*. As profecias de Tirésias têm um papel importante nas lendas tebanas, e principalmente nas de Édipo* e de seus descendentes.

De onde Tirésias extraía seu poder de prever o futuro? Há duas lendas diferentes a esse respeito.

A primeira conta que certo dia, quando Atena se banhava numa fonte com suas companheiras, Tirésias estava caçando pelas redondezas e viu a deusa nua. A casta Atena não suportou seu olhar e cegou o jovem. Mas, comovida pelos lamentos da mãe de Tirésias, sua amiga ninfa, ela concedeu a seu filho o dom da segunda visão. Cego para o presente, Tirésias conseguia enxergar o futuro.

A outra lenda conta uma aventura muito estranha. Caminhando pelas montanhas, certo dia o jovem Tirésias viu duas serpentes copulando. Quis separá-las e acabou ferindo a fêmea. Para sua surpresa, transformou-se imediatamente em mulher. Sete anos depois, no mesmo lugar, mais uma vez ele encontrou duas serpentes copulando. Mais uma vez tentou separá-las e, então, voltou a seu sexo original. Tirésias ficou famoso por sua dupla experiência. Certo dia, Zeus* e Hera* discutiam para saber se era o homem ou a mulher que tinha maior prazer no amor, e chamaram Tirésias para dar seu parecer. Sem pestanejar, o jovem disse que a mulher tinha um prazer nove vezes mais intenso do que o do homem. Hera ficou furiosa, pois não suportou que o segredo do prazer feminino fosse revelado. Para punir Tirésias, privou-o da visão. Zeus, satisfeito por ter compreendido um dos grandes mistérios das mulheres, conferiu-lhe o poder da adivinhação.

Depois de sua morte, Tirésias teve o privilégio, concedido pelo senhor dos deuses, de conservar seus dons. Para consultá-lo, Ulisses*, seguindo o conselho de Circe, evocou as almas dos mortos. Pela boca do adivinho, que era apenas uma sombra, ficou sabendo que voltaria a Ítaca, sozinho e miserável, e se vingaria dos impostores que ocupavam seu palácio.

Tirésias deu origem a uma verdadeira dinastia. Sua filha, Manto, e seu neto, Mopso, tornaram-se grandes peritos na arte da adivinhação.

O personagem de Tirésias está presente na *Odisseia* de Homero e nas tragédias *Édipo rei*, de Sófocles, e *As fenícias*, de Eurípides.

Titãs

Os Titãs são deuses muito antigos que reinaram sobre o universo antes de Zeus* tomar o poder. Gaia*, deusa da Terra, teve inúmeros filhos com Urano, entre os quais os doze Titãs. Seis dos Titãs eram divindades masculinas: Oceano, Coios, Crio, Hipérion, Jápeto e Crono. Os outros seis eram divindades femininas: Teia, Reia, Têmis, Mnemósine, Febe e Tétis. Todos de tamanho gigantesco, os Titãs representavam as forças da natureza.

Urano, temendo que algum dia os filhos que concebia com Gaia tomassem o poder, obrigava-a a guardá-los dentro dela, ou seja, no centro da Terra. Mas Crono, o mais jovem dos Titãs, que era muito ambicioso, conseguiu se libertar e libertar seus irmãos e irmãs, com a ajuda da própria Gaia. Ele mutilou o pai com uma foice de **sílex**, e tornou-se o senhor do mundo. Com sua irmã Reia, ele gerou os seis primeiros olímpicos, entre os quais Zeus*, que depois, por sua vez, destronou o pai.

Os outros Titãs, que partilhavam o poder com Crono, uniram-se e tiveram inúmeros filhos. Assim, por exemplo, Oceano e Tétis, divindades marinhas, tiveram por filhos os três mil rios, as três mil ninfas* das fontes – chamadas Oceânides – e Métis, deusa da sabedoria, que foi a primeira esposa de Zeus. Hipérion, deus das alturas do céu, e Teia, a Divina, geraram Hélio (o Sol), Selene (a Lua) e Eo (a Aurora). O Titã Jápeto casou-se com uma ninfa, e dessa união nasceram Prometeu*, Epimeteu e Atlas.

Quando Zeus tomou o poder de seu pai, Crono, e quis reinar com seus irmãos e irmãs, os olímpicos, entrou numa luta violenta contra os Titãs, que tomaram o partido do irmão contra o filho dele. A batalha entre olímpicos e Titãs durou dez anos, e acabou sendo vencida por Zeus, que contou com a ajuda dos outros filhos de Urano e Gaia, os ciclopes e os hecatonquiros. Entretanto, o Titã Oceano e as Titãs recusaram-se a entrar no conflito. Alguns filhos dos Titãs, como Hélio e Prometeu, tomaram o partido de Zeus.

O novo senhor dos deuses reservou um lugar no mundo divino aos que o ajudaram. Os outros foram jogados no fundo do mundo subterrâneo, onde ficaram trancados para sempre atrás de portas de bronze guardadas por três hecantoquiros. Atlas foi submetido a regime especial: sua punição consistiu em carregar nos ombros a abóbada celeste, eternamente!

Zeus não guardou nenhum rancor às Titãs, pois todas se mantiveram alheias ao conflito. Aliás, o deus até seduziu duas delas. Têmis, deusa da justiça, tornou-se sua segunda esposa. Mesmo depois de repudiada, ela permaneceu no Olimpo como conselheira dos deuses. Com Mnemósine, deusa da memória, Zeus gerou as nove musas*.

Apesar de terem sido vencidos e afastados do poder divino, os Titãs tinham muito prestígio junto aos gregos. Eram venerados por sua coragem e engenho, como se veneram os ancestrais desaparecidos cuja memória permanece viva.

Troia (guerra de)

Na Antiguidade remota, Troia era uma cidade da Ásia Menor, onde atualmente fica a Turquia. Chamava-se Ílion, por referência a Ilo, seu fundador.

A guerra que durante dez anos opôs gregos a troianos sob os muros da cidade de Troia é um dos episódios mais importantes da mitologia grega. A narração dessa guerra pertence à história legendária dos homens, mas os deuses estão presentes nela todo o tempo. Muitos reis e príncipes gregos participaram dessa guerra, e todas as cidades gregas guardavam a lembrança de algum ancestral legendário que teria lutado em torno das muralhas de Troia.

Qual a causa dessa guerra? Por que os gregos atravessaram o mar para ir lutar diante daquela cidade distante? Pois bem, a lenda diz que Páris*, filho do rei de Troia, Príamo*, raptou a bela Helena*, mulher de Menelau*, rei de Esparta. Mas muitos episódios antecederam esse rapto.

Por ocasião do banquete de casamento de Tétis* e Peleu*, Éris, deusa da discórdia, única divindade que não tinha sido convidada, resolveu estragar a festa. Lançou um **pomo** de ouro no qual havia a inscrição "à mais bela". Cada uma das grandes deusas presentes, Hera*, Afrodite* e Atena*, achou que tinha direito ao **pomo**. O céu estremeceu com a disputa entre as três deusas – aliás, desse episódio deriva a expressão "**pomo** da discórdia". Zeus, desejando manter a paz no Olimpo, decidiu que a questão deveria ser resolvida por um árbitro que fosse mortal, e escolheu Páris, filho do rei Príamo. Ora, quando Páris nascera, um **oráculo** previra que ele provocaria a ruína de sua pátria. Ninguém mais se lembrava dessa funesta profecia, mas o destino seguia seu curso.

Hermes* levou as três rivais ao monte Ida, que se erguia atrás da cidade de Troia e onde o jovem vigiava seu rebanho. Páris não hesitou: entre as três deusas, escolheu Afrodite, deusa do amor, que em troca lhe prometeu que ele seduziria a mais bela mulher do mundo. Essa mulher era Helena. Em visita a Esparta, Páris a raptou e a levou para Troia.

Menelau, com o coração partido, convocou todos os príncipes e reis da Grécia para ajudá-lo a resgatar sua mulher. A maioria deles, que em outros tempos tinham sido pretendentes de Helena, tinham feito um juramento de que ajudariam aquele que se tornasse marido dela caso seu casamento se visse ameaçado. Assim, todos responderam ao apelo de Menelau.

Os gregos resolveram primeiro enviar uma embaixada a Troia, mas não deu resultado. Então Menelau foi a Delfos, em companhia de Ulisses*, rei de Ítaca, para saber do **oráculo** se poderiam tentar uma expedição militar. O **oráculo** deu resposta favorável. Porém, a condição do sucesso da expedição seria que o jovem Aquiles* também participasse. Ulisses se encarregou de tirar Aquiles da corte do rei de Ciros, onde sua mãe o escondera, temendo por sua vida. Todos os chefes da Grécia se reuniram em Áulis com seus exércitos e seus navios. Lá estavam o sábio Nestor*, rei de Pilos, Ulisses, os dois Ájax*, Filoctetes*, a quem Héracles* deixara suas armas ao morrer, Aquiles, Menelau, seu irmão, Agamêmnon*, rei de Micenas e de Argos, e muitos outros. Por votação, Agamêmnon foi escolhido chefe supremo de todos os exércitos.

Acontece que, na hora da partida, o vento cessou. Como chegar a Troia sem um sopro de vento para inflar as velas dos navios? Calcas, adivinho do exército grego, explicou então que a deusa Ártemis* manifestava daquela maneira sua cólera contra Agamêmnon e Menelau. Calcas acrescentou que só o sacrifício de Ifigênia*, filha de Agamêmnon, poderia tranquilizar a deusa e fazer voltar o vento necessário à viagem. Apesar de seu desespero, o chefe dos exércitos gregos teve de se submeter à vontade de Ártemis. Mandou trazerem a filha até Áulis, dizendo que era para casá-la com Aquiles antes de partirem para a guerra. Diante de todos os gregos reunidos, foi realizado o sacrifício. Dizem que, no momento em que o punhal do sacerdote se preparava para descer sobre a vítima, a deusa substituiu a moça por uma corça, sem ninguém perceber.

Finalmente o vento recomeçou e a expedição rumou para a costa da Ásia Menor. A viagem foi longa e difícil. Numa das escalas, o herói Filoctetes foi picado por uma serpente. Sua ferida infeccionou de tal modo que os companheiros, sem esperança de curá-lo, abandonaram Filoctetes na ilha de Lemnos.

Quando a frota chegou à frente de Troia, Menelau, ainda querendo evitar a guerra, desafiou Páris para um duelo, propondo que Helena coubesse ao vencedor. Travou-se a luta e Páris foi ferido. Afrodite, temendo pela vida de seu protegido, envolveu-o em névoa, subtraindo-o aos golpes do adversário. Os gregos, considerando Menelau vencedor, exigiram que os troianos entregassem Helena ao esposo. Os troianos recusaram, e cresceu a tensão entre os exércitos que se defrontavam. Uma flecha lançada do campo dos troianos feriu Menelau. Os dois lados se enfureceram. Travou-se a batalha e nos dois campos caíam mortos e feridos. A Guerra de Troia começava, para durar dez anos.

Além do confronto dos homens nos campos de batalha, a Guerra de Troia foi também o confronto dos deuses. Cada um escolhia seu partido e não hesitava em ajudar os mortais diretamente em seus combates. Do lado dos troianos ficaram Afrodite, é claro, e Ares*, deus da guerra. Do lado dos gregos, ficaram Hera e Atena, que não perdoaram Páris por sua escolha, e também Posêidon*, Tétis, mãe de Aquiles, Hefesto*, esposo enganado de Afrodite. Zeus* assumiu o papel de árbitro. Apolo*, depois de hesitar em interferir nos assuntos dos homens, acabou ajudando os gregos.

Durante nove anos, o exército grego sitiou Troia e acampou sob seus muros, sem conseguir tomar a cidade. Destacamentos faziam expedições às regiões vizinhas, trazendo víveres, armas e prisioneiros. Numa dessas batidas, Agamêmnon raptou a filha de um sacerdote de Apolo. O deus exigiu que ele a devolvesse ao pai. Agamêmnon se submeteu, mas, como chefe dos exércitos, ordenou que Aquiles lhe desse em troca sua própria **cativa**, Briseida. Furioso, pois estava apaixonado por sua bela prisioneira, Aquiles resolveu que não lutaria mais. Retirou-se para sua tenda, recusando-se a participar dos combates, mesmo quando a situação dos gregos se tornou muito difícil, diante da ameaça dos troianos de incendiarem sua frota. A *Ilíada* de Homero começa com a briga entre os dois homens e a fúria de Aquiles.

Aquiles só voltou a lutar quando seu amigo Pátroclo* foi morto por Heitor*, filho do rei de Troia. Graças ao herói, a sorte pareceu voltar para o lado dos gregos, que passaram a multiplicar suas vitórias.

Aquiles matou Heitor, submetendo o rei Príamo à perda do filho e do mais valente de seus guerreiros. O rei foi em pessoa suplicar ao herói grego que devolvesse o corpo de seu filho, que só foi recuperado mediante resgate. Os adversários sucumbiam aos golpes de Aquiles. Uma de suas vítimas foi Pentesileia, rainha das amazonas*, que viera ajudar os troianos. No momento em que Pentesileia deu seu último suspiro, Aquiles apaixonou-se loucamente por ela. Durante uma batalha, porém, uma flecha lançada por Páris atingiu Aquiles no calcanhar, único ponto vulnerável de seu corpo. Assim morreu o mais valoroso dos heróis gregos.

Depois das mortes de Heitor e de Aquiles, o cerco de Troia prosseguiu. A cidade não se rendia e os gregos estavam inquietos. Enviaram Ulisses para buscar Filoctetes na ilha em que fora abandonado, pois precisavam de suas armas, as tais armas que ele herdara de Héracles. Foi Filoctetes, já curado, quem feriu mortalmente o responsável por essa guerra violenta: Páris. Também foram procurar o filho de Aquiles, Neoptólemo, que o **oráculo** disse que tomaria o lugar do pai.

Enquanto isso, dentro da cidade, Deífobo e Heleno, os dois filhos sobreviventes de Príamo, disputavam a mão de sua cunhada, Helena, viúva de Páris. Deífobo a obteve, e Heleno, furioso, resolveu abandonar a luta e deixar a cidade. Os gregos o pegaram, e Heleno acabou sendo um prisioneiro muito interessante. Tal como sua irmã gêmea, Cassandra*, ele tinha o dom de prever o futuro. Foi ele quem revelou aos gregos o que deveriam fazer para tomar Troia.

Primeiro deveriam apropriar-se do Paládio, estátua protetora de Troia, representando a deusa Atena. Ulisses, disfarçado de mendigo, entrou na cidade e conseguiu roubar a estátua. Dizem que Helena o reconheceu mas não o denunciou, e até mesmo o ajudou. Em seguida, os gregos deveriam buscar em seu país os ossos de Pélope, avô de Agamêmnon e de Menelau, para enterrá-los em solo troiano. Finalmente, Heleno deu aos gregos a ideia de construírem um imenso cavalo de madeira, dentro do qual esconderiam guerreiros armados. O cavalo foi construído, mas como introduzi-lo na cidade?

Foi Ulisses quem tramou a artimanha. Os gregos fingiram embarcar, como se tivessem perdido a esperança da vitória, e abandonaram na praia o gigantesco cavalo de madeira. Um guerreiro grego se deixou capturar pelos troianos e, sob ameaça, fingiu revelar um pretenso segredo: aquele cavalo era uma oferenda a Atena e garantiria a vitória dos gregos, que esperavam em seus navios até que a cidade caísse por si só. O prisioneiro acrescentou que, no entanto, se os troianos conseguissem levar o cavalo para dentro de seus muros, a vitória seria deles.

Ao ouvirem aquela estranha revelação, os chefes troianos resolveram apoderar-se do cavalo e, apesar de seu peso e tamanho, levá-lo para dentro da cidade para assegurar sua vitória. Ninguém deu ouvidos às profecias de Cassandra nem aos protestos do grande sacerdote Laocoonte*, que foi silenciado por uma serpente monstruosa, enviada por Apolo. Os troianos, muito confiantes e com grande pompa, introduziram o cavalo na cidade. Na noite seguinte, os guerreiros gregos saíram de dentro dele, mataram os soldados que montavam guarda e foram abrir as portas da cidade para os companheiros, que já tinham desembarcado em silêncio e esperavam sob os muros da cidade adormecida. A violência se desencadeou. A população foi massacrada e a cidade incendiada.

O velho Príamo e seu filho, Deífobo, foram mortos. Menelau preparava-se para matar Helena com um golpe de espada, mas acabou se comovendo com sua beleza e a perdoou. Só conseguiram escapar o troiano Eneias, seu filho, Ascânio, e seu pai, Anquises. Depois daquela noite de pesadelo, de Troia só restaram ruínas. Os gregos partilharam suas prisioneiras. Cassandra foi escolhida por Agamêmnon, que se apaixonou por ela. Andrômaca*, viúva de Heitor, foi dada a Neoptólemo. E a velha rainha Hécuba* coube a Ulisses.

Assim terminou a Guerra de Troia, em que mortais e imortais cumpriram seu papel. Mas, para os sobreviventes, as provações não terminaram. A volta dos heróis foi difícil e marcada por tragédias.

Essas voltas foram tema de inúmeras narrações mitológicas, das quais a mais célebre é a *Odisseia*, de Homero, que conta a volta de Ulisses. A Guerra de Troia ocupa um lugar importante na mitologia e na literatura gregas. Também é um episódio essencial da história legendária dos romanos. O herói troiano Eneias, levado à Itália por suas aventuras, é considerado o ancestral de Rômulo*, fundador mítico de Roma.

Ulisses

Adorado por alguns, detestado por outros, Ulisses é o mais famoso herói da mitologia. Homero chamava-o de "o homem de mil artimanhas". Ulisses é seu nome latino. Seu nome grego é Odisseu, que significa "aquele que sofre o ódio". Sua vida o mostra, de fato, sempre às voltas com o ódio de alguns deuses e de alguns mortais. Mas Ulisses, por sua coragem, seu espírito engenhoso e sua piedade para com os deuses que o protegiam, sempre conseguia se desvencilhar das armadilhas de um destino hostil.

Ulisses era filho de Laertes, rei de Ítaca, e foi naquela pequena ilha do mar Jônio que ele cresceu. Há quem diga que Laertes não era seu verdadeiro pai, e que sua mãe, Anticleia, o concebeu de Sísifo*, o mais trapaceiro e manhoso dos mortais, no próprio dia em que se casou com o rei de Ítaca. Seja como for, o pequeno Ulisses foi criado por Laertes, que ele sempre considerou como pai e que lhe deixou o trono quando atingiu a idade adulta.

Ao se tornar rei, Ulisses pensou em se casar. Como todos os heróis daquele período, desejou ter como esposa a bela Helena*, filha de Tíndaro, rei de Esparta, e se incluiu entre seus inúmeros pretendentes. Logo compreendeu que não era bastante rico e poderoso para obter a mão de Helena, mas deu a Tíndaro o excelente conselho de fazer com que todos os pretendentes jurassem fidelidade a quem fosse o esposo escolhido. Foi o famoso juramento que fez todos os reis e chefes gregos entrarem na Guerra de Troia*. Como recompensa por aquela ideia genial, que evitava os confrontos entre pretendentes rivais e unia todas as cidades gregas em torno de Esparta, Tíndaro deu a Ulisses a mão de Penélope, prima de Helena. De sua esposa encantadora, Ulisses teve um único filho, Telêmaco.

Telêmaco ainda era menino quando, em consequência do rapto de Helena por Páris*, príncipe troiano, desencadeou-se a Guerra de Troia. De início, Ulisses se isentou. Não tinha nenhuma vontade de participar do conflito e não se considerava comprometido pelo juramento de Tíndaro. Quando Menelau* e seu primo, Palamedes, foram procurá-lo para se juntar ao exército grego, ele fingiu que tinha ficado louco e começou a lavrar a terra e semear sal. Mas Palamedes, homem astuto e também muito engenhoso, desmascarou sua artimanha. Ulisses teve então de ir para a guerra, e o fez com o maior empenho, pondo toda a sua coragem e sua inteligência a serviço da causa grega.

Foi em embaixada até Troia para reclamar Helena, encarregou-se de estabelecer alianças, conseguiu convencer Aquiles* a participar da guerra, imaginou um estratagema para levar Ifigênia* a Áulis e, finalmente, conduziu dez navios até Troia. Durante o cerco da cidade, que durou dez anos, Ulisses mostrou uma coragem extraordinária, dando provas também de muita prudência, o que às vezes o contrapunha a Aquiles, partidário apenas das ações de impacto. Participava do conselho dos chefes e sabia convencer os outros quando tinham de tomar alguma decisão. Quando Aquiles e Agamêmnon* se desentenderam, pondo em perigo todo o exército grego, foi Ulisses que, graças a seu talento de orador, conseguiu reconciliá-los. Também foi ele que, depois da morte de Aquiles, saiu em busca de Filoctetes*, que herdara as armas de Héracles*, necessárias à vitória dos gregos.

Mas Ulisses "das mil artimanhas" também se encarregava de missões menos louváveis. Organizava traições e, com seu companheiro Diomedes, praticou espionagem. Por ocasião do episódio final da guerra, que deu a vitória aos gregos, Ulisses comandou o destacamento que se escondeu no cavalo de madeira. Foi o primeiro a se lançar sobre a cidade de Troia.

Depois da vitória dos gregos em Troia, as aventuras de Ulisses prosseguiram. Ele levou dez anos para voltar a Ítaca, sua pátria. Ulisses foi então até o Mediterrâneo, e talvez até além – há quem diga que chegou até a Islândia! Esse longo **périplo** foi contado por Homero, num longo poema intitulado *Odisseia* – de Odisseu, nome grego de Ulisses.

Ulisses partiu de Troia com seus navios ao mesmo tempo que Agamêmnon. Mas logo uma tempestade separou as duas frotas. Ulisses e seus companheiros foram empurrados pelo vento até a costa da Trácia, região dos cícones, que os consideraram invasores e os receberam com hostilidade. Num violento combate, os cícones acabaram sendo massacrados. Só foi poupado um sacerdote de Apolo*, que em agradecimento ofereceu a Ulisses jarros de vinho doce, que mais tarde lhe seriam muito úteis.

Depois, rumando para o sul, os navios chegaram ao cabo Malia, no extremo sul do Peloponeso. O vento boreal, do norte, pôs-se a soprar com violência, arrastando-os para longe da ilha de Citera. Dois dias depois, eles desembarcaram numa estranha região, o país dos lotófagos – provavelmente a ilha de Djerba, na Tunísia. Como os marinheiros enviados para fazer o reconhecimento não voltaram, Ulisses ficou preocupado e foi à sua procura. Ao encontrá-los, viu que estavam sendo muito bem tratados. Os habitantes do lugar tinham oferecido aos companheiros de Ulisses um fruto maravilhoso, alimento comum na região: era a jujuba, variedade de lótus, em grego *lotos* – donde o nome lotófagos, que significa "comedores de *lotos*". O tal fruto proporcionava um grande prazer, agindo como uma droga, de modo que os gregos já não tinham vontade de ir embora dali. Ulisses teve de embarcar sua tripulação à força.

Rumando para o norte, fizeram escala numa ilhota em que só viviam cabras. Foi uma boa oportunidade para os navegantes se abastecerem de leite, queijo e carne. Bem perto dali, avistaram uma outra ilha, da qual viram erguer-se algumas fumaças. Seria habitada? Haveria nela homens que pudessem lhes indicar a rota que deveriam seguir?

Ulisses desembarcou na ilha desconhecida com mais doze companheiros, levando jarros de vinho para oferecer de presente a quem encontrassem. A ilha parecia abandonada. Não havia sinal de plantação, viam-se apenas algumas cabras e carneiros pastando. Eles subiram por uma trilha e descobriram uma caverna. Dentro dela, encontraram leite e queijo. Decerto se tratava do abrigo de algum pastor. Seus companheiros quiseram se servir e ir embora, mas Ulisses queria saber mais. O proprietário da gruta chegou ao entardecer e entrou no abrigo com seus carneiros. Era mesmo um pastor, mas que pastor! Um gigante de um olho só! Era Polifemo, o ciclope, que em grego significa "olho redondo". Polifemo era filho de Posêidon*. Além de ser monstruoso na aparência, era antropófago, e assim que viu os desconhecidos na gruta já devorou um. Ulisses não se deixou impressionar. Ofereceu vinho ao ciclope. Polifemo nunca tinha provado aquela bebida e se deliciou. Então o monstro perguntou o nome de Ulisses, e este lhe respondeu: "Eu me chamo Ninguém." Polifemo lhe disse que, em agradecimento por aquela bebida deliciosa, deixaria para devorá-lo por último. Depois bebeu mais alguns tragos e adormeceu.

Ulisses pegou uma estaca enorme e afiou sua ponta, aquecendo-a ao fogo. Com a ajuda dos companheiros, furou o olho de Polifemo, que acordou aos urros, pedindo socorro aos outros ciclopes da ilha. Mas, quando eles lhe perguntaram quem o tinha atacado daquela maneira, Polifemo respondeu: "Ninguém!" Os outros ciclopes, julgando que ele enlouquecera, não se deram ao trabalho de procurar. A artimanha de Ulisses deu certo! Porém não bastava ter cegado Polifemo. Era preciso ainda sair da gruta, que o monstro fechara com uma pedra imensa. Os gregos esperaram até a manhã seguinte, e, seguindo instruções de Ulisses, cada um se agarrou ao ventre de um carneiro. Quando o ciclope fez os animais saírem para o pasto, passou a mão em suas costas para se certificar de que os malditos estrangeiros não escapariam. Conforme Ulisses previra, ele era estúpido demais para ter a ideia de apalpar o ventre dos animais.

Sob uma chuva de pedras lançadas pelos ciclopes, que finalmente entenderam que tinham sido enganados, Ulisses e seus companheiros se afastaram rapidamente da ilha hostil. Mas Posêidon não o perdoou por ter cegado seu filho, e a partir de então Ulisses teve de contar também com o ódio do deus do mar!

No horizonte surgiu mais uma ilha. Cercada de **falésias** escarpadas, ela parecia flutuar na superfície da água: era a ilha de Éolo, deus dos ventos. Éolo acolheu bem os viajantes e ofereceu a Ulisses um **odre** em que estavam aprisionados todos os ventos, menos uma brisa leve que soprava na direção de Ítaca. Recomendou que o **odre** não fosse aberto de jeito nenhum, pois os ventos passariam a soprar em todos os sentidos e a tempestade empurraria os navios para mar aberto, com toda a certeza provocando o naufrágio!

Finalmente chegaram ao largo de Ítaca. Ulisses avistou ao longe o solo de sua pátria e adormeceu tranquilo. Os marinheiros, intrigados com aquele **odre** do qual seu chefe nunca se separava, imaginaram que se tratasse de um tesouro. Seria ótimo voltar à sua terra com os bolsos cheios de ouro! Aproveitando o sono do herói, eles abriram o **odre**. Foi uma catástrofe! Quando Ulisses acordou, estavam novamente em alto-mar, e os navios, chacoalhados pelas ondas, ameaçavam soçobrar. Com uma rajada de vento, viram-se de volta à ilha de Éolo. Mas dessa vez o deus estava zangado e declarou a Ulisses que não podia fazer mais nada por ele. Se os outros deuses lhe estavam tão desfavoráveis, ele que se arranjasse sozinho!

Navegando ao acaso, os viajantes chegaram ao país dos lestrigões, decerto a Sardenha. Maldita escala: um dos navegantes foi devorado pelo rei, e os outros, apedrejados pela população, não conseguiram voltar a embarcar. Só Ulisses e mais alguns homens da tripulação conseguiram escapar em um dos navios e voltar ao largo. Rumando para o norte, os viajantes acostaram na ilha de Ea, no sul da Itália. Ulisses enviou metade de seus companheiros em expedição de reconhecimento. Depois de algumas horas, um deles ressurgiu, apavorado. Explicou que conseguira escapar mas que os companheiros haviam sucumbido aos sortilégios de uma mulher que, depois de os receber e os alimentar, transformara-os em animais: leões, cães e porcos. Ulisses compreendeu que haviam chegado à terra da feiticeira Circe, uma divindade terrível, com poderes assustadores. Na praia, ele se perguntava como libertar aqueles infelizes. Apareceu então o deus Hermes*, indicando-lhe uma planta que lhe permitiria evitar os sortilégios de Circe e, além do mais, seduzi-la e exigir a libertação dos marinheiros aprisionados. Munido dessa proteção, Ulisses enfrentou a feiticeira, que se submeteu a suas ordens e devolveu a forma humana aos prisioneiros. Circe era uma mulher encantadora. Ulisses passou um ano com ela e depois se foi, deixando-lhe um filho, Telégono. No dia da partida, Circe lhe aconselhou que, para conhecer seu futuro e saber quando terminariam suas desgraças, ele descesse aos Infernos para consultar o adivinho Tirésias*. Embora morto, Tirésias conservava o dom da profecia.

O herói desceu então ao reino de Hades*, deus dos mortos, e encontrou seus antigos companheiros, heróis caídos na Guerra de Troia. Tirésias lhe disse que voltaria sozinho à sua pátria, em um navio estrangeiro, e que teria de vencer os pretendentes que na sua ausência tentavam obter a mão de Penélope. Instigado pelo desejo de voltar, Ulisses partiu o mais depressa possível.

O navio teve de navegar ao longo da ilha das sereias, monstros metade mulher, metade pássaro que arrastavam os navegantes para o fundo do mar, sob o efeito de suas vozes encantadoras. Mais uma vez, Ulisses usou de uma artimanha: distribuiu cera para seus companheiros tamparem os ouvidos e pediu que o amarrassem ao mastro do navio. Estava curioso para ouvir aquele canto mágico, mas sabia que corria o perigo de ceder a ele. Assim os navegantes passaram pela ilha. As sereias, furiosas por perderem suas presas, jogaram-se no mar e, por despeito, deixaram-se afogar.

Restava enfrentar as Pedras Errantes, perigosos rochedos flutuantes, e sobretudo Cila e Caribde, dois monstros pavorosos situados um de cada lado de um estreito. Três vezes por dia, Caribde engolia uma grande quantidade de água do mar e tudo o que estivesse flutuando nela, inclusive navios. Depois cuspia violentamente a água absorvida. Cila era horrível de ver: encimando seu corpo de mulher, havia seis cabeças de cães ferozes. Quando alguma embarcação passava por perto, os cães abriam suas bocarras e devoravam os passageiros.

Era preciso passar de qualquer maneira. Ulisses tentou a manobra e conseguiu, mas seis companheiros seus foram agarrados pelas bocas monstruosas. O navio escapou dos terríveis turbilhões de Caribde e, finalmente, voltou a águas mais calmas, nas proximidades da ilha do Sol – talvez a Sicília –, onde Hélio levava seus bois para pastar. Eram bois bonitos, gordos e brancos, uma tentação para os navegantes famintos! Ulisses proibiu que se tocasse neles, mas seus companheiros não deram atenção, mataram alguns animais e fizeram uma farta refeição. O Sol viu tudo e, zangado, pediu reparação a Zeus*. Quando o navio voltou a zarpar, armou-se uma violenta tempestade e o raio lançado pelo senhor dos deuses atingiu a embarcação, que afundou com tudo o que havia nela.

Só Ulisses escapou do naufrágio, pois tinha se recusado a participar do banquete. Agarrado a um mastro, foi arrastado pela corrente até a bocarra de Caribde! Estava prestes a ser tragado quando se segurou no tronco de uma oliveira plantada entre dois rochedos. São e salvo, alcançou uma carcaça de navio cuspida pelo monstro e, durante nove dias, navegou à deriva, sozinho, ao sabor das ondas e das correntes. Os vagalhões o lançaram na ilha de Calipso – a costa marroquina do estreito de Gibraltar.

Filha do gigante Atlas, Calipso era uma ninfa* encantadora. Naquele extremo do Mediterrâneo, longe dos olhares de todos, levava uma vida tranquila em companhia de outras ninfas, suas criadas. Morava numa gruta profunda, cercada por um jardim magnífico em que fluíam fontes límpidas. Um paraíso para o pobre náufrago! Calipso apaixonou-se por Ulisses e não quis deixá-lo ir embora. O herói permaneceu ao lado da ninfa durante vários anos, porém, quanto mais o tempo passava, mais era tomado pela nostalgia e pelo anseio de voltar à sua terra. Passava horas na praia pensando em Ítaca, em sua esposa e seu filho.

A deusa Atena*, que tanto o protegera e aconselhara durante a Guerra de Troia, não pudera fazer nada por ele enquanto estava no mar. Aquele era o domínio de Posêidon, e já sabemos que o deus do mar não tinha muita estima por Ulisses. Mas, agora que ele estava em terra e prisioneiro de Calipso, Atena resolveu agir. Foi ter com Zeus e suplicou que ele falasse com Calipso para que ela deixasse Ulisses partir. Zeus se comoveu com a melancolia do herói. Além do mais, não podia recusar nada àquela filha tão amada. O senhor dos deuses enviou Hermes, deus mensageiro, até a ninfa, que a contragosto consentiu em se separar de Ulisses. Até lhe deu madeira para construir uma jangada e lhe indicou o meio de se orientar pelos astros. Deixando a ninfa aos prantos, Ulisses voltou ao mar, sob o olhar irado de Posêidon.

Mais uma vez o herói estava à mercê do deus do mar. Uma violenta tempestade reduziu a jangada a algumas tábuas dispersas. Agarrado a uma delas, Ulisses foi dar na ilha dos feácios – provavelmente a atual Corfu. Exausto, o herói adormeceu no meio de uma moita de loureiros-rosas, na embocadura de um rio. Foi despertado pelos cantos e risos de várias jovens que tinham descido ao rio para lavar roupa. Quando Ulisses apareceu, desgrenhado e todo sujo de espuma, elas se assustaram e foram se refugiar atrás de uns rochedos. Só uma, a mais bonita, não se abalou e caminhou até o herói. Era Nausícaa, filha de Alcínoo, rei dos feácios. Sem nenhum medo, ela ouviu as saudações do desconhecido e o convidou para ir até o palácio, onde seus pais o acolheriam. Zombou das companheiras assustadas e ordenou-lhes que dessem roupas limpas ao náufrago. Depois rumou para a cidade, indicando o caminho ao herói. Ia andando a certa distância, pois uma filha de rei não podia ser vista na companhia de um estranho.

Nausícaa era altiva e corajosa, e, tal como seus pais, tinha um grande senso de hospitalidade. Acontece que, além do mais, na véspera Atena lhe aparecera em sonho dizendo-lhe que deveria ajudar o náufrago desconhecido que ela encontraria na margem do rio. A protetora do herói voltara a agir e iria ajudá-lo até o fim de seu **périplo**, com seus conselhos proféticos.

O rei Alcínoo e sua esposa receberam o herói cordialmente. Durante um grande banquete oferecido em sua homenagem, Ulisses revelou sua identidade e contou suas aventuras. O rei e a rainha se dispuseram a ajudá-lo. Primeiro propuseram que permanecesse entre os feácios e se casasse com Nausícaa, que não ficara insensível aos encantos do grande viajante. Ulisses, porém, só tinha um desejo: voltar para Ítaca, reencontrar Penélope e seu filho. Um braço de mar separava a ilha dos feácios de sua pátria. Um navio carregado de presentes suntuosos, tecidos, móveis e joias foi colocado à disposição de Ulisses. Ele saudou seus anfitriões e embarcou. A viagem foi curta. Finalmente, após dez anos de guerra e mais dez de uma viagem cheia de aventuras, o herói estava de volta à sua terra.

Posêidon não teve tempo de lhe colocar obstáculos, mas o deus do mar estava furioso por ter deixado Ulisses escapar. Sua vingança, no entanto, atingiu os pobres feácios: o navio que transportou Ulisses foi transformado em pedra e o porto da ilha foi fechado por uma barreira de montanhas.

Ao desembarcar em Ítaca, o herói não foi direto para o palácio. No caminho, encontrou um jovem pastor. Era Atena, que logo se deu a conhecer e lhe explicou qual era a situação. Todos o julgavam morto, e vários príncipes das regiões vizinhas, pretendentes de Penélope, tinham se instalado em sua casa e passavam os dias festejando. Penélope resistia mas, com medo deles e temendo pela vida de seu filho, fingia tolerar sua presença. Dizia-lhes que escolheria um novo esposo assim que acabasse de tecer um manto que serviria de sudário para Laertes, seu sogro, quando ele morresse. Todas as noites, porém, sem que ninguém soubesse, ela desmanchava o trabalho feito durante o dia. Assim, Penélope ia sempre adiando o momento fatal de fazer sua escolha, pois não conseguia pensar em nenhum homem além do esposo desaparecido. Emocionado, Ulisses quis correr até o palácio e trucidar os pretendentes, mas a filha de Zeus lhe aconselhou prudência. E a prudência era justamente uma das grandes qualidades de Ulisses.

Primeiro Atena ajudou o herói a esconder numa gruta os tesouros oferecidos por Alcínoo. Depois o aconselhou a ir à casa de Eumeu, o velho guardador de porcos do palácio, que servira a seu pai e conhecera Ulisses ainda menino. Lá ele deveria esperar a volta de seu filho Telêmaco, que partira à sua procura. Ela o levaria de volta a Ítaca, e os dois juntos poderiam estabelecer um plano para expulsar os pretendentes. Para evitar que as pessoas da região reconhecessem Ulisses, a deusa o transformou em um velho mendigo. Pele murcha, cabelos imundos, vestido de trapos, o herói ficou irreconhecível.

Ulisses foi recebido por Eumeu, que em nenhum momento suspeitou que aquele fosse seu rei, e ainda lamentou a situação criada pelos pretendentes. Quando Telêmaco chegou, também não imaginou por um só instante que seu pai estivesse diante dele. Mandou Eumeu avisar sua mãe de que ele voltara de sua longa viagem. Durante a ausência do guardador de porcos, Atena, verdadeira fada, com um movimento de sua varinha de ouro devolveu a Ulisses sua verdadeira aparência. Telêmaco reconheceu o pai e ambos tiveram uma conversa emocionante. Mas era preciso pensar no mais urgente: desvencilhar-se dos pretendentes. Logo estabeleceram um plano. Telêmaco só deveria falar à mãe de um pobre náufrago que talvez tivesse notícias de Ulisses. No dia seguinte, o herói se apresentaria no palácio disfarçado de mendigo. Atena se encarregaria de lhe inspirar no momento certo o que fazer.

Quando Ulisses chegou a seu palácio, ninguém o reconheceu. Argos, seu cão, apenas um filhote na ocasião da partida de Ulisses, estava velho e doente. Pois Argos levantou-se muito feliz, precipitou-se latindo ao encontro do dono e caiu morto. Ele esperara Ulisses para morrer. Os pretendentes, ocupados em se divertir no salão do palácio, zombaram do pobre mendigo piolhento. Ulisses conseguiu manter a calma. No entanto, quando um outro mendigo, acostumado a comer os restos dos pretendentes, juntou seus insultos aos deles, o herói não se conteve e o abateu com um soco. Penélope, avisada da chegada do estranho, pediu para vê-lo. Não o reconheceu, mas, penalizada, mandou que lhe dessem de comer e lhe ofereceu um banho, como era costume quando se acolhia um viajante.

Euricleia, que fora ama de leite de Ulisses, ocupou-se do banho do herói. Ao ver uma cicatriz acima do joelho do mendigo, exatamente igual à de um machucado que seu patrão sofrera quando criança, a velha ama começou a chorar. Ela reconheceu Ulisses, seu rei, que finalmente estava de volta! O herói, no entanto, pediu-lhe que não revelasse nada a ninguém, para que ele pudesse livrar a cidade daqueles malditos pretendentes. Louca de alegria, Euricleia jurou guardar segredo.

O herói foi ter com a rainha. Agora ela seria capaz de reconhecê-lo, mas Atena lançou como que um véu em seus olhos. Penélope o crivou de perguntas: tinha notícias de seu marido? Como ele estava? Por acaso estaria a caminho de volta? Com sua habitual habilidade e apesar de toda a emoção, Ulisses lhe contou uma história totalmente inventada. Garantiu que Ulisses estava perto, que logo estaria de volta. Então Penélope falou dos pretendentes, revelou a artimanha do manto que ela fazia e desmanchava, e confessou ao hóspede que estava a ponto de ceder. Não é que tivesse esquecido Ulisses, porém aqueles pretendentes alojados em seu palácio estavam arruinando o país, vivendo à larga e recolhendo impostos dos habitantes. Disse que temia por seu filho. Sabia que, apesar de corajoso e valente, ele não podia fazer nada contra aqueles invasores e estava até correndo risco de vida. Assim, ela estava pensando em organizar um concurso e conceder sua mão ao vencedor.

Ulisses aproveitou a oportunidade. A ideia do concurso era excelente. Sugeriu que Penélope propusesse um concurso de tiro ao arco, pedindo que cada um dos pretendentes tentasse atirar com o próprio arco de Ulisses. O herói bem sabia que só ele era capaz de usar aquele arco, pois sua corda era muito esticada e era preciso uma força enorme para atirar uma flecha. Tomada a decisão, todos foram dormir à espera do concurso do dia seguinte. O herói não aceitou o quarto grande e luxuoso que lhe prepararam. Enquanto não revelasse sua identidade, queria continuar sendo o mendigo estrangeiro. Foi dormir no pátio, enrolado num cobertor.

O concurso começou. O desafio era fazer uma flecha passar entre lâminas de machados colocados um ao lado do outro. Além disso, era preciso conseguir retesar o arco de Ulisses, única arma admitida por Penélope. Um após o outro, os pretendentes tentaram retesar a corda do arco. A cada tentativa, ouviam-se gemidos de raiva do que não conseguia e risos zombeteiros dos que ainda não tinham tentado. Aos poucos, foi se formando um verdadeiro tumulto, os gemidos viraram rugidos. Um arrancava a arma da mão do outro para jogá-la violentamente no chão depois de fracassar. O mendigo estrangeiro, num canto do salão, observava tudo. Finalmente ele se levantou e pegou o arco, debaixo de vaias e insultos. De repente, no entanto, não se ouviu mais nada, e logo em seguida levantaram-se clamores assustados. O estrangeiro conseguira dobrar o arco sem o menor esforço. Os criados gritavam de alegria. Seu rei estava de volta, só ele era capaz daquela proeza! Telêmaco surgiu, mandou fechar as portas do recinto, e foi então que se iniciou o massacre dos pretendentes. Nenhum deles escapou. A vingança de Ulisses foi completa!

Penélope não conseguia acreditar. Aquele homem se parecia mesmo com Ulisses, o herói valente, mas ela estava marcada pelo pavor e temia se enganar. Então Ulisses lhe disse um segredo que só eles conheciam: seu leito nupcial, construído por ele próprio, era apoiado num tronco de oliveira cujas raízes ainda estavam presas ao chão. Não havia mais do que duvidar. Penélope jogou-se nos braços de Ulisses depois de vinte anos de separação.

No entanto, já no dia seguinte os parentes e aliados dos pretendentes desembarcaram na ilha, armados, exigindo reparação. Ulisses estava visitando seu velho pai, Laertes, quando foi avisado de que um exército marchava a seu encontro. O valoroso herói da Guerra de Troia, o vencedor dos pretendentes, não vacilou um instante. Para Telêmaco, foi o batismo de fogo. Pai, filho e até o velho Laertes, cercados por alguns criados, foram à luta. Animados por um furor divino, foram abatendo os outros. Todos teriam morrido se Atena não tivesse interferido. A filha de Zeus achou que bastava de combates e de sangue. Os inimigos restantes fugiram, aterrorizados pela violência dos adversários e pela voz da própria deusa. Estava na hora de iniciar uma era de paz. Ulisses obedeceu à ordem de Atena, sua divina companheira de armas e de artimanhas. E o fez com o coração aliviado.

A história de Ulisses foi o relato mitológico mais conhecido, mais contado e mais ouvido na Antiguidade. Ulisses é um dos principais personagens da *Ilíada*, poema de Homero sobre a Guerra de Troia. E é o personagem central da *Odisseia*, também de Homero, que começa assim: "Conta-me, ó Musa, a longa aventura do homem de mil artimanhas..."

A história dessa longa aventura é uma lembrança legendária das viagens marítimas dos antigos gregos. Diz-se até que o texto da *Odisseia* foi composto com base em relatos de navegantes gregos e fenícios que indicavam os perigos enfrentados ao longo das navegações. Na lenda de Ulisses pode-se ver também uma imagem da condição dos mortais que enfrentavam obstáculos vindos dos deuses, dos homens ou dos elementos da natureza para viverem plenamente e com liberdade.

Zeus

Senhor do Céu, Zeus era o rei dos deuses. Seu nome é de origem indo-europeia e significa "céu luminoso". Júpiter, nome latino de Zeus, tem a mesma raiz e significa "pai do dia". Zeus reinava sobre os deuses e os homens, sobre a Terra e o Céu. Ele tinha o raio em seu poder e o agitava para manifestar sua cólera. Também comandava as estações e os dias, o trovão, as nuvens e as chuvas. Mas Zeus nem sempre foi esse deus soberano. Quando ele nasceu, seu destino era bem diferente.

Zeus era filho do Titã* Crono, que havia se casado com a irmã, Reia. Crono tinha se tornado senhor do universo destronando seu próprio pai, Urano, e temia que seus filhos agissem do mesmo modo. Para não ser destronado também, Crono adotava uma solução radical: engolia seus filhos quando nasciam. Assim, ele engoliu Héstia*, Deméter*, Hera*, Hades* e Posêidon*. Na sexta gravidez, Reia não aguentava mais e resolveu preservar aquele filho, que era Zeus. Ela foi dar à luz em Creta, no monte Ida, e confiou o filho à sua mãe, Gaia*. Depois deu a Crono uma pedra envolta em faixas, que ele engoliu sem pestanejar, achando que fosse o recém-nascido.

Nas montanhas de Creta, o menino Zeus foi amamentado pela cabra Amalteia, ama carinhosa e dedicada de quem ele nunca se esqueceu. Foi educado entre as ninfas* e protegido pelos curetes. Os curetes eram guardas incansáveis que cultuavam Reia e que, com o ruído de suas danças guerreiras e de suas armas, abafavam o choro do pequeno deus para que seu pai não o ouvisse. À medida que crescia, Zeus pensava cada vez mais em se vingar daquele pai indigno, cujo procedimento sua mãe lhe contara.

Ao se tornar adulto, casou-se com Métis, deusa da astúcia e da sabedoria. Métis produziu uma droga e a deu para Crono beber. Assim que a engoliu, ele começou a vomitar violentamente, expelindo a pedra enfaixada e todos os filhos que tinha devorado. Zeus já não estava sozinho. Com a ajuda dos irmãos e das irmãs, ele conseguiu destronar o pai e tomou o poder. Assim, Crono foi substituído por uma nova geração de deuses. Eles escolheram como morada uma montanha da Grécia cujo cume se perdia no meio das nuvens. Era o monte Olimpo. Esses novos deuses foram chamados de olímpicos.

Mas não foi fácil estabelecer o reino dos deuses olímpicos. Os Titãs, irmãos de Crono, revoltaram-se contra eles. Instalados numa montanha que ficava em frente do Olimpo, travaram contra Zeus uma guerra que durou dez anos. Ao longo desses confrontos violentos, os olímpicos receberam ajuda de divindades antigas e monstruosas, da mesma geração dos Titãs. Zeus, a conselho de sua avó Gaia, havia libertado os monstros que ela gerara com Urano, que haviam sido presos pelo pai nas profundezas da Terra: eram os três ciclopes e os três hecatonquiros, cujo nome em grego significa "com cem braços". Seu ataque foi decisivo. Utilizando como armas rochedos gigantescos, eles destruíram o abrigo dos Titãs. Estes, admitindo sua derrota, foram acorrentados e lançados, por sua vez, nas profundezas da Terra.

Depois da vitória, o mundo foi dividido entre os filhos de Crono. Zeus atribuiu a si mesmo o poder supremo e escolheu o reino do céu. Posêidon tornou-se senhor dos mares e Hades recebeu o poder subterrâneo, passando a reinar sobre os Infernos. Com os olímpicos, estabeleceu-se uma nova ordem no universo, constituída de equilíbrio, justiça e harmonia. O comando e a manutenção dessa ordem couberam a Zeus.

A vida do deus soberano nada tinha de austera. Suas aventuras amorosas foram inúmeras. Zeus começou por engolir sua primeira esposa, Métis. Dessa estranha união nasceu Atena*, que brotou inteiramente armada da cabeça de seu pai. Em seguida ele se casou com sua tia, Têmis, deusa da justiça. Repudiou-a por sua irmã, Hera, que passou a ser sua companheira oficial no Olimpo. Dela Zeus teve quatro filhos: Hebe*, deusa da eterna juventude; Hefesto*, deus da **forja**, deformado e coxo; Ilítia, deusa que presidia aos partos; e Ares*, o impetuoso deus da guerra. Mas isso não bastava ao senhor do mundo. Precisava gerar mais deuses e também heróis, homens excepcionais cujas proezas são contadas pela mitologia. Apesar do ciúme corrosivo de Hera, que nunca conseguiu garantir a fidelidade do esposo, Zeus uniu-se tanto a deusas como a mulheres mortais. Empregava os meios mais extravagantes para seduzi-las e teve com elas muitos filhos, entre os quais Apolo*, Ártemis* e Dioniso*, as musas*, os heróis Héracles* e Perseu*, a bela Helena* de Troia etc.

No entanto, a ordem olímpica não convinha a todos. Gaia, apesar de ter ajudado o neto a tomar o poder, censurava-o por a ter afastado definitivamente dos próprios filhos, os Titãs e outras divindades ctonianas, monstros diversos nascidos de sua união com Urano. Assim, ela lançou contra o Olimpo os gigantes, criaturas colossais consideradas invencíveis que atacaram a morada divina lançando sobre ela rochedos e árvores.

Foi assim que começou a Gigantomaquia, ou combate dos gigantes. Em torno de Zeus, seus irmãos, irmãs e filhos organizaram a reação. O combate foi violento, e Zeus conseguiu confiscar a erva mágica que, segundo se dizia, conferia invulnerabilidade aos gigantes. Gaia se obstinou. Enviou em socorro dos gigantes dois colossos pavorosos, nascidos de seus amores com Posêidon. Estes começaram por perturbar a ordem do universo: encheram os mares e empilharam as montanhas umas sobre as outras. Para afirmar seu poder, prenderam Ares, deus da guerra. Depois se apossaram de Hera e de Ártemis, dizendo que queriam se casar com elas. Era demais. Sua pretensão estúpida exasperou os deuses. Apolo os trespassou com suas flechas e Zeus, com seu raio, mandou-os para o fundo dos Infernos. Mas os gigantes não foram vencidos e os combates continuavam. Os deuses consultaram o **oráculo**, que anunciou que só o filho de uma mortal poderia levar os olímpicos à vitória. Esse homem era Héracles, filho de Zeus e de Alcmena. Sua intervenção na Gigantomaquia provocou a derrota dos gigantes.

Gaia ficou furiosa ao ver seus filhos vencidos. Imaginou então lançar contra os olímpicos sua cria mais monstruosa, Tífon, gigantesca criatura de cem cabeças. A simples visão do monstro foi suficiente para aterrorizar os deuses, que fugiram para o Egito. Mas Zeus se dispôs a enfrentá-lo. Tífon começou por vencer. Paralisou o adversário cortando os tendões de seus músculos e levou-os para sua toca. O deus Hermes*, com a ajuda de Pã*, roubou os tendões e voltou a ligá-los ao corpo de seu pai. Triunfante, Zeus lançou seu raio. Ofuscado, Tífon fugiu, indo para a Sicília. Zeus o perseguiu e o prendeu debaixo de uma montanha vulcânica, o Etna, cujas erupções na Antiguidade eram explicadas como acessos de cólera do monstro.

Depois da Gigantomaquia, Zeus e os olímpicos se tornaram definitivamente senhores das forças selvagens da natureza. As divindades ctonianas passaram a ser apenas divindades secundárias, que os deuses olímpicos sabiam utilizar sob seu controle.

Senhor da ordem natural, Zeus era também o árbitro da ordem humana. Nas narrativas mitológicas que contam a história dos homens, é ele que preside aos destinos humanos, que fundamenta a organização das famílias e das cidades, que distribui a paz e a justiça. Também é ele que marca os limites entre os mortais e os deuses, que pune o orgulho de alguns seres humanos e que purifica os criminosos. Mas, para os antigos, o deus soberano não tinha poder sobre tudo. A Fatalidade e o Destino eram mais fortes do que ele. Zeus tinha na mão uma balança em que era pesado o quinhão de cada um – felicidade e infelicidade, vida e morte. Cabia a ele fazer com que o destino previsto se cumprisse. Assim, por ocasião da Guerra de Troia*, Zeus foi obrigado a deixar que Heitor* morresse, depois Aquiles*, porque esses eram seus destinos.

Representado na Antiguidade sob a aparência de um homem em pleno vigor da idade, de expressão boa, nobre e majestosa, Zeus era objeto de culto em todo o mundo greco-romano, especialmente nos santuários de Dodona e Olímpia. Contava-se que o santuário de Dodona tinha sido criado a pedido de uma pomba preta, com voz humana, vinda do Egito. Nele fora plantado um carvalho sagrado, e no farfalhar de suas folhas ao vento acreditava-se ouvir a voz do deus. Suas palavras eram interpretadas por sacerdotes, que as transmitiam aos fiéis que vinham consultar o **oráculo**. Nesse santuário, Zeus era venerado sobretudo como senhor das chuvas. A seu culto era associado o de Dione, divindade muito antiga, filha de Urano e de Gaia, deusa da terra fecundada pela chuva. Em Olímpia, gigantesco santuário ao qual acorriam fiéis de todo o mundo grego, as mais belas festas e os mais belos templos eram consagrados a Zeus. Particularmente, a cada quatro anos ocorriam cerimônias magníficas que duravam uma semana, durante a qual se realizavam os famosos Jogos Olímpicos.

OS AMORES DE ZEUS

Seria necessário um livro inteiro para falar de todas as mulheres, mortais e imortais, que se uniram a Zeus, voluntariamente ou não.

Para um deus poderoso que governava o mundo, amar mulheres e fecundá-las era afirmar e assegurar seu poder. Os inúmeros filhos de Zeus, fossem deuses ou heróis, o ajudavam na luta que ele sempre travou contra os antigos deuses, as divindades ctonianas, aparentemente submetidas à ordem olímpica mas que não perdiam oportunidade de questionar a soberania do novo senhor do universo.

Na lista abaixo, bastante incompleta, estão citados os nomes das mulheres mais célebres amadas por Zeus e dos filhos que elas lhe deram:

1. Entre as divindades:

- Calisto (ninfa) .... Arcas (herói)
- Deméter (deusa) .... Perséfone (deusa)
- Egina (ninfa) .... Éaco (herói)
- Hera (deusa) .... Hefesto, Ares, Ilítia, Hebe (deuses)
- Leto (deusa) .... Apolo, Ártemis (deuses)
- Maia (ninfa) .... Hermes (deus)
- Métis (deusa) .... Atena (deusa)
- Mnemósine (deusa) ...... Musas (divindades secundárias)
- Plotas (ninfa) .... Tântalo (mortal)
- Taígeto (ninfa) .... Lacedêmon (herói)
- Têmis (deusa) .... Moiras (divindades secundárias)

Três dessas divindades foram esposas legítimas de Zeus. Será uma sorte invejável? Uma delas, Métis, foi engolida pelo próprio esposo; a segunda, Têmis, foi repudiada; a terceira, Hera, foi constantemente enganada e sofria de um ciúme terrível.

2. Entre as mortais:

- Alcmena .... Héracles (herói divinizado)
- Dânae .... Perseu (herói)
- Europa .... Minos, Radamante, Sarpedão (mortais)
- Io .... Épafo (herói)
- Leda .... Pólux (herói divinizado), Helena (mortal)
- Sêmele .... Dioniso (deus)

ÍNDICE DE NOMES

ACAMAS, filho de Fedra e de Teseu.

ACASTO, primo de Jasão, acolheu Peleu no exílio.

ACRÍSIO, avô de Perseu.

ACTEÃO, jovem punido por Ártemis, por ser muito curioso.

ADMETO, marido de Alceste.

ADÔNIS, jovem amado de Afrodite.

ADRASTO, rei de Argos, que se aliou a Polinices, irmão de Antígona, por ocasião da expedição dos Sete contra Tebas.

AFRODITE.

AGAMÊMNON.

AGAVE, filha de Cadmo, mãe do rei Penteu.

AGENOR, pai de Europa.

ÁJAX.

ALCESTE.

ALCIDES, nome de Héracles quando nasceu.

ALCÍNOO, rei dos feácios, acolheu Ulisses.

ALCIPE, filha de Ares.

ALCMENA, mulher de Anfitrião e mãe de Héracles.

ALTEIA, mãe de Meléagro.

AMALTEIA, cabra que amamentou Zeus.

AMAZONAS.

ÂMICO, rei gigante de Bebrícia, vencido por Pólux na luta de boxe.

AMÚLIO, tio-avô de Rômulo.

ANDROGEU, filho de Minos, rei de Creta.

ANDRÔMACA.

ANDRÔMEDA, mulher de Perseu.

ANFIÃO, marido de Níobe.

ANFITRIÃO, marido de Alcmena e pai adotivo de Héracles.

ANFITRITE, deusa do mar, esposa de Posêidon.

ANQUISES, troiano amado de Afrodite, pai de Eneias.

ANTEU, gigante combatido por Héracles.

ANTICLEIA, mãe de Ulisses.

ANTÍGONA.

ANTÍGONA II, mulher de Peleu.

ANTÍOPE, irmã da rainha das amazonas, raptada por Teseu.

ÁPIS, deus-touro egípcio, assimilado a Épafo.

APOLO.

AQUELOO, deus-rio casado com a ninfa Melpômene, pai das sereias.

AQUILES.

ARACNE, jovem que desafiou Atena e foi transformada em aranha.

ARCAS, rei da Arcádia, filho de Calisto e de Zeus.

ARES.

ARETE, mulher de Alcínoo, rei dos feácios, que acolheu Ulisses.

ARGO, navio no qual Jasão e os outros Argonautas partiram em busca do Tosão de Ouro.

ARGONAUTAS.

ARGOS, 1. Construtor da nave *Argo* para Jasão. – 2. Guardião de Io. – 3. Cidade do Peloponeso. – 4. Cão de Ulisses.

ARIADNE.

ARISTEU, filho de Apolo e de Cirene, causou a morte de Eurídice.

ARQUÍLOCO, filho de Nestor.

ÁRTEMIS.

ASCÂNIO, filho de Eneias.

ASCLÉPIO.

ASTÍANAX.

ATALANTA, caçadora amada de Meléagro.

ATENA.

ÁTIS, jovem amado de Cibele.

ATLAS, irmão de Prometeu, gigante encarregado de sustentar a abóbada celeste nos ombros.

ATREU.

ÁTRIDAS, filhos de Atreu. Esse nome, dado a Agamêmnon e Menelau, designa com frequência o conjunto de sua família, submetida à maldição dos deuses.

ÁTROPOS, uma das três Moiras.

ÁUGIAS, proprietário das estrebarias que Héracles teve de limpar.

ÁULIS, porto em que Ifigênia foi sacrificada antes da partida dos navios gregos para Troia.

BACANTES, mulheres do séquito de Dioniso ou, para os romanos, Baco.
BACO, nome latino de Dioniso.
BELEROFONTE.
BRISEIDA, cativa amada de Aquiles durante a Guerra de Troia.
BUSÍRIS, rei do Egito, morto por Héracles.
CADMO.
CALCAS, adivinho do exército grego durante a Guerra de Troia.
CÁLIDON, cidade da Grécia onde ocorreu a caça ao javali da qual participou Meléagro.
CALÍOPE, musa da eloquência.
CALIPSO, ninfa que se apaixonou por Ulisses.
CALISTO.
CAMPOS ELÍSIOS, domínio dos Infernos onde residiam os que se mostraram justos e piedosos durante a vida.
CAOS.
CARIBDE, monstro que Ulisses foi obrigado a enfrentar.
CÁRITES, companheiras de Afrodite. Em latim, Graças.
CARONTE, barqueiro dos Infernos, reino de Hades.
CASSANDRA.
CASTÁLIA, ninfa amada de Apolo, transformada em fonte.
CASTOR, um dos Dioscuros.
CAVALO DE TROIA, gigantesco cavalo de madeira graças ao qual os gregos conseguiram tomar a cidade de Troia.
CELEU, rei de Elêusis que recolheu Deméter.
CENTAUROS.
CÉRBERO, cão monstruoso que guardava as portas dos Infernos, reino de Hades.
CERES, nome latino de Deméter.
CIBELE.
CICLOPES, gigantes com um olho só no meio da testa. Ulisses enfrentou um deles na *Odisseia*. Diz-se que eram descendentes de Gaia.
CILA, monstro que Ulisses teve de enfrentar.
CIPARISSO, jovem amado de Apolo, foi transformado em cipreste.
CIRCE, feiticeira que alojou Ulisses durante um ano.

CITES, filho de Héracles, ancestral do povo cita.

CLIO, musa da história.

CLITEMNESTRA.

CLOTO, uma das três Moiras.

CÓCALO, rei da Sicília, matou Minos.

COIOS, Titã.

CÓLQUIDA, região do Cáucaso em que Jasão foi procurar o Tosão de Ouro.

CORÊ, nome de Perséfone antes de desposar Hades. Corê, em grego, significa "donzela".

CORIBANTES, filhos de Apolo e de Tália, dançarinos do cortejo de Cibele.

CORÔNIS, mãe de Asclépio.

CREONTE, 1. Irmão de Jocasta, mãe e esposa de Édipo, e tio de Antígona. – 2. Rei de Corinto, junto do qual Jasão se refugiou.

CREÚSA, 1. Filha do rei de Corinto, noiva de Jasão e vítima do ciúme de Medeia. – 2. Princesa de Atenas, foi amada de Apolo.

CRIO, Titã.

CRONO, Titã, esposo de Reia e pai de Zeus.

CUPIDO, nome latino de Eros.

CURETES, soldados encarregados por Reia de camuflar o choro de Zeus recém-nascido com seus cantos de guerra.

DAFNE, ninfa amada de Apolo, foi transformada em loureiro.

DÂNAE, mãe de Perseu.

DANAIDES.

DÂNAOS, pai das danaides.

DÉDALO, arquiteto do labirinto do rei Minos e pai de Ícaro.

DEÍFOBO, filho de Príamo, rei de Troia, casou-se com Helena depois da morte de Páris.

DEIMOS, o Terror, filho de Afrodite e de Ares.

DEJANIRA, irmã de Meléagro e segunda esposa de Héracles.

DELFOS, o mais célebre santuário de Apolo.

DELOS, ilha em que nasceram Apolo e Ártemis.

DEMÉTER.

DEMOFONTE, filho de Fedra e de Teseu.

DEUCALIÃO, filho de Prometeu.

DIANA, nome latino de Ártemis.

DIOMEDES, 1. Herói grego, companheiro de Ulisses durante a Guerra de Troia. – 2. Filho de Ares e proprietário das éguas monstruosas roubadas por Héracles.

DIONE, antiga divindade da chuva, venerada com Zeus no santuário de Dodona.

DIONISO.

DIOSCUROS.

DODONA, santuário de Zeus na Grécia continental, célebre por seus oráculos.

DÓRIS, filha do Titã Oceano e esposa de Nereu, mãe das nereidas.

DRÍADES, ninfas das árvores.

ÉACO, pai de Peleu, tornou-se juiz dos Infernos após sua morte.

ECO, ninfa apaixonada por Narciso.

ÉDIPO.

EETES, pai de Medeia.

EGEU, pai de Teseu, afogou-se no mar que leva seu nome ao acreditar que seu filho estivesse morto.

EGINA, ninfa amada de Zeus.

EGISTO, filho de Tiestes e amante de Clitemnestra, de quem foi cúmplice para assassinar Agamêmnon.

ELECTRA.

ELÊUSIS, santuário das grandes deusas Deméter e Corê.

ENEIAS, filho de Afrodite, herói troiano da Guerra de Troia, ancestral legendário do povo romano.

ENEU, rei de Cálidon, pai de Meléagro.

ENONE, ninfa, primeira esposa de Páris.

EO, a Aurora, filha dos Titãs Hipérion e Teia.

ÉOLO, deus dos ventos, entregou o odre dos ventos a Ulisses.

ÉPAFO, filho de Io e de Zeus.

EPIDAURO, santuário de Asclépio.

EPIMETEU, irmão de Prometeu, que se casou com Pandora.

ÉQUIDNA, dragão nascido de Gaia.

ÉRATO, musa da poesia.

ÉREBO, trevas subterrâneas, nascidas do Caos primordial.

ERECTEU, primeiro rei legendário de Atenas, nascido da Terra fecundada por Hefesto perseguindo Atena.

ERÍNIAS.

ÉRIS, a Discórdia, companheira de Ares nos campos de batalha, lançou o pomo que, atribuído por Páris a Afrodite, deu origem à Guerra de Troia.

ÉRIX, rei da Sicília morto por Héracles.

ÉROPE, mulher de Atreu.

EROS, deus do amor, filho de Afrodite e de Ares, marido de Psique.

ESÃO, pai de Jasão.

ESCAMANDRO, nome verdadeiro de Astíanax.

ESCULÁPIO, nome latino de Asclépio.

ESFINGE, monstro cujo enigma foi decifrado por Édipo.

ESTÊNELO, rei de Argos, que acolheu Hipodâmia, banida da Élida pelo rei Pélope, seu marido.

ESTENO, uma das três górgonas.

ESTIGE, rio dos Infernos.

ESTRÓFIO, tio de Orestes e pai de Pílades. O mesmo nome foi dado a um filho de Pílades e de Electra.

ETA, montanha em que Héracles se suicidou numa fogueira.

ETÁLIDAS, filho de Hermes e de um dos Argonautas.

ETÉOCLES, filho de Édipo e de Jocasta, irmão de Antígona.

ETRA, mãe de Teseu.

EUMÊNIDES, apelido das Erínias, significa "benevolentes".

EUMEU, guardador de porcos a serviço de Ulisses.

EURÍALE, uma das três górgonas.

EURICLEIA, ama de Ulisses.

EURISTEU, primo de Héracles, que ordenou que o herói executasse os Doze Trabalhos.

ÊURITO, rei da Tessália, morto por Héracles por ter recusado cumprir a promessa de lhe dar a mão de sua filha, Íole, em casamento.

EUROPA.

EUTERPE, musa da música.

FAETONTE.

FAUNO, nome latino de Pã.

FAUNOS, nome latino dos sátiros.

FEÁCIOS, habitantes de uma ilha ao sul de Ítaca, acolheram Ulisses no final de sua Odisseia.

FEBE, Titã, antiga divindade da Lua. Seu nome, que significa "brilhante", foi dado como apelido a Ártemis.

FEBO, o Brilhante, apelido de Apolo.

FEDRA.

FILEU, filho de Áugias.

FILIRA, mãe do centauro Quíron.

FILOCTETES.

FINEU, rei da Trácia e adivinho, advertiu os Argonautas do perigo das Rochas Azuis.

FLÉGIAS, filho de Ares.

FOBOS, o Medo, filho de Afrodite e de Ares.

FOLO, centauro que acolheu Héracles quando este buscava o javali de Erimanto; centauro, filho de Sileno.

FÚRIAS, nome latino das Erínias.

GAIA.

GANIMEDES.

GERIÃO, gigante proprietário dos bois raptados por Héracles por ocasião de um de seus Doze Trabalhos.

GIGANTES, filhos de Gaia, declararam guerra a Zeus depois de sua vitória sobre os Titãs.

GIGANTOMAQUIA, combate dos deuses e dos gigantes.

GLAUCO, pai de Belerofonte.

GÓRGONAS.

GREIAS, irmãs mais velhas das górgonas, que Perseu interrogou antes de cumprir sua missão de matar a górgona Medusa.

HADES.

HAMADRÍADES, ninfas das árvores, morriam com as árvores às quais estavam ligadas.

HARMONIA, filha de Ares e de Afrodite, mulher de Cadmo.

HARPIAS, monstros metade mulher, metade pássaro, mortos pelos Argonautas.

HEBE.

HÉCATE, divindade lunar misteriosa, deusa da magia invocada por Medeia.

HECATONQUIROS, gigantes de cem braços, filhos de Gaia, ajudaram Zeus em sua luta contra os Titãs.

HÉCUBA.

HEFESTO.

HEITOR.

HELENA.

HELENO, filho de Príamo, tinha o dom da profecia, como sua irmã gêmea, Cassandra.

HÉLIO, o Sol, filho dos Titãs Hipérion e de Teia, pai de Faetonte.

HÊMON, filho de Creonte, noivo de Antígona.

HERA.

HÉRACLES.

HERÁCLIDAS, nome dado aos sessenta filhos de Héracles.

HERMAFRODITE, nascido dos amores de Afrodite e Hermes, tornou-se uma criatura meio homem, meio mulher.

HERMES.

HERMÍONE.

HESPÉRIDES, ninfas, filhas de Atlas, guardavam o jardim dos pomos de ouro que Héracles foi encarregado de trazer por ocasião de um de seus Doze Trabalhos.

HÉSTIA.

HIDRA DE LERNA, monstro que Héracles teve de matar.

HÍGIA, a Saúde, filha de Asclépio.

HILAS, companheiro de Héracles.

HIPERBÓREOS, povo mítico que habitava o extremo norte do mundo conhecido, com que Apolo e Héracles tiveram contato.

HIPÉRION, Titã.

HIPERMNESTRA, danaide mais velha, mulher de Linceu, poupou o marido do massacre ordenado por Dânaos.

HIPODÂMIA, esposa de Pélope, mãe de Atreu e de Tiestes.

HIPÓLITA, rainha das amazonas cujo cinto Héracles teve de pegar por ocasião de um de seus trabalhos.

HIPÓLITO, filho de Teseu pelo qual Fedra se apaixonou.

HORAS, divindades das estações encarregadas da educação de Afrodite.

ÍCARO.

IDOMENEU.

ÍFICLES, meio-irmão de Héracles.

IFIGÊNIA.

ILÍTIA, deusa dos partos, filha de Zeus e de Hera.

ILO, fundador de Troia, antiga Ílion.

INFERNOS, reino dos mortos cujo deus soberano é Hades.

INO, irmã de Sêmele que enlouqueceu por obra de Hera.

IO.

IOLAU, sobrinho de Héracles, ajudou-o a combater a Hidra de Lerna.

IOLCOS, pátria de Jasão, atual Volos.

ÍOLE, princesa tessálica com quem Héracles quis se casar.

ÍON, filho de Apolo e de Creúsa do qual se derivou o nome do mar Jônico.

ÍRIS, o arco-íris, mensageira dos deuses, ajudou Leto por ocasião do nascimento de Apolo e de Ártemis.

ÍSIS, deusa egípcia que os gregos pensavam ser Io, princesa amada de Zeus.

ISMÊNIA, filha de Édipo e de Jocasta, irmã de Antígona.

ÍTACA, ilha cujo soberano era Ulisses.

ÍXION, pai dos centauros.

JACINTO, jovem amado de Apolo.

JÁPETO, Titã.

JASÃO.

JOCASTA, mãe e esposa de Édipo.

JUNO, nome latino de Hera.

JÚPITER, nome latino de Zeus.

LABIRINTO, construção de corredores enredados, feita pelo arquiteto Dédalo, onde o rei Minos prendeu o Minotauro.

LACEDÊMON, herói, filho de Zeus e da ninfa Taígeto.

LÁDON, serpente monstruosa que guardava o jardim das Hespérides e que Héracles teve de enfrentar.

LAERTES, pai de Ulisses.

LAIO, pai de Édipo, que o matou sem saber quem ele era.

LAOCOONTE.

LAOMEDONTE, rei de Troia, pai de Príamo, a quem Posêidon e Apolo, punidos por Zeus, tiveram de prestar serviços. Foi morto por Héracles.

LÁPITAS, povo legendário que combatia os centauros.

LÁQUESIS, uma das três Moiras.

LATONA, nome latino de Leto.

LEÃO DE NEMEIA, monstro morto por Héracles.

LEDA.

LETO.

LICOMEDES, rei de Ciros, assassino de Teseu.

LICURGO, rei da Trácia, opôs-se a Dioniso.

LINCEU, primo das danaides e marido da mais velha, que o poupou do massacre ordenado por Dânaos.

LINO, músico encarregado da educação de Héracles.

MAIA, Plêiade, mãe de Hermes.

MANTO, célebre profetisa, filha do adivinho Tirésias.

MÁRSIAS, sátiro que foi morto por ter desafiado Apolo.

MARTE, nome latino de Ares.

MEDEIA.

MEDO, filho de Medeia e de Egeu.

MÉDON, filho de Pílades e de Electra.

MEDUSA, uma das três górgonas, foi morta por Perseu.

MELÉAGRO.

MELPÔMENE, musa da tragédia.

MÊMNON, sobrinho de Príamo, morto por Aquiles.

MÊNADES, as bacantes.

MENELAU.

MERCÚRIO, nome latino de Hermes.

MÉTIS, deusa da sabedoria. Foi a primeira esposa de Zeus, o qual, depois de a engolir, deu à luz Atena.

MICENAS, cidade dos Átridas.

MIDAS.

MINERVA, nome latino de Atena.

MINOS.

MINOTAURO.

MIRMIDÕES, soldados do exército de Aquiles.

MIRRA, princesa de Chipre, vítima de uma vingança de Afrodite.

MNEMÓSINE, Titã, divindade da memória, mãe das nove musas.

MOIRAS.

MOPSO, célebre adivinho, neto de Tirésias.

MUSAS.

NÁIADES, ninfas das fontes.

NARCISO.

NÁUPLIO, filho de Posêidon e de uma danaide, fundador da cidade de Náuplia.

NAUSÍCAA, filha do rei dos feácios, Alcínoo. Acolheu Ulisses quando ele chegou à ilha dos feácios.

NELEU, pai do herói Nestor.

NÊMESIS, deusa da vingança divina, filha de Nix, a Noite, divide sua função com as Erínias. Foi ela que puniu Narciso.

NEOPTÓLEMO.

NEREIDAS, ninfas do mar, filhas de Nereu.

NEREU.

NESSO, centauro que provocou a morte de Héracles com uma túnica envenenada.

NESTOR.

NETUNO, nome latino de Posêidon.

NICÓSTRATO, filho de Menelau e de Helena.

NINFAS.

NÍOBE.

NIX, a Noite, nascida do Caos primordial.

NUMITOR, avô de Rômulo.

OCEANO, um dos Titãs.

ODISSEIA, viagem de volta de Ulisses após a Guerra de Troia.

OLÍMPICOS, deuses da geração divina que sucedeu a dos Titãs, depois da tomada de poder por Zeus.

OLIMPO, montanha em que moravam Zeus e os demais deuses olímpicos.

ÔNFALE, rainha da Lídia, a quem Héracles serviu como escravo.

ORESTES.

ORFEU.

ÓRION, gigante companheiro de Ártemis que o transformou em constelação.

PÃ.

PALAMEDES, primo de Menelau, desvendou a artimanha de Ulisses quando este se fingiu de louco na esperança de não participar da Guerra de Troia.

PALAS, gigante morto por Atena.

PANACEIA, filha de Asclépio.

PANATENEIAS, festas em honra de Atena.

PANDORA.

PARCAS, nome latino das Moiras.

PÁRIS.

PASÍFAE, mulher de Minos, mãe do Minotauro, de Ariadne e de Fedra.

PÁTROCLO.

PÉGASO, cavalo alado, filho de Medusa e de Posêidon, ajudou Perseu e Belerofonte em suas aventuras.

PELEU.

PÉLIAS, pai de Alceste, foi morto por suas próprias filhas, por instigação de Medeia.

PÉLION, montanha que domina a cidade de Iolcos, atual Volos. Nela viviam os centauros.

PÉLOPE, filho do rei Tântalo, morto pelo pai e servido à mesa dos deuses. Ressuscitado, casou-se com Hipodâmia e tornou-se pai de Atreu e de Tiestes.

PELÓPIA, filha de Tiestes e mulher de Atreu.

PENÉLOPE, prima de Helena e mulher de Ulisses.

PENTESILEIA, rainha das amazonas, morta por Aquiles durante a Guerra de Troia. Inspirou um amor violento a seu assassino.

PENTEU, neto de Cadmo que Dioniso mandou matar.

PÉRGAMO, cidadela de Troia.

PERSÉFONE.

PERSEU.

PÍLADES, primo e amigo fiel de Orestes.

PIRÍTOO, rei dos lápitas que combatia os centauros. Amigo de Teseu, compartilhou suas aventuras.

PIRRA, mulher de Deucalião.

PIRRO, o Ruivo, apelido de Neoptólemo.

PITEU, rei de Trezena, pai da mãe de Teseu, Etra.

PÍTIA, sacerdotisa de Apolo em Delfos, encarregada de transmitir os oráculos do deus.

PÍTON, serpente monstruosa, filha de Gaia e guardiã do santuário de Delfos. Foi morta por Apolo.

PLOTAS, ninfa, mãe de Tântalo.

PLUTÃO, nome latino de Hades; outro nome do deus Hades.

POLÍBIO, rei de Corinto, pai adotivo de Édipo.

POLIDECTES, rei de Serifo que mandou Perseu matar a górgona Medusa.

POLIFEMO, ciclope que devorou os companheiros de Ulisses e foi cegado por ele.

POLÍMNIA, musa da mímica.

POLINICES, filho de Édipo e de Jocasta, irmão de Etéocles, de Antígona e de Ismênia.

POLIXO, ninfa que matou Helena.

PÓLUX, um dos Dioscuros.

PONTO, o mar, filho de Gaia e pai de Nereu.

POSÊIDON.

PRÍAMO.

PROCUSTO, salteador morto por Teseu, que lhe aplicou o mesmo suplício que ele aplicava aos viajantes.

PROMETEU.

PROSÉRPINA, nome latino de Perséfone.

PROTEU, filho dos Titãs Oceano e Tétis, chamado de Velho do Mar.

PSIQUE.

QUIMERA, monstro morto por Belerofonte.

QUÍRON, centauro encarregado da educação de vários heróis.

RADAMANTE, irmão de Minos, um dos três juízes dos Infernos.

REIA, Titã, esposa de Crono e mãe de Zeus.

REIA SÍLVIA, vestal, mãe de Rômulo.

RODE, filha de Posêidon e de Anfitrite, deusa da ilha de Rodes.

RÔMULO.

SARPEDÃO, irmão de Minos e de Radamante.

SÁTIROS.

SATURNO, nome latino de Crono.

SELENE, a Lua, filha dos Titãs Hipérion e de Teia, irmã de Eo e de Hélio.

SÊMELE, filha de Cadmo, mãe de Dioniso.

SEREIAS, criaturas maléficas cuja voz melodiosa fazia os navegadores naufragarem e das quais Ulisses conseguiu escapar. Dizia-se que eram filhas da musa Melpômene.

SETE CONTRA TEBAS, expedição empreendida por Polinices contra seu irmão, Etéocles, rei de Tebas.

SILENO.

SIRINGE, ninfa amada de Pã.

SÍSIFO.

SÔLIMOS, povo da Ásia Menor vencido por Belerofonte.

TAÍGETO, ninfa amada de Zeus. Seu nome é o de uma montanha do Peloponeso.

TÁLIA, musa da comédia.

TALOS.

TANATOS, gênio da morte.

TÂNTALO.

TÁRTARO, lugar dos Infernos onde os criminosos eram encerrados depois de morrer e sofriam suplícios eternos. Foi o caso de Sísifo, Tântalo e das danaides.

TEBAS, cidade grega fundada por Cadmo da qual Édipo foi rei.

TEIA, Titã.

TELAMON, irmão de Peleu.

TELÉGONO, filho de Ulisses e de Circe.

TELÊMACO, filho de Ulisses e de Penélope.

TÊMIS, Titã, deusa da justiça, foi a segunda esposa de Zeus.

TERPSÍCORE, musa da dança.

TERSANDRO, filho de Polinices, retomou o poder em Tebas.

TERSITES, guerreiro grego morto por Aquiles por ter zombado de seu amor pela amazona Pentesileia.

TESEU.

TÉSSALO, filho de Jasão e de Medeia.

TÉSTIO, rei de Cálidon, na Etólia, pai de Leda.

TÉTIS, Titã, esposa do Titã Oceano.

TÉTIS.

TIDEU, amigo de Polinices, um dos chefes gregos participantes da expedição dos Sete contra Tebas.

TIESTES, irmão e inimigo de Atreu.

TÍFON, monstro em forma de serpente com bafo de fogo. Filho de Gaia, opôs-se a Zeus e foi exilado na Sicília, sob o Etna.

TÍNDARO, rei de Esparta, esposo de Leda, pai de Clitemnestra e de Castor.

TIONE, nome adquirido por Sêmele, mãe de Dioniso, quando se tornou imortal.

TIRÉSIAS.

TISAMENOS, filho de Orestes e de Hermíone.

TITÃS.

TÍTIO, gigante que tentou violentar Leto.

TOSÃO DE OURO, pelagem sagrada de um carneiro sacrificado a Zeus que Jasão e seus companheiros tiveram de conquistar por ocasião da expedição dos Argonautas.

TRIPTÓLEMO, príncipe de Elêusis a quem Deméter ensinou os segredos do cultivo do trigo.

TRITÃO, divindade marinha, filho de Posêidon e de Anfitrite. Foi combatido por Dioniso.

TROIA (GUERRA DE).

TROS, um dos reis fundadores de Troia, pai de Ganimedes.

ULISSES.

URÂNIA, musa da astronomia.

URANO, o Céu, divindade masculina nascida de Gaia, a Terra. Com Gaia, ele gerou os Titãs, sendo assim ancestral de Zeus e dos deuses olímpicos.

VÊNUS, nome latino de Afrodite.

VESTA, nome latino de Héstia.

VESTAL, sacerdotisa de Vesta, Héstia para os gregos.

VULCANO, nome latino de Hefesto.

XUTO, marido de Creúsa, amada de Apolo.

ZÉFIRO, nome do vento.

ZEUS.

Vocabulário

Ambrosia. Alimento dos deuses do Olimpo, era a fonte da imortalidade. Dizia-se que tinha sabor doce e suave.

Asfódelo. Planta da família das Liliáceas cujas flores nascem em cachos e têm forma estrelada. Na Antiguidade, o asfódelo era considerado sagrado e era plantado em torno dos túmulos.

Butim. Resultado da pilhagem de um inimigo, do qual o vencedor se apropria.

Caduceu. Bastão do deus Hermes com duas serpentes enroscadas e um par de asas na extremidade superior. O caduceu se tornou o símbolo da medicina.

Capitólio. Uma das sete colinas de Roma que deu nome à cidadela e ao templo dedicado a Júpiter que se localizavam nela.

Cativo. Prisioneiro de guerra forçado à escravidão.

Cidadela. A fortaleza de uma cidade.

Címbalo. Instrumento musical constituído por dois pratos de bronze, batidos um contra o outro. Hoje em dia esse instrumento também é chamado simplesmente de pratos.

Clava. Espécie de bastão, mais grosso numa das extremidades, usado como arma.

Cornucópia. Corno mitológico do qual saem produtos da terra, como frutos, flores e cereais, ou até moedas de ouro e prata. É o símbolo da abundância, também chamado corno da abundância.

Diapasão. Pequeno instrumento metálico em forma de forquilha que, ao ser vibrado, produz uma nota constante. O diapasão é utilizado para afinar o tom de vozes e instrumentos musicais.

Égide. Couraça de cabra que servia de proteção a Atena. Hoje na linguagem corrente, significa "escudo".

Escanção. Indivíduo encarregado de apresentar o vinho ao anfitrião e servi-lo aos convidados.

Etruscos. Povo de origem ainda discutida que surgiu na Toscana, Itália, por volta do século VIII antes de Cristo. Os etruscos apossaram-se de Roma no século VII antes de Cristo e estenderam amplamente seu domínio, alcançando um alto grau de civilização. No século II antes de Cristo acabaram sendo subjugados pelos romanos.

Falésia. Paredão de rocha à beira-mar, moldado pela erosão marinha.

Forja. Conjunto de fornalha, fole e bigorna que constitui a oficina do ferreiro ou de outros artífices que trabalham com metal.

Friso. Na arquitetura grega e romana, faixa decorada na parte superior da construção, acima dos capitéis das colunas e abaixo do beiral do telhado.

Gens. Palavra que designa as grandes famílias nobres de Roma. No sentido amplo, a *gens* inclui todos os que descendem de um ancestral comum.

Imolado. Morto em sacrifício, sacrificado.

Médicas. Relativas aos medos ou medas, habitantes da Média, região da antiga Ásia. Os medos dominaram a Pérsia no século VII antes de Cristo. Em 546 antes de Cristo, Ciro, rei da Pérsia, venceu os medos e tomou o título de rei dos medos e dos persas. As guerras médicas foram travadas entre os gregos e os persas no século V antes de Cristo.

Micenense. Habitante ou originário de Micenas.

Mirto. Pequeno arbusto da família das mirtáceas, de pequenas flores brancas de aroma muito agradável. É considerado símbolo do amor.

Néctar. Bebida dos deuses. Tornou-se sinônimo de qualquer bebida deliciosa.

Odre. Saco feito de couro de cabra, utilizado para transportar líquidos.

Oráculo. Resposta dada por um deus quando era consultado em busca de conselhos. Também se chama de oráculo a própria divindade que responde às consultas através de profecias e conselhos.

Périplo. Navegação em torno de um mar, continente ou país.

Pétaso. Chapéu baixo e de aba usado pelos antigos gregos e romanos.

Pigmeus. Povo de anões que os antigos gregos achavam que viviam perto da nascente do Nilo. Também são chamados assim certos grupos de pequena estatura que vivem nas florestas da África Central.

Pira. Fogueira em que os gregos e os romanos queimavam os cadáveres.

Pomo. Fruto carnudo e de forma aproximadamente esférica, como a maçã ou a laranja.

Sílex. Tipo de pedra muito dura que produz faísca quando atritada. O sílex era usado pelos homens pré-históricos na fabricação de armas ou instrumentos.

Tirso. Emblema de Dioniso constituído por um bastão com hastes de videira enroladas e encimado por uma pinha.